跨文化交际翻译教程

主编：杨　莉　杨柳荟　关　娇　吴秀英
副主编：姜维智　李　哲　柳景荣　任　熠
王　双　杨　薇　张柏兰

中国纺织出版社有限公司

图书在版编目(CIP)数据

跨文化交际翻译教程 / 杨莉等 主编.
-- 北京 : 中国纺织出版社有限公司, 2020.1
ISBN 978-7-5180-6587-5

Ⅰ. ①跨… Ⅱ. ①杨… Ⅲ. ①英语－翻译－教材
Ⅳ. ①H315.9

中国版本图书馆CIP数据核字（2019）第188604号

责任编辑：郭　婷　　责任印制：储志伟

中国纺织出版社有限公司出版发行
地址：北京市朝阳区百子湾东里 A407 号楼　邮政编码：100124
销售电话：010—67004422　传真：010—87155801
http://www.c-textilep.com
中国纺织出版社天猫旗舰店
官方微博 http://weibo.com/2119887771
三河市宏盛印务有限公司印刷　各地新华书店经销
2020 年 1 月第 1 版第 1 次印刷
开本：787 × 1092　1/16　印张：14
字数：260 千字　定价：59.00 元

前　言

翻译作为信息交流的重要手段，不仅是语言的转换过程，更是文化的传播过程，在跨文化交际中起着重要的作用。随着我国经济和社会的不断发展，改革和开放不断深入进行，综合国力不断增强，国际交往日益频繁，国家对高层次翻译人才的需求无论从数量上还是质量上都提出了迫切的要求。为了满足社会对英语人才的需要，提高跨文化交际的质量，在全球一体化的今天，英语学习者应该努力提高自身的翻译技能和翻译水平。为此，我们根据翻译学科特点，结合翻译强调实践性、应用性、专业化的特点和理念编写了本教程。

《跨文化交际翻译教程》秉承理论联系实际和精讲多练的原则，按照主题教学模式编排课文内容。本教程共包含 10 章，第 1 章对跨文化交际翻译进行了相对全面的介绍，从跨文化交际翻译的特点谈起，论述了跨文化翻译的障碍、原则、策略等。第 2 章至第 10 章分别从科技、新闻、旅游、法律、商贸、广告、小说、散文、诗歌九个视角具体阐述了跨文化交际翻译的概念、特点、原则、策略等，每个章节都配有典型译例的分析、鉴赏和实践环节，使学习者可以学练结合，学以致用，更好地驾驭语言翻译这门技能。本书第 1 章由沈阳城市建设学院的杨柳荟老师编写；第 2 章编写及全书的统稿工作由沈阳建筑大学杨莉老师和沈阳化工大学李哲老师完成；第 3 章由沈阳城市建设学院的关娇老师编写；第 4 章由沈阳城市建设学院吴秀英老师编写；第 5 章由沈阳理工大学柳景荣老师编写；第 6 章由沈阳城市建设学院任熠老师编写；第 7 章由贵阳学院张柏兰老师编写；第 8 章由中国医科大学王双老师编写；第 9 章由中国医科大学姜维智老师编写；第 10 章由沈阳城市建设学院杨薇老师编写。

《跨文化交际翻译教程》是英语学习者继基础学习之后，提高英语语言综合素质的核心教程，它既是英语学习的目的又是英语学习的手段，对学生提高翻译修养和语言技能具有双重的作用。王弄笙先生说："翻译是一个不断创新和精益求精的过程，也是一个永无止境和永存遗憾的事业。"本教材的编写力求达到通俗、易懂、全面、实用，虽然精心编写，但由于水平有限、时间仓促，书中难免有不妥和疏漏之处，敬请各位读者不吝指教。

《跨文化交际翻译教程》在成书过程中，编者参阅了大量相关的文献资料，借鉴了一些专家与学者的研究成果，所引用的参考文献均在书后列出，在此对他们表示衷心的感谢，若有遗漏，敬请谅解。

编 者

目录

第1章　跨文化交际翻译

全球化是当今世界发展的历史潮流和客观趋势，各国和各民族之间的交往和接触日益频繁，跨文化翻译的媒介和桥梁作用显得更为突出。跨文化翻译是不同思想、不同文化交流和碰撞的纽带，然而不同文化的特性和差异性给跨文化翻译工作带来诸多困难，只有不断增强跨文化意识、合理采用跨文化翻译策略，才能成功地进行跨文化交际。

1.1　翻译中的跨文化障碍

跨文化翻译并不是单纯的语言信息转换，其必然涉及文化因素，跨文化翻译不仅是语符表层指称意义的转换，更是两种不同文化之间的相互沟通和移植；跨文化翻译过程既涉及两种语言，同时也涉及与其相关的两种文化。语言交际在不同文化中都是以自身默契来进行解码或编码的，英汉两种语言在表达时往往折射出文化差异，但它所处理的却是博大精深、相似与差异并存的两种文化。因此，跨文化翻译障碍主要有语言差异、思维差异、历史差异、宗教差异和文学典故方面。就翻译而言，文化障碍即文化差异，主要体现在历史文化、地域文化、习俗文化和宗教文化四个方面。

1.1.1 语言障碍

汉语属于表意文字，起源于象形文字，文字的图形表示其意义，并可以产生意义上的联想，激发形象思维。汉语语序较为固定，重人称与主体，习惯用表示人或物的词汇做主语，所以多用主动句，喜欢使用动态词汇，重意合，趋于化整为零。此外，汉语重视人际关系。英语属于拼写文字，英文是一种拼音文字，字母是基本的文字表达符号，词的拼写与发音按一定的发音规则形成逻辑关系，而字母对意义而言只是意义的替代符号，语言信息的表达依靠符号按照一定的语法逻辑关系排列组合。英语语序变换多，英语重物称与课题，常采用无生命词汇做主语，所以多用被动句，英语喜欢使用静态词汇，而重形合，趋于化零为整，英语重客观事实。

这就是英汉两种语言在风格上和文化上的差异，正是这些文化差异造成了翻译中的障碍和难题。因此，英语是一种重形式逻辑的语言。英语重精确，汉语重含蓄。一般而言，英汉语言之间的差异主要体现在以下几方面：

（1）词汇障碍

随着文化的不断发展和推进，语言也在不断形成与发展甚至融合，不同国家、民族、地区的人有着不同的语言心理、文化观念、生活习俗、思维方式等，他们对同一物质世界、表观现象的概念与划分也会有所不同。这种差异性往往会体现在词汇层面上，具体表现为两点：一是语义场的空缺；二是对应词汇内涵的差异。

① 词汇语义场空缺。

词汇语义场空缺是指在源语中存在词汇却在译入语中找不到对应的词汇。例如，英国是一个岛国，英国人的“船”引申出非常多的描述方式，相关词汇有 ship，boat，catboat，ketch 等，但是汉语却没有合适的对应词语，可能只能增加描述性词汇进行翻译。更多例子如下：

ambulance chaser 的字面意思是“追逐救护车的人”，实际上在英语中是指在发生交通事故之后以及事故中的伤员被救护车送往医院之时，从中看到商机的律师赶往医院劝说伤员或其亲属雇用自己为其律师，即“乘人之危牟利的律师”（就是怂恿事故受害者诉讼以从中牟利的律师），属于贬义词。这一英语词组讽刺了这类乘人之危谋取利益、毫无道德感情、唯利是图的一类美国律师。汉语中缺乏相对应的词语，如果简单翻译成“投机取巧的人”并不能完全表达原文的意义，所以只能增加描述性词汇进行翻译。

Virtual Friday 是指“星期五为假日时的星期四”。星期六和星期日通常为周末假日，所以星期五就是上班人士感觉有盼头的一天。如果星期五赶上假日，那么星期四就成为让人感觉有盼头的一天了。由于汉语没有相应的词汇，解释翻译成“假日前的最后一天工作日”就算是可以传达原文的主要含义了。

framily 由英文 friend 和 family 组合而成，意指“最亲近的朋友”，尤其是亲如一家人的朋友。汉语里似乎尚无类似的词语，翻译成“情同手足的朋友”也是一种解释型翻译。

bar hopping 为美语，英式英语的表达方式为 pub crawling，意指去不同的酒吧喝酒。泡吧是一种源自西方的娱乐活动，逐渐传入我国并被年轻人所接受。然而同一晚上去多家酒吧喝酒在我国并未流行，因此还没有相应的汉语词汇。

Triple Bottom-line（TBL）国内一般译为“三重底线”，但大多数中国读者应该不知其为何意。Triple Bottom-line 由英国学者约翰 • 埃尔金顿提出，是一种衡量企业成功的全方面的价值标准，表示企业在扩展或获取资源和经济价值时应兼顾经济效益、社会道德规范以及环境的可持续性，即三方面全部达到即可成为一种新型的企业成功标准。

freemium 一词由 free（免费的）+premium（额外费用）合成，意为“免费增值”，是一种相对而言比较新的商业模式，由美国风险投资家弗雷德 • 威尔逊于 2006 年提出。具体来说 freemium 是一种通过免费服务吸引用户，然后通过附属的增值服务将部分免费用户转化为收费用户，进而实现收入的商业模式，目前被互联网企业所采用。

② 词汇内涵的差异。

有的时候源语词语与译语对应词语所承载的文化信息不相同，甚至相互矛盾，也就是词语的表观意义相同，但词义所指的文化意义却完全相反，这就是词汇内涵的差异。例如，英汉语中都有“家庭”“个人主义”这些概念性词语，但是它们在文化意义层面上存在较大差异。

individualism 一词的汉语对应语是“个人主义”。《韦氏大学词典》（第九版）将 individualism 定义为“主张个人的人格与经济上的独立，强调个人主动性、行为与兴趣的理论，以及由这种理论指导的实践活动”。在西方文化中，这个词被认为是一种崇高的品质，表达的是个体实现自我价值的积极的个人信念。但在汉民族文化中，“个人主义”是一个贬义词，被视为一种一切从利己观念出发，将个人利益凌驾于集体利益之上，只顾自己、不顾他人和团队的错误思想。

propaganda 一词源于拉丁语 Congregatio de propaganda fide，意指“宗教理念的传播”，基本上是个中性词。但由于 20 世纪 30 年代德国被纳粹控制，propaganda 开始逐渐成为一个贬义词，指的是一种以统治为目的、对公众进行洗脑的宣传。“冷战”期间，propaganda 还有了“洗脑”和“灌输”的意思。因此，不应将国家的各类宣传部门译为 Department of Propaganda，而可考虑译为 Department of Publicity 或 Department of Information，这样可以避免英语读者可能产生的误会，甚至是反感，例如，“北京市委宣传部”可译为 Beijing Municipal Information Department。

（2）语义联想差异

表达同一事物的英汉对应词汇可能会产生完全不同的通过联想引申出来的意义。比如地域文化引申出来的翻译，指的是由所处不同地域、自然条件和地理环境所形成的文化内涵及一些固定的表达方式，主要表现在不同地区的民族对同一现象或事物采用不同的语言表达形式。如汉语“人心齐，泰山移”中的“泰山”就是中国山东省的一座高山，是五岳之首，它的文化内涵即是喻指显赫的事物，这对于一个缺少中国文化背景的外国人来说，是难以体会到该俗语所要表达的意义的。

在中国的文化中，自古以来人们以牛耕为主，耕牛即为勤劳的象征。人们将那些辛辛苦苦的人比喻为“老黄牛”，鲁迅先生也曾有“俯首甘为孺子牛”的名句。与中国不同，英国古代主要依靠马耕，牛则很少干活，主要提供牛奶和肉食，因此马在英美文化中才是勤劳和吃苦的象征。那么在翻译中，汉语描述“力大如牛”，英语则用“as strong as a horse”来翻译；汉语讲“像牛一样勤劳”，英语变成了“work like a horse”。

英语中的 owl 一词可以使英语读者产生联想到智慧、聪明。在儿童读物和漫画中，猫头鹰（owl）通常很严肃，很有头脑，常充当裁判的角色，因而有 as wise as an owl 这样的英语常用语。在汉语中，猫头鹰的形象则完全不同：很多人认为猫头鹰与恐怖的事情联系在一起，怕看到它或听到它的叫声。例如，“夜猫子（猫头鹰）进宅”意味着厄运将至。

（3）语法障碍

受自身文化的制约和影响，英汉两个民族的思维方式有所不同，因此他们对同一话题所审视的角度、所表达的方法都不一样。例如，否定句在英汉两种语言中都很常见，但是在表达上却存在较大差异。英语中的否定结构比较复杂，用汉语语法分析及翻译，有些从句子形式上看是否定句，但是从内容上分析则为肯定句，反之亦然。因此，在对英语的否定句进行翻译时，切忌望文生义，必须对源语的形式和内容多加还原，才能把握句子的正确意义，然后再从汉语读者的表达习惯出发来翻译。

（4）语用障碍

理想的翻译应能够在原文和译文之间实现意义上的等效，进而完成有效的跨文化交流与沟通。但不同的文化对应着不同的社会交往礼仪方式，即习俗文化（贯穿于日常生活中的各种民俗习惯所形成的文化），因此不同的文化语境以及不同的读者认知可能会使相同的语言表达产生不一样的解读，从而导致跨文化交流的失败。例如，不同的民族在打招呼、称谓、致谢、恭维、道歉、告别、约会等方面往往会表现出不同的文化规约和习俗。

英汉两种语言在问候用语、电话用语、称呼用语上就存在较大不同。如英语民族的人见面时喜欢谈天气，中国人见面打招呼时常用“你去哪儿？”“吃饭了吗？”这几句话没有实际的含义，只是礼节性的打招呼，没有具体表示关注对方是否吃过饭了，更不是表达某种邀请对方吃饭的暗示。然而西方人往往对这几句话却很敏感和认真。“你去哪儿？”在他们看来属于自己的私事，别人不能随便打听，否则就被看作没有礼貌。他们甚至还把“吃饭了吗？”当成一起吃饭的邀请。

又如，我们有“红白喜事”的说法，对于不了解中国文化习俗的英语国家的人来说，把生儿育女、迎娶婚嫁之类的事称为“红喜事”可以理解，因为英语中也把这类喜庆之日称为“red-letter day”，但将寿终正寝称为“白喜事”，就会使他们难以理解和接受。此外，在中国人婚礼宴会上人们常用“恭喜”二字对新郎新娘表示祝贺，但在英语文化中“Congratulations!”一词应只适合说给新郎，而不可以此向新娘道喜，因为“Congratulations!”表示几经努力终于得到某人或做成某事。对新娘说“Congratulations!”似意为“你终于不择手段找到了个丈夫”或“你终于嫁出去了”，难免让对方不悦。

John Doe and Richard Roe 可译为“原告与被告”。在英语中，John Doe 用于指代“诉讼程序中不知真实姓名的当事人”“无名氏”或“某男”，类似于汉语中的“张三”“李四”。如果是不知名的女性，还可以用 Jane Doe 来表示。John Doe and Richard Roe 这一短语据传源自英国爱德华三世统治时期，在当时《驱逐法案》的讨论中，虚构了两个人名：一个是 John Doe，代表土地所有者；另一个是 Richard Roe，是租地的人，他将租来的土地据为己有。后来，John Doe 和 Richard Roe 被广泛用作诉讼程序中对不知姓名的当事人的假设称呼，John Doe 通常指收回不动产诉讼中假设的原告，Richard Roe 指被告。因此，应将 John Doe and Richard Roe 译为“原告与被告”，而不应按照其字面的意思译为“约翰·多依和理查德·罗依”，这样才符合语用功能对等的原则。

Then he was off to Columbia Business School, where he found his Rosetta Stone of investing.（后来他进入哥伦比亚商学院就读，在那里找到了投资的秘诀。）Rosetta Stone 是一座古埃及石碑（世界级文物），制作于公元前 196 年。石碑上有以希腊文、埃及文、古埃及象形文字篆刻的古埃及国王托勒密五世诏书。该石碑于 1799 年被一位法军上尉在埃及港湾城市罗塞塔发现，于 1802 年起保存于大英博物馆中并成为镇馆三宝之一。由于罗塞塔石碑为破解如谜题一般的古埃及象形文字提供了重要的线索，因而被喻为解决谜题或困难事物的关键线索或工具。所以根据语用功效对等的原则，可将本句中的 Rosetta Stone of investing 引申译为“投资秘诀”。

显而易见，译者在翻译过程中应重视英汉语言之间的语用差异，努力避免这种差异可能造成的跨文化误读。

1.1.2 思维差异

思维是人类大脑对客观现实的反映，是人类对客观世界的认知能力。思维以语言为表达形式，而语言则是思维的工具，是思维外化的载体。思维和语言处于一种相互作用、相互依赖的关系，其中思维对语言的作用是决定性的：思维方式的不同决定了语言表达形式的多样性。

由于民情、习俗、宗教、历史、生态环境不同，各民族可能会采用不同的思维角度来审视相同的思维对象或内容，进而采用不同的语言表达形式。例如，要表达“通过做某件事获得双重的益处”，汉语可以用“一举两得”或“一箭双雕”，而英语则可以用 to kill two birds with one stone（一块石头打死两只鸟）。显而易见，尽管思维的内容大体相同，但由于思维方式不同，不同的民族在语言表达方面存在着显著的差异。英汉民族的思维差异具体表现在以下三个方面：

（1）抽象思维与形象思维

总体而言，英美人的思维方式具有较强的抽象性，而中国人的思维方式则具有较强的形象性，这种差异在语言方面的体现就是，英语大量使用抽象名词，而汉语较少使用表示抽象概念的名词，例如：

We admit his greatness as a poet, but deny his goodness as a man.（我们承认他是一位伟大的诗人，但我们否认他具有高尚的品格。）本句中的 greatness 和 goodness 都是表示品质的抽象名词，使得原句显得庄重正式，行文工整，语言简练，但是为了使译文符合汉语表达习惯，则需要运用词性转换方法，将其分别转译为汉语的形容词，即“伟大的”和“高尚的”。

Terrorist attacks can shake the foundations of our biggest buildings, but they can not touch the foundation of America. These acts shatter steel, but they can not dent the steel of American resolve.（恐怖袭击可以动摇我们的摩天大楼的根基，但却无法撼动美国的立国基石。恐怖袭击的行径可以摧毁钢铁，但却无法削弱美国人民钢铁般的决心。）本句选自美国前总统小布什在“9•11”事件后所发表的电视讲话。本句中的第二个 foundation 指的是“美国的

立国之本”，因此可译为“立国基石”；第二次出现的 steel 用的是借喻的修辞手段，需要采用形象化策略加以处理，译为“钢铁般的”。

（2）客体型思维与本体型思维

英美文化以客观事物为中心，重视外向探索、不懈追求的精神，将自然作为研究和征服的对象，进而形成了客体型思维方式。中国文化则以人文为中心，以人生为本位，进而形成了汉民族的本体型思维方式，即以人为中心来观察、分析、推理和研究事物的思维方式。

客体型思维和本体型思维反映在语言形态上的明显特点是：在描述事物和阐述事理的过程中，特别是当涉及行为主体时，英语常用非生物名词做主语，而汉语习惯于用表示人或生物的词汇做主语。请看以下例句：

Much attention in international economic and political affairs focuses on the welfare gap between the developed and developing countries.（人们在国际经济和政治事务中对发达国家与发展中国家之间的贫富差距给予了极大关注。）

本句英文原文使用无生命的名词 attention 作为主语，但在翻译成汉语时，最好使用表示有生命的词汇“人们”来做汉语译文句子的主语，以贴近汉语的表达习惯。

（3）分析型思维与综合型思维

传统的英美西学强调“天人各一”，偏重理性，注重逻辑分析，在英语中体现为重形式，重理性，句式构架严整，表达思维缜密，行文注重逻辑，语言大多明晰客观，符合理性。而受到儒家文化和道家文化影响的传统汉族思维方式，注重“天人合一”，是一种朴素的辩证思维方式。综合型思维方式在汉语语言中表现为注重整体和谐，缺乏严格的逻辑性。

汉民族重综合和英美民族重分析的不同思维方式，对英汉两种语言的结构形态产生了不同的影响。分析型思维方式使英语具有明显的词形变化，形式多样的语法形式以及组词造句中较为灵活的语序结构。综合型思维方式使得汉语无词形的变化，语法形式的表达主要依靠词汇手段，组词造句依据语义逻辑和动作发生的时间先后决定词语和分句的排列顺序。请看以下例子：

Just as Darwin discovered the law of development of organic nature, so Marx discovered the law of development of human history: the simple fact, hitherto concealed by an overgrowth of ideology, that mankind must first of all eat, drink, have shelter and clothing, before it can pursue politics, science, art, religion, etc.; that therefore the production of the immediate material means of subsistence and consequently the degree of economic development attained by a given people or during a given epoch form the foundation upon which the state institutions, the legal conceptions, art, and even the ideas on religion, of the people concerned have been evolved, and in the light of which they must, therefore, be explained, instead of vice versa, as had hitherto been the case.（正如达尔文发现有机界的发展规律一样，马克思发现了人类历史的发展规律，即历来被禁芜丛杂的意识形态所掩盖着的一个简单事实：人们首先必须吃、喝、住、穿，然后才能从事政治、科学、艺术、宗教等。所以，直接物质生活资料的生产以及一个民族或一个时代从而达到的经济发展阶段，就构成了一个基础，在这个基础之上人们的国家制度、法律概念、艺术乃至宗教观念才得以发展。因此，须从这个基础出发来解释后者，而不是像过去那样本末倒置。）

上句选自恩格斯于1883年纪念马克思的悼文《在马克思墓前的讲话》。全句共126个英文单词，总体结构严谨，语言理性客观，行文流畅有序，一气呵成。译成汉语可采用结构重组策略，将英文原句译为三个较短的汉语句子，以使译文符合汉语的表达习惯。

1.1.3 历史差异

所谓历史文化指的是由特殊的历史发展进程和社会演变所积淀的人类文明。由于各个民族和国家的社会历史发展不尽相同，有时甚至差异巨大，因而形成的历史文化也往往大相径庭。这种历史文化的差异阻碍了语际转换的信息通道。差异越大，两种语言的鸿沟越难逾越。作为译者，应尽量熟悉源语和译入语这两种语言所反映的两种历史文化的方方面面，意识到差距出自何处，以何种手段加以表达才能为读者所接受。若缺乏这种敏锐的意识，那么在翻译中或理解错误或表达不当就不可避免。

例如，汉语习语“一个和尚挑水吃，两个和尚抬水吃，三个和尚没水吃”源于我国古代一个家喻户晓的故事，比喻互相推诿而不负责任，注意到这一点就可避免译成：“Alone a monk brings his own bucket of water to drink, two monks carry their bucket of water jointly, but when three monks are together, there is no water at all.”这样的译文是很难让外国读者领悟到“Everybody’s business is nobody’s business.”的含义的。

又如在中国，1949年以前参加革命的人在退休时享受“离休的特殊待遇”，而这种背景知识对于不熟悉中国国情的外国读者肯定难以捉摸。

再如，把“twist the lion’s tail”引申译成“摸老虎屁股”或“自找麻烦”实属误译，而其真正含义是“冒犯英国”或“与英国（人民或政府）为敌”。因为很久以来，英国君主一直用雄狮纹章作为英国国徽，进而英国又被称作“the British Lion”（不列颠雄狮）。

又如，英文句子“John can be relied on. He eats no fish and plays the game.”英语的“eat no fish”和“play the game”都具有丰富的文化内涵。在英国历史上，宗教和政治斗争一直很激烈，保守的天主教徒周五只能吃鱼，但新教徒为了表示他们对新教和新政府的忠诚而拒绝遵守这一规定，因此，“eat no fish”即为忠诚之意。同样地，“play the game”从“fair play（公平比赛）”中衍生而来，意思是“守规矩”。在这样的例子中，如果简单异化译成：“约翰是可靠的，他不吃鱼，还玩游戏。”只能让人不知所云。而译为“约翰是可靠的，他既忠诚，又守规矩。”虽然仍难以传达源语中丰富的文化渊源，但它却成功地完成了交际功能。

英国虽然只是大西洋上一个面积不大的西欧岛国，但是在世界近代史上却有着举足轻重的地位。英国在历史上曾被诺曼王朝、都铎王朝、斯图亚特王朝和温莎王朝等十大王朝统治，经历过文艺复兴、伊丽莎白时期、雅各宾时期、光荣革命、苏格兰启蒙运动、乔治王时期、摄政时期、维多利亚时期等历史时期，以及罗马帝国入侵、百年战争、玫瑰战争等战争时期。凭借着工业革命带来的先进技术以及对外扩张政策，英国一跃成为有着“日不落帝国”称号的世界头号殖民帝国。英语中反映英国不同历史时期和事件的词汇和习语可谓俯首皆是、数不胜数，比如Hadrian’s Wall（哈德良长城）、Norman Conquest（诺曼征服）、Chivalry（骑士制度）、Magna Carta（大宪章）、the Hundred Years’ War（百年战争）、the War of the Roses（玫瑰战争）、Glorious Revolution（光荣革命）、Enclosure Movement（圈地运动）等，请看下面例句：

The politician rode high as an outsider, but he met his Waterloo when he actually had to make policy.（作为在野党人士，这位政客可谓春风得意，但是当他实际要制定政策时却遭遇了惨败。）

本句中的meet one’s Waterloo是一个英语习语，源自世界史上著名战役之一的滑铁卢战役。滑铁卢是一个位于比利时中部的城镇，在布鲁塞尔以南九英里。1815年6月18日，威灵顿公爵指挥的英普等国联军与拿破仑率领的法国军队在此展开决战，并在整整一天的激烈战斗之后彻底击败法国军队。此后，在英语中meet one’s Waterloo这一习语用来表示“遭到惨败”或“遭到毁灭性打击”。在本句中，可将meet one’s Waterloo意译为“遭遇惨败”或直译为“遭遇滑铁卢”。本句中的ride high是一个英语短语，意为“得意扬扬，很成功”，根据上下文可译为“春风得意”。

The compensation to the invaded countries in World War II is a Dunkirk for the foreign policy of Japanese government.（对“二战”期间被侵略的国家进行赔偿是日本政府外交政策上的一次大溃退。）

Dunkirk（敦刻尔克）是法国东北部靠近比利时边境的港口城市（法国的第三大港口）。它也是一个工业城市，主要行业包括钢铁、食品加工、炼油、造船和化工。敦刻尔克因第二次世界大战中发生在这里的敦刻尔克战役和英法军队敦刻尔克大撤退而闻名（Withdrawal at Dunkirk）。由此，敦刻尔克亦成为“溃退”“从窘迫境地败退”的代名词。然而，如果将a Dunkirk for the foreign policy of Japanese government译为“日本政府外交政策上的一次大溃退”，似乎有文化误读之嫌，而且也不合乎逻辑，因为对“二战”期间被侵略的国家进行战争赔偿一直是国际社会呼吁日本去做而日本政府又不情愿去做的事情。通过查阅《韦氏大辞典》，我们发现Dunkirk一词在当代英语中还有另外一层意思，即a crisis situation that requires a desperate last effort to forestall certain failure（例如，a Dunkirk for United States foreign policy），所以可考虑将其理解为“日本政府摆脱外交政策危机（或困境）的唯一出路”。

正确翻译：对“二战”期间被侵略的国家进行战争赔偿是日本政府摆脱外交政策危机的唯一出路。

1.1.4 宗教差异

宗教文化是人类文明的一个重要组成部分，是由民族的宗教信仰所形成的文化。几乎每个民族都有自己的宗教信仰。佛教、道教在中国民众中有着深远的影响。道教是中国本土产生的宗教，“道高一尺，魔高一丈”“灵丹妙药”“八仙过海，各显神通”“运气”等许多语汇都来自道教。佛教从印度传入中国，认为每个人都具有佛性，只要弃恶从善，均能修成正果，立地成佛。汉语中与佛教有关的词语和表达很多，例如“做一天和尚撞一天钟”“放下屠刀，立地成佛”“借花献佛”“苦海无边，回头是岸”“闲时不烧香，临时抱佛脚”等都是以佛教特有的事物来做比喻的。

在许多西方国家，尤其是在英美两国，人们普遍信奉基督教，认为世界是上帝创造的，世上的一切都是按上帝的旨意安排的。它宣扬原罪论，认为人生来即有罪，只有相信上帝，用一生去忏悔、赎罪，死后方可进天堂，否则就会下地狱。英语中有很多来自基督教和《圣经》的词汇，如“the forbidden fruit（禁果）”、“God helps those who help themselves”（天助自助者）、“separate the sheep from the goats”（区分好人与坏人）等。对于中西方宗教文化方面存在的差异，在翻译时应予足够的重视，否则就会出现失当。宗教文化广泛而深刻地影响着社会生活的语言交际。本民族的宗教文化往往不同程度地在语言观念上限制和影响着外语学习中对其他民族宗教文化的理解和接受。语言是文化的载体，原文中的一些词语和表达难免含有源语文化的色彩。初学翻译者容易受母语文化的影响，从而造成理解上的偏差。如英语中“to bear/lake/carry one’s cross”源自《新约·马太福音》，意为“背上十字架”“忍受苦难”，有人将其引申为“忍辱负重”，反而造成误导。根据基督教教义，跟随耶稣基督，必须忍受苦难；而汉语“忍辱负重”源自佛规“忍辱”（“忍辱”是佛教六大修行之一），要求教徒为了实现宏大志愿，忍受一时的委屈。因而“忍辱负重”通常指为了承担更大的责任，忍受眼前一时的屈辱。所以此处的“负重”与背十字架无关，“忍辱”更无从谈起。scapegoat（替罪羊，源自《旧约·利末记》，如今主要指代人受过者），clean hands（双手干净，意为“两袖清风”，源自《旧约·约伯记》第17章第9节），sheep that have no shepherd [出自《旧约·列王记（上）》第26章，意为“没有领头人的群众”——近似于汉语中的“群龙无首”，wash one’s hands of（对……不再过问或免责，源自《新约·马太福音》。犹太总督彼拉多主持审判耶稣，由于他判定耶稣无罪，一些犹太人不服，因此他当众宣布洗手辞职并交出耶稣，以示自己与此无关）等。

Sow the wind and reap the whirlwind.（种的是风，收获的是风暴。）

这是一句著名的英语谚语，源自《旧约·何西阿书》第8章第7节。上帝因为不满意以色列人的偶像崇拜，所以对他们发出上述告诫。后来，人们用这个谚语来表达“恶有恶报，干坏事必将遭到加倍惩罚”之意。

The leopard cannot change his spots.（江山易改，本性难移。）

这句谚语出自《旧约·耶利未书》，意为“人的本性——特别是不良的性格——难以改变”。本句也有人直译为“花豹无法改变自身的斑点”，但意译更易于汉语读者的理解。

The water bombers arrived at the eleventh hour, just in time to prevent the forest fire from engulfing the town.（灭火飞机在最后时刻的及时到来使得这座城镇免遭森林大火的涂炭。）

at the eleventh hour 出自《新约·马太福音》第 20 章。据说有个葡萄园主想雇工人到葡萄园里去干活。他从大清早就开始雇人，随后又在三点、六点、九点、十一点（古代犹太人的计时法，不同于现代的计时法，十一点相当于现代计时法的下午五点）连续雇用了几批工人到园里干活。包括黄昏时刻（the eleventh hour）雇用的工人都一视同仁地得到了一整天的工资（一枚银币）。这使得一大早就开始干活的工人极为不满。但耶稣用这个比喻来表达，即使在最后时刻也来得及进入天国，而上帝对所有进入天国的人都一视同仁，不分先后。后来，at the eleventh hour 就被用来表示“在最后一刻”“在最后的关头”。

If you try to cover up your misdeed with a fig leaf, you will make it more conspicuous.（如果你想用一块遮羞布来掩盖你的罪行，这只能是欲盖弥彰。）

fig leaf 出自《圣经》的《创世纪》。生活在伊甸园的亚当和夏娃偷吃了禁果之后产生了羞耻之心，于是开始用无花果叶来遮掩身体私处。由于“无花果叶”难以让汉语读者产生上述联想，因而最好还是采用意译策略，将 fig leaf 意译为“遮羞布”。

1.1.5 课后练习

（1）跨文化翻译的障碍是什么？

（2）请翻译下面句子。

May men have recognized the similarity of plants to the behavior of animals, and have dreamed wistfully, but forlornly, upon some method or source of rejuvenation such as Ponce de Leon sought in the Fountain of Youth several centuries ago.[提示：the Fountain of Youth（青春之泉或青春泉）是源自 12 世纪神圣罗马帝国时期的一个传说，据说可以使人返老还童，重获青春。Ponce de Leon 是一位 16 世纪的西班牙探险家，为了寻找青春之泉而开始了探险活动，最终没有找到青春之泉，但却发现了现今的佛罗里达。]

1.2 跨文化翻译的原则

翻译解决了不同国家和地区以及民族之间的语言文化交流障碍，跨文化翻译就是在对两种语言内涵的文化充分了解的基础上进行的准确的翻译。世界各地的文化具有多样性和复杂性，跨文化翻译工作就有一定的翻译原则和方法。

1.2.1 约定俗成原则

文化差异下的翻译应坚守约定俗成的原则，具体指的是在翻译的过程中应依照语言的发展规律和语用习惯，采用被大家普遍接受的约定俗成的表达方式进行翻译。对于一些已有翻译的人名、地名、习惯表达，应选择最通用的翻译方法而不必创新，以免造成不必要的麻烦，如沟通不顺畅、理解错误与偏差等。例如，U. S. Department of State 应按习惯译为“美国国务院”而不是“美国国务部”。再如，将“科学发展观”按习惯译为 Scientific（Outlook on）Development, 这一译法曾经让西方读者产生了误解，将其理解为“科技”发展观，导致这一误解的原因在于在英语中 science 多指自然科学，然而在现代汉语中“科学”的内涵则比较广泛，涵盖自然和社会科学。历经长时间的话语实践，“科技”发展观这一译法逐渐被西方理解和接受。

1.2.2 “和而不同”原则

文化差异下的翻译还应坚持“和而不同”的原则，这一原则又具体包括以下几个方面的内涵：

（1）忠实第一，创造第二

就某种角度而言，翻译是译者进行的再创造活动。但是这里所谓的创造是需要建立在特定条件下的，即应该对该原文语义及文化内涵进行转换后通俗的传达。这在很大程度上和翻译的属性是分不开的，翻译作为一种实践活动，目的在于使一国语言的读者通过借助本国文字来对其他国家的文化和交流加以了解。换句话说，译者通过译入语向译语读者传播源语文化和信息。但是，译者应该尽可能地将不理解原文的人通过译文来了解源语的思想和文体风格。这里所说的思想不仅仅是源语语义内容，还涉及其文化内容，并在理解源语语义和文化内容的基础上来进一步理解源语文本的文体风格。要想更好地实现上述目的，就应追求译入语文本与源语文本在语义、意义、风格及文体上都相当，这也决定了我们应该将“忠实”作为翻译的第一准则。

在文化差异翻译的过程中坚持“和而不同”的原则还要求在翻译实践中尊重原作和源语文化。也就是说，在翻译的过程中应该尽可能地对源语文本忠实，不能随意对其进行篡改。但是，从实际上说，这种绝对的忠实往往可能并不存在，过分的忠实反而会容易出现死译，译者也不允许这样的翻译发生。这里所说的“忠实”是指对源语的语义、文化内容进行准确、如实的传达，而不是刻意地追求语言表达形式的相似。在真正做到“意似”和“神似”的前提下还应兼顾“形似”是有难度的，但是这些都是翻译工作者所追求的理想境界。

然而，在具体的翻译实践中，还往往存在着“文化空缺”“概念空缺”以及语言表达方式不同等情况，如果局限于绝对忠实的翻译很多时候就难以运用恰当的译语形式对源语语言含义和内涵文化进行再现。这时候，对源语内容进行得体、恰当的创造就显得很有必要。尤其是对于文学翻译来说，这种创造是对审美价值的提高，将翻译视为对源语内容的再创造，实际上是指译者通过借助自己的创造性加工将原文的精髓运用另一种语言完美再现。但是，这种创造绝对不是凭空想象地改变事实，不能忽略其文化内涵。总而言之，文化差异下“和而不同”的原则应坚持忠实第一，创造第二，创造需要以忠实为前提。

（2）内容第一，形式第二

文化差异下的翻译除了应该坚持的“和而不同”原则外，还应坚持“内容第一，形式第二”的原则。这里的内容具体指的是源语语言本身所隐含的语义、文化、情感等内涵。这里的形式具体指的是表达源语内容的语言外壳，具体包括原作的文本体裁、修辞手段以及语句篇章结构等。具体而言，就是应将内容的翻译处理、准确传递放在首位，同时应尽可能地兼顾源语的文本形式，这样有利于更好地传递源语的文体形式。如果遇到维持原文形式很难有效传达原作本义的情况，就要牺牲形式来达到内容的正确。形式事实上是附属于内容并为内容服务的，不能为了追求形式而牺牲内容。甚至在必要时，还应适当地调整结构、增删字词、转换语义或对句型进行调整等。例如：

裁衣不用剪子——胡扯。

Cutting out garments without the use of the scissors—only by tearing the cloth recklessly talking nonsense.

在对本例汉语歇后语进行翻译时，译文很好地坚持了“内容第一，形式第二”这一原则，将源语中所蕴含的汉语文化很好地展现出来。

1.2.3 空位补偿原则

根据美国著名的《圣经》翻译研究学者尤金·奈达（Eugene A. Nida）所提出的“零位信息”这一概念，在对文化词汇进行翻译的过程中会出现词汇空缺或语句缺省的现象。针对这一现象，只能在翻译时跨越文化词汇所形成的翻译障碍，坚持空位补偿原则进行翻译，以此来弥补或避免翻译时的信息缺失。例如：

沉鱼落雁 extremely beautiful

巴儿狗 Pekingese

兵马俑 terra cotta warriors and horses

灯会 lantern festival

蚕宝宝 silkworm

1.2.4 文化顺应原则

顺应性是语言的一大特点。语言的顺应性这一特点具体指的是为了满足语境所需，语言能让使用者从可供选择的项目中进行灵活的变通。语言和文化间的密切关系也要求交际双方只有与语境所含文化相顺应才能完成成功的交际。换句话说，在实际的书面及对话交际过程中，交际的双方都应做出选择来顺应各种文化的语境因素，以利于交际目的的实现。

文化顺应就是不同文化背景下的人们在进行交际的过程中，为了促成交际的顺利和成功，相互借助调整文化表达和文化行为等方式来适应他者的文化语境。相应地，在翻译实践中，也应坚持文化顺应的翻译原则。具体而言，就是要求译者在翻译的过程中，应依据读者的企盼、源语蕴含文化以及译者自身的能力等因素，对文化融合的翻译策略进行灵活的调整。这主要是因为译文读者有其自身对文化背景、译文期望以及交流讨论等个性化需求，为了迎合译入语读者的这一心理需求，同时为了源语文化更好地能被译入语读者所接受，就应顺应译入语语言文化，以便译入语读者更顺利地了解源语文化所要表达的各方面信息，更利于实现文化信息的传播。

1.2.5 文化再现原则

基于文化差异的视角对英汉翻译进行探讨也是为了更恰当地对翻译中存在差异的文化因素进行处理，并更有利于文化交流这一翻译实质问题的实现。换言之，就是在翻译实践中应通过语际转换使源语中各方面尤其是文化信息能完美地再现。具体而言，坚持文化再现原则包括以下几点内涵。

（1）再现源语文化特色

鲁迅认为，翻译应保持原作的丰姿，必须有异国情调，也就是所谓的“洋气”。也就是说，译者在翻译过程中，应原汁原味地将源语文化再现给译语读者，不应抹杀和损害源语的文化色彩，应尽可能地保持源语文化的完整。例如：

巧妇难为无米之炊。

译文 1:Even the cleverest housewife can’t make bread without flour.

译文 2:Even the cleverest housewife can’ t cook a meal without rice.

在对本例原文进行翻译时，就会涉及中西饮食文化差异这一方面。通过分析译文 1 可以看出，翻译时充分考虑到英美国家的传统主食是面包这一文化因素，并没有体现源语中“米”这一字眼，这一译法更利于英语读者接受和理解，但是，如果在我国古典小说中对这一表述进行翻译，西方的面包作为主食与整个作品的文化氛围并不协调，这样的翻译方法就会有损源语的民族文化特色。通过分析译文 2 可以看出，这一翻译保留了原作中“米”的文化概念，如果是出现在古典小说之类的文学作品的翻译，这一翻译不仅符合作品的社会文化背景，而且再现了源语的民族文化特色，可以让译入语读者读起来津津有味，了解更多的异域文化风情。

（2）再现源语文化信息

再现源语的文化信息具体指的是翻译时不应仅仅局限于原文的语言含义，而应对源语所承载的文化信息有比较深刻的理解，并在译文中使其再现，例如：

Mr.Vargas Llosa has asked the government "not to be" Trojan horse that allow the idealism into Peru.（凡格斯洛萨王请求政府不要充当把理想主义的思潮引进秘鲁的特洛伊木马。）

在对本例进行翻译时，首先应对源语中的 Trojan horse（特洛伊本马）这一文化因素有比较深刻的理解和认识，它是指“内部的颠覆者，起内部破坏作用的因素”，在翻译时，将其直译为“特洛伊木马”，使其文化信息得以完整地保留。

（3）再现源语文化风格

再现源语的文化风格是对文化翻译实践中比较高层次的翻译要求，可以说，文化风格是文本所要传递的思想灵魂和内在精髓。源语的文化风格对其文本信息起着隐含的规定性作用。以文学作品为例，语言文字是文学作品最基本的表达方式，是作家情感和认知的载体，并且能很好地呈现出作家的写作风格以及作品的艺术风格。不同的作家往往有其独特的艺术风格和语言特色。可见，再现源语的文化风格极其重要。例如：

苏小姐理想的自己是：“艳如桃李，冷若冰霜”，……谁知道气候虽然每天华氏一百度左右，这种又甜又冷的冰激凌作风全行不通。

Miss Su, who pictured herself in the words of the familiar saying, "as delectable as peach and plum and as cold as frost and ice," ...Who would have thought that while the temperature hovered around 100 degrees everyday, this sweet, cool ice cream manner of hers was completely ineffective.

本例原文中，运用了多处比喻，其一是用“艳如桃李，冷若冰霜”来比喻美女的气质，其二是用“冰激凌作风”来比喻人的行为冷淡，这一比喻使原文在表达上产生了诙谐、幽默的效果。之所以用“冰激凌作风”做比喻，一方面是因为冰激凌集合了“桃”“李”“冰冷”这几种事物的特点，又甜又冷，所暗含的幽默效果溢于言表。译者在翻译时将“艳如桃李，冷若冰霜”译为 as delectable as peach and plum and as cold as frost and ice，将“冰激凌作风”译为“...Who would have thought that while the temperature hovered around 100 degrees everyday, this sweet, cool ice cream manner of hers was completely ineffective”，很好地传译了原文的文化风格。

1.2.6 课后练习

（1）跨文化翻译的原则都有哪些?

（2）请简要阐述“和而不同”原则的具体内容。

1.3　跨文化翻译策略

文化差异的翻译策略多种多样，但是无论采取哪种翻译策略，都是为了更好地传译源语文化。为了对文化差异下的翻译策略有更具调理、更清晰明了的认识，下面将从以下几大类对跨文化翻译策略进行探讨。

1.3.1 传统型翻译策略

（1）直译策略

作为一种非常重要的翻译策略，直译多用于科技资料翻译、外语教学（便于学生了解两种语言结构的差异）以及部分文学翻译等领域。直译的优势在于能够更为直观地传达原文意义，展示原文的异域风情，再现原文的语言特色和表达风格。如果仅仅采用直译策略就能将源语文义及其文化内涵传达出来，采用直译策略最佳。请看下面的例子：

virtual water 虚拟水。virtual water 是英国学者托尼•艾伦（Tony Allan）在 1993 年提出的一种新概念，是指生产产品和提供服务所需要耗费的水量，即凝结在产品和服务中的虚拟水量，用以计算食品和消费品在生产和销售过程中的用水量。例如，一台台式电脑含有 1.5 吨虚拟水，一千克小麦含有 1 吨虚拟水，一条斜纹牛仔裤含有 6 吨虚拟水，一千克牛肉含有 15 ~ 30 吨虚拟水，一千克鸡肉含有 3 ~ 4 吨虚拟水。因此，缺水国家或地区可以采用虚拟水战略（virtual water strategy），以贸易的方式从水资源丰富的国家和地区购买水密集型农产品，尤其是粮食，从而获得淡水和粮食的安全。virtual water 可直译为“虚拟水”，但其概念还有待于推广。

the seven-year itch 七年之痒。the seven-year itch 是指婚姻到了第七个年头由于婚姻生活平淡无奇，可能经历的一次情感危机，婚姻的一方或双方可能会产生喜新厌旧的想法，会出现婚外恋的现象。尽管在汉语中没有对应的婚姻相关的情况描述，我们可以将其直译为“七年之痒”。

US uses carrot-and-stick policy for Myanmar 美国对缅甸采取胡萝卜加大棒式的外交政策。“胡萝卜加大棒”源自一个古老的故事，即若要使驴前进，要么用胡萝卜引诱它向前走，要么在驴后面有棒子驱赶它。这是一种恩威并施、赏罚并用的手段，旨在诱发所希望发生的行为。因此，采用直译策略非常形象，使得美国政府对他国威逼利诱的惯用做法的形象跃然纸上。

其他例子如下：

煽风点火 to fan the flame(s)
破釜沉舟 to burn one's boats
充耳不闻 to turn a deaf ear to
落后产能 outdated capacity
碳足迹 carbon footprint
碳税 carbon tax
天然气 natural gas
文化遗产 cultural heritage
中国文学 Chinese literature
中国结 Chinese knot
亚健康 sub-health

（2）意译策略

作为一种不同于直译的翻译策略，意译旨在再现原文的意义及其传递的信息，而不是追求逐字逐句的形式对等。意译主要在源语与译入语之间存在重大文化差异时应用，其特点是以译入语为导向，使用规范的译入语语言来再现原文的意思。意译注重译文的自然流畅，不强求保留原文的结构及修辞手法。世界各国和各民族在语言、文化、经济制度，社会习俗和生态环境等诸多方面存在着很大的差异，这使得意译在翻译过程中成为一种不可或缺的策略，请看下列例子：

Yet quantitative easing is no silver bullet.[然而，量化宽松货币政策并不是（拯救经济的）灵丹妙药。]

在西方鬼怪题材的小说和电影中，silver bullet（银质子弹）是具有驱魔效力的，它是可以杀死狼人、女巫和吸血鬼的唯一利器。在现代英语中，silver bullet 是指最为有效的手段、法宝、撒手锏等。由于汉语母语者缺乏有关 silver bullet 的背景知识，所以最好将其意译为“灵丹妙药”或“法宝”等。quantitative easing 主要是指中央银行在实行零利率或近似零利率政策后，通过购买国债等中长期债券，增加基础货币的总量，向市场注入大量流动性资金，鼓励消费和借贷，也被简化地形容为间接增印钞票。2012 年，美国政府已开始推行第三次量化宽松货币政策。

He is past his Jesus year, but has yet to hit his Elvis year.（他已过了33岁，但还不到42岁。）

Jesus year 在这里是指耶稣被钉死在十字架上时的年纪，即 33 岁；而 Elvis 是指猫王 Elvis Presley，他年仅 42 岁就英年早逝了，所以 Elvis year 在这里是指 42 岁。由于中国文化中没有 Elvis year 和 Jesus year 这类的概念，相似的表达方式（而立之年、不惑之年）又不能完全表明原文含义，所以采用意译策略成为唯一的选择。

More than one year after its debut as one of the world’s largest Olympic venues, the Bird’s Nest remains a financial albatross.（作为世界上最大的奥林匹克场馆之一，鸟巢投入运营一年多来仍然是一个沉重的经济负担。）albatross 的原意是“信天翁”，比喻意是“引起麻烦的事物”。该典故源自英国人柯尔律治（Coleridge）所著长诗《老水手》，该诗中的水手误杀信天翁而导致全船遭难。

其他例子如下：

相声 witty dialogue comedy

孝道 filial piety

水墨画 Chinese brush painting

中山装 Chinese tunic suit

中医学 Traditional Chinese Medical Science

偏方 folk prescription

按摩 massage therapy

推拿 medical massage

祖传秘方 secret prescription handed down from one’s ancestors

来路不明的钱 silly money

广告妙语 punch line

匿名捐款 silent contribution

路必有弯，事必有变。It is a long lane that has no turning.

（3）音译策略

音译又被称为“转写”，这种翻译策略就是用一种固定文字搭配来表示另一种特定文字符号的过程或结果。在翻译实践中，音译策略也得到了广泛的运用。运用音译策略适合将一些具有特殊文化色彩及含义的词语“移植”到译入语文化中去，从而使其逐步为译入语读者所了解并容易接受，同时为跨文化语言交际活动的有效进行提供了思路和方法。音译通常用于姓名、企业、地名、国名、品牌名称和某些源语创新词的翻译，一般而言，用于音译的汉字不再具有本身的含义，只保留其语音和书写形式，因此音译词只可连在一起使用，不可拆分，否则原文意义尽失。如果已有固定翻译则不应重新创作翻译。部分汉译英所应用的拼音可以参考威妥玛拼音法。例如：

Jupiter 丘比特

Adams Smith 亚当•斯密

Hippie 嬉皮士

Vitamin 维生素

radar 雷达

Lymph 淋巴

nylon 尼龙

Prometheus 普罗米修斯

Pandora 潘多拉

Penicillin 盘尼西林

aspirin 阿司匹林

Coca-Cola 可口可乐

Disney 迪士尼

刮痧 gua sha

馄饨 wonton

八卦 ba gua

功夫 kung fu

磕头 kowtow

秀 show

酷 cool

沙拉 salad

烧卖 shaomai

汤圆 tangyuan

普洱茶（云南）Pu’er tea

董建华 TungChee-hwa

（4）音译加注释策略

对于一些具有非常明显文化特色的词语，在译入语中找不到相对应的表达方式，通常可采用音译加注释的翻译策略。例如：

油条 Youtiao(deeped twisted dough stick)

搅团 Jiaotuan(thick corn congee with pickled vegetables)

（5）音意结合

音意结合是一种将音译和意译融合为一体的翻译方法，兼顾语音和词义，目的在于创造出一种能够体现源语词汇特点但又非原文词义的词。例如：Starbucks（星巴克）、Unilever（联合利华）。

（6）增益

增益是在译文中增加一些词语，以求符合译入语的表达习惯，从而使译文的形、神、意等方面均与原文对应。一般而言，增益可分为语义性增益、句法性增益和语境性增益。语义性增益是指在译文中添加原文所包含的额外信息或连带信息，即所谓的言外之意；句法性增益是指源语向译入语转换的时候，按照译入语的表达习惯和语法规则进行合理填充使句意丰满完整；语境性增益则是指在译文中增补原文交流因语言环境而产生的实时意义和可限定意义。例如：

Today, it is Lexus and Louis Vuitton that signify your standing.（今天，可以表明社会地位的正是雷克萨斯豪华轿车和路易威登手包这类奢侈品。）Lexus 是日本丰田汽车公司旗下的豪华轿车品牌，始创于 1983 年。仅十几年的时间，其在美国的销量就超过了奔驰和宝马，成为全美豪华车销量最大的名牌车。Louis Vuitton 为世界顶级奢侈品品牌，已成为上流社会的一个象征。在本句的翻译中，应采用语义性增益策略，把 Lexus 译为“雷克萨斯豪华轿车”，把 Louis Vuitton 译为“路易斯威登手包”，并增加“这类奢侈品”以表达它们的性质。

He allowed the father to be overruled by the judge, and declared his own son guilty.（他让法官的职责战胜了父子之间的亲情，并且判决自己的儿子有罪。）如果不采用语境性增益策略，那么译文则成为“他让法官战胜了父亲”，会令汉语读者颇感费解，而增补“法官（的职责）”和“父（子之间的亲情）”则可以很好地说明一个人在扮演不同身份时可能会遇到的角色冲突和因此产生的矛盾心情。

（7）省略

省略是一种与增益相对应的翻译方法，其方法在于删去不符合目标语思维定式、语言逻辑和表达方式的词语，以避免译文冗长，提高译文的合理性和流畅性。熟练地掌握省略技巧能使译文在意义、修辞手法以及语言风格上最大程度地贴近原文，产生言简意赅、画龙点睛的效果。但是，省略不是改动或漏译原文的内容，更不能随便删掉自己不理解的或难译的语句。省略的宗旨在于实现简单明了、简明扼要。例如：

You can never tell.（很难说。）

You 在本句中是一个泛指的主语代词，并非针对具体的某个人，所以可将其省略。

1.3.2 实践型翻译策略

随着全球化、信息化时代的快速发展，翻译工作也呈现出范围广、数据量大的特点，翻译技术相应得到了飞速的发展，翻译实践过程也呈现出日新月异的状态，紧随时代的实践型翻译策略从翻译实践中凸显出来。这种类型的翻译策略并不单单从属于哪个翻译理论学派或某一系统理论，然而对提升翻译效果非常有帮助，下面就结合实践型翻译策略在翻译中的运用进行具体分析。

（1）零翻译策略

零翻译策略是一种比较新颖而又常见的翻译策略。相比于传统意义上的直译、意译、音译等翻译策略，这种翻译方法具有简洁、明了、节省字数及便于快速理解等优点。在翻译中，恰当地使用零翻译策略，吸收了外来语的缩写和简化词汇，对促进本民族语言和文化的发展有着非常重要的作用和意义。例如，iPad等词语的运用就是常见的典型例子。这种翻译方法，不仅能保证科技术语的准确运用，而且有利于译入语读者对这一文化事物的接受和传播。类似的例子还有很多。再如，买DVD（买一台数字激光视盘），查一下DNA（查一下脱氧核糖核酸），做B超（做B型超声诊断）等。又如：FAX（传真）、VIP（要客）、VS（对阵）、EQ（情商）、3M（一种机械产品）、HR（人事部门）、CEO（首席执行官）、IT（信息技术）。

（2）深度翻译策略

深度翻译策略又称为“厚重策略”，这一策略具体根据阿皮尔（Appiah）所提到的翻译理论，通过运用详细描述的注释将源语的表层含义置于丰富的语言文化环境里。这一翻译策略也适用于翻译其他需要较多解释材料的作品。所添加的注译、注解主要是用来让译入语读者更好地理解源语文化中人们思考问题和表达问题的方式。例如：

Jewish women are derided as “Jewish- American princesses” .（犹太女性被讥为“美籍犹太公主”。）注：Jewish-American princesses是美国俚语，意思是娇生惯养的富贵小姐；自认为应有特殊待遇的小姐。

1.3.3 文化学派的翻译策略

文化学派的研究者主要研究方向是文化的起源、发展和流行趋势，此学派的翻译观点认为，翻译应同社会意识形态、政治、经济、文化、科技等多种文化因素相关联。下面就结合几种比较典型的文化学派的翻译策略进行分析和描述。

（1）文化移植策略

具体而言，文化移植策略指的是将一个民族特有的文化现象以其本来字面意义及引申含义移植到另一个民族的文化空缺里。这种翻译策略对促进两个不同民族文化间的相容非常有帮助。

比如，亚洲四小龙可以翻译为four Asian tigers。在汉语文化中，龙象征着强大而又神奇的力量，并且中国人以作为龙的传人而自豪。但与之对应的英文词dragon在英语文化中是一只凶恶残忍的喷火怪兽，具有邪恶的感情色彩。因此，如果将“亚洲四小龙”译为four Asian dragons，则可能会在英美读者的脑海中形成负面的文化意象和联想。为了避免这种可能出现的文化误读现象，将“亚洲四小龙”译为four Asian tigers可以算是一种明智的选择了。

（2）文化改写策略

改写翻译策略通常是将目标语言中现成的常用语句直接运用或是加以改造并用来翻译原文的方法。例如：

Anger is only one letter short of danger.

原译：生气离危险只有一步之遥。

改译：忍字头上一把刀。

在本例中，原译和改译均比较通顺，但是相比直译的情况下，改译的版本更传神，不仅保留了原文的含义，而且表现出了原文文字的关联性。

（3）文化置换策略

在翻译的过程中，如果在译入语中没有对应的词语，可应用文化置换策略进行翻译。也就是说，尽量使用与含义相似或者等值的词语进行替换，例如：

假使有钱，他便去押牌宝。（If have the money, he went gambling.）

本例中的“押牌宝”是一种民间的赌博方式，现阶段已经被其他的赌博方式取代而被遗弃，在对这一具有独特时间段内的民间文化词汇进行翻译时，采用了置换策略，直接用 gambling 一词来将代“押牌宝”。

其他例子如下：

过着牛马不如的生活 lead a dog’s life

牛饮 drink like a fish

班门弄斧 to teach fish to swim

拍马屁 kiss somebody’s ass

风烛残年 to have one foot in the grave

胆小如鼠 as timid as a rabbit

挥金如土 spend money like water

（4）文化对应策略

文化对应策略主要是运用汉语文化中相似的内容以及对应西方文化中人们熟知的事件或者人物进行互译，使读者容易理解与共情。例如，用汉语文化中的“梁山伯与祝英台”表达西方文化中的“罗密欧与朱丽叶”，用西方文化中的“威尼斯”解释中国的江南水乡“苏州”，将“济公”比作“罗宾汉”等。浙江兰溪的济公纪念馆中有这样一句话：济公劫富济贫，深受穷苦人民爱戴。在对本句中的“济公”进行翻译时，将其译为：Ji Gong，Robin Hood in China robbed the rich and helped the poor. 这一翻译就很好地采用了文化对应策略。这样一来，更加有利于英语读者更好地理解济公的人物设定特点。

还有如下例子：

①苏州——Oriental Venice（or Venice of China）（东方威尼斯）。

②月老——Chinese Cupid（中国的丘比特。丘比特是罗马神话中的爱神）。

③王府井大街——the Fifth Avenue of Beijing（北京的第五大道。第五大道是美国纽约市的商业中心、文化中心、购物中心和旅游中心，那里的许多商店以商品丰富、品牌齐全、

产品高档优质而享誉全球）。

（5）归化翻译策略

归化是一种以译入语文化为导向，要求译者向译入语读者靠拢，采取译入语读者所习惯的表达方式来传递原文信息的翻译策略。归化策略的方式是尽量减少译文中的异国情调，向译入语读者提供一种自然流畅的译文，即施莱尔马赫所说的“尽量不干扰读者，请作者向读者靠近”，采用归化策略的译者通常都会有意识地采取一种自然流畅的译入语文体，参考译入语文化背景调整译文，必要时加入对源语文本的译入语解释使行文流畅，读者更容易理解原文含义。例如：

All right, now that we have covered the social amenities, let’s talk turkey about what really happened.（好吧，大家既然寒暄已毕，那就让咱们来认真坦率地讨论实际发生的事情吧。）在对本例进行翻译时，直译 talk turkey 为“谈论火鸡”的意思，但是如果这样翻译，会让汉语读者感到很茫然，译文在进行翻译时，将其译为“直率地讨论”更加贴切。

When the cat is not home, the mice dance on the table.（山中无老虎，猴子称大王。）英文是一句荷兰谚语，意思是说“当猫不在家的时候，老鼠就会胡作非为（直译为：在桌上跳舞）”。如果采用归化策略，借用汉语语言中约定俗成的“山中无老虎，猴子称大王”这一汉语俗语来翻译本句，可以使译文读者产生与原文读者相似的阅读效果。

归根结底，归化翻译策略是将原文本土化，采用译入语语言的常用表达方式进行翻译，不仅有利于译入语读者更容易理解原文内容，而且有利于增强译文的趣味性。

（6）异化翻译策略

异化策略的目的是促使译文摒弃译入语常规表达方式，保留原文中的异国情调。这种翻译策略最早由美国翻译理论家韦努蒂（Lawrence Venuti）提出。异化策略源自 19 世纪德国哲学家施莱尔马赫（Schleiermacher）的翻译论述。异化策略具有以下四个特点：

①不完全遵循译入语语言与语法规范；

②在适当的时候选择较为难懂、完全直译的语言；

③有意保留源语中的直观翻译或根据情况采用译入语中的古词语；

④为译入语读者提供一次前所未有的阅读体验。

采用异化策略来处理原文中带有明显的源语文化特征的元素，其结果必然会出现一些不同于译入语的新表达形式及其承载的异域文化内涵，而语言作为一个开放的体系，同样具有强大的融合能力和理解能力。随着各国、各民族之间经贸与文化交流的日益昌盛，各种语言都从中获益，同时丰富了语言的深度和广度。例如：

Some politicians are always calling for an eye for an eye and a tooth for a tooth when they hear of a terrible crime.（一些政客，当他们听到一个可怕的罪行时，便一直要求以眼还眼，以牙还牙。）

本例中的 an eye for an eye and a tooth for a tooth 这一表达出自《圣经·旧约·申命记》，在翻译时将其译为“以眼还眼，以牙还牙”就采取了异化翻译策略，原汁原味地保留了原文的文化特色，同时也便于译入语读者对《圣经》中的典故有更多的了解。

谋事在人，成事在天。（Man proposes, Heaven disposes.）

英语国家读者只有“神”，没有“天”的文化概念，因此采用异化策略将“成事在天”译为 Heaven disposes 更能够体现异于基督教文化的佛教和道教色彩，如果将“谋事在人，成事在天”译为“Man proposes, God disposes”或“Duties are ours, events are God's.”也可，但这就属于归化策略了。

（7）归异结合策略

尽管归化翻译和异化翻译在具体运用时各有侧重，但是这两种翻译方法并不是完全对立的，如果将这两种翻译方法有机地结合起来，有时能收到更好的翻译效果。例如：

半年之后他回到家里来，腿也直了，辫子也不见了，他的母亲大哭了十几场，他的老婆跳了三回井。

When he came home half a year later his legs were straight and his queue had disappeared. His mother wept bit terry a dozen times, and his wife tried three times to jump into the well(The stiff legged stride of many foreigners led some Chinese to believe that their knees had no joints.)

本例中“跳井”指的是在中国古代和近代的一些“贞妇烈女”的传统自杀方式。这一文化现象其实隐藏着封建礼教对妇女的长期精神毒害，而且这一表述是源语文化中的专有概念。很显然，杨宪益的翻译版本并没有进行异化处理。同时，源语中的“辫子”（在清朝被看成男人的标志或者说是命脉）的消失也是一个源语文化在某一时期的专有项，此处译者也仅仅进行了归化处理。不过译者可以理解“腿也直了”所蕴含的文化内涵，于是用异化补偿的方式，在翻译之后加了脚注。总体来说，这一翻译采取了归化和异化的结合。

1.3.4 条件型翻译策略

比较常见的条件型翻译策略主要有改写翻译策略和解释型翻译策略。

（1）改写翻译策略

改写翻译策略方法是通过某种方式对源语文本进行重新解释，并在翻译过程中受到译者意识形态和译入语的语言及文化的影响，因而会在某种程度上改变源语文本的思想内容甚至深层含义。为了对这一翻译策略有更好的理解和认识，下面就结合典型例子进行分析。

（贾雨村）虽才干优长，未免有些贪酷之弊；且有恃才侮上，那些官员皆侧目而视。

But although his intelligence and ability were outstanding, these qualities were unfortunately offset by a certain cupidity and harshness and a tendency to use his intelligence in order to outwit his superiors; all of which caused his fellow-officials to cast envious glances in his direction.（霍克斯译）

本例在翻译时，充分考虑了中西方民族文化性格的差异，中国古代崇尚内敛的个性，西方民族则崇尚张扬的个性。霍克斯在翻译时，将“恃才侮上”改写翻译 intelligence 和 outwit，将“侧目而视”改写翻译成了 cast envious glances，翻译中将中国的内敛性格改写成西方的张扬性格，中西方文化道德取向的差异在此处形成了鲜明的对比。

（2）解释型翻译策略

解释型翻译策略是从译入语的角度要求展现译文的特点、语言优美流畅，为了方便译入语读者的理解，适当地对原文包含的文化现象和必要的背景信息进行转化，使其通俗易懂，增强可读性。例如：For the road ahead. 康庄大道。又如，“抢鸭勇士谱水上凯歌”可翻译为 You’ll see an exciting contest of swimmers trying to seize ducks.（你会看到游泳健儿在水上追逐鸭子的激情比赛）。

1.3.5 课后练习

（1）请翻译以下短语。

soft environment，social security cards，problem furniture，drainage oil ，clean fuels，cultural shock，silver screen。

（2）请说明归化翻译和异化翻译的区别。

★ 跨文化小贴士 ★

中国的东风和英国的东风

中英两种文化中的对应词语“东风”与“east wind”，所指表层意义相同，但联想意义却完全相反。中国人偏爱东风，在中国文化中“东风”象征春天和温暖，让人眼前浮现万物复苏的景象。而英国人却讨厌东风，因为英国的东风是从欧洲大陆北部吹来的，象征寒冷而不受欢迎。英国的“报春”之风是“西风”，因为西风可以带来温暖。英伦三岛由于有北大西洋暖流经过，其所带来的西风往往温暖和煦，而从欧洲大陆北部吹来的东风却寒冷刺骨，所以英语中用西风代表“春天”，东风代表“冬天”，而这在汉民族文化中则恰恰相反。在汉语中，东风还象征革命和正义，西风象征着邪恶和反动。再如英国的高纬度原因使那里夏季也凉爽宜人，而中国大陆性气候的夏日却炙热难耐，尤其在广阔的中原及江南地带，夏日的夜晚也是热浪袭人，这也就是为什么莎士比亚要把谈情说爱这种浪漫情调安排在“仲夏之夜”（A Midsummer Night’s Dream），为何把友人比作夏日（“Shall I compare thee to a summer’s day? Thou are more lovely and more temperate”）。

第2章 科技英语翻译

2.1 概述

2.1.1 科技英语翻译的概念

科技英语（English for science and technology）是应用英语的一种语体类型，是语言在社会交际中适应科学技术领域的内容表达所形成的功能变体，用于记述、阐释、论证自然现象、社会现象和思维现象的客观规律，其表达形式以抽象性、逻辑性、说明性为特征，要求平实、严谨、简明。随着社会的进步和发展，科技英语的应用范围几乎涵盖当今政治、经济军事、社会、文化生活的各个领域，它不同于强调艺术审美与文学欣赏的文学英语（小说、诗歌、影视、戏剧等）。就内容来看，它几乎囊括了除文学英语以外的所有内容。方梦之先生对科技英语的范围进行了界定：科技英语“包括人们日常接触和实际应用的各类文字，涉及对外宣传、社会生活、生产领域、经营活动等方方面面”。而就文体而言，它“包括政府文件、告示、科技论文、新闻报道、法律文书、商贸信函、产品说明书、使用手册、广告、技术文本、科普读物、旅游指南等各类文本”。科技翻译涉及典型的科技领域或行业，如生物、医学、化工、机电等，科技文体风格也可能各不相同，从专业性极强的供科研工作者阅读的科研论文、科学报告到适合非专业人群阅读、普及科学知识的科普读物。实际上，科技翻译可以体现在各种翻译活动中。例如，从国外购买商品时，需要翻译此商品的说明书；或是在翻译一份资料时，需要翻译几个科技术语；又或是在进行非科技领域翻译工作时遇到了有一定“科技含量”的翻译资料。将科技英语翻译成准确、流畅的汉语，以及将科技领域的汉语翻译成等效且得体的英语，对于中外科学技术的交流，进步和发展至关重要。这种在科学技术领域为达到交流目的而进行的语言转换，就是通常所说的科技翻译。现代语言学为科技翻译研究和翻译活动提供了比较科学的理论基础。翻译是一个理解与表达的过程，科技英语翻译也是如此。科技英语翻译最为关键的是将原语文本语言的重要信息采用相关方法，转换成与原文具有相同信息的内容、译文读者完全可以理解的译语文本语言。因为语言作为传输科技信息的中介时，为了达到不受损失地传输信息的目的，可通过准确的术语作为表达手段传输信息，这是至关重要的。这就要求从事科技翻译的译者，不仅要有扎实的语言功底，树立正确的翻译态度和翻译实践服务意识，还要对科技英语文体有充分的了解和认识，熟悉不同科技文本类型的译写，熟悉英汉科技文体的差异，根据科技英语的特点，透彻理解原文意思，并能够准确地用译文语言表达出来。

2.1.2 科技英语翻译的原则与标准

我国的翻译事业有约两千年的历史。早在东汉桓帝建和二年（公元 148 年）就开始了佛经的翻译。到了晋代，翻译从民间私人事业发展到了有组织的活动，大批译者在译场从事译经活动，主要从事把梵文佛经译成汉文。唐代玄奘（公元 602—664 年）（与鸠摩罗什、真谛一起号称我国佛教三大翻译家）曾西去印度求经，回国后从梵文译出佛经 1335 卷，并把老子的部分著作译成梵文，成为第一个把汉文著作向国外介绍的中国人。他提出的翻译标准“既须求真，又须喻俗”，意即“忠实、通顺”，直到今天仍然是翻译的标准。

虽然科技英语有其特点，其翻译具有文体上的特殊要求，但“准确（忠实）、通顺”这个标准仍然适用。根据科技文体的文体特征、语言功能及其使用的语言环境等因素，可以将科技英语翻译的标准确定为：忠实准确、通顺流畅、规范专业。

忠实准确（Faithful and Accurate）。由于科技文体大多表达客观，措辞精确，结构严谨，信息浓缩，逻辑性强，不允许任何歧义和华而不实，这就要求译者要不折不扣地传达原文的全部内容信息，译文与原文在内容上相一致，语体风格上相一致，即用另一种语言来重现原文。译文必须忠实、准确地传达原文的信息，对原文的意思既不能歪曲，也不能随意增减。此外这一原则还要求译文要保持原文的风格。在科技翻译过程中，传达原作风格也十分重要。翻译时应避免做主观渲染，避免表露个人感情，少用带感情色彩的词汇和修辞手段。做到说理叙事清晰明白，用词造句简洁准确，并尽量使用专业语言。

通顺流畅（Smooth and Fluent）指的是译文文本表达通顺，译文语言符合译语的语法结构和表达习惯，容易为读者所接受和理解。在汉译英过程中，要求译者按照英语的语法和表达习惯来选词、造句，避免条理不通、结构混乱、逻辑层次不明的现象。译者在深刻领会中文意思的基础上，尽量摆脱中文形式的束缚，重新进行结构整合、理清逻辑层次，要做到行文流畅，避免死译和生搬硬套汉语句式。也就是说，译文语言必须文理通顺，结构合理，逻辑关系清晰，没有死译、硬译、语言晦涩难懂的现象，用符合英语习惯的表达方法把原文信息流畅地表达出来。

规范专业（Standard and Professional）要求译文的专业术语表述符合科技语言和术语的表述规范，尽可能使用译语中已有的、约定俗成的定义、术语和概念。科技文体的正式程度根据情景语境等因素的不同而有所不同，正式程度越高，专业术语、定义和概念也就越多，因此，翻译时对译文的规范化、专业化要求也就越高。

总的来说，在进行科技英语翻译时要充分考虑读者的认知能力、知识水平和受教育程度，要做顺应目的语语境的翻译。对于专业科技文本的翻译来说，要表述准确，避免歧义；叙述清楚，富有逻辑；注重信息传递，用语专业、规范。而对于科普类科技文本来说，除了要表意清楚，富有逻辑，注重信息传递外，还要兼顾语言形式，适当保留原文的修辞手段和语言风格，使译文兼具科学性、知识性和趣味性，以满足读者的知识需求和审美需求。

2.1.3 科技英语的语言结构特点

（1）无人称

科技文章给人的第一个印象便是无人称。这是因为，一般来讲，科技文章都是用来描述科学发现或者科技事实。由于科技文章的主要目的就是报道科技成果和自然规律，反映客观事物，而不重点介绍是谁发现或者完成的，因此，科技文章一般不对人进行重点描述，也不能掺杂作者个人的主观意识，因而采用的往往都是没有人称的叙述方式。但是，无人称并不是绝对的，有时根据需要，也会使用一定人称，只是有人称的句子在科技文章中的比例是很小的。注意到科技文章的这个特征，译者在翻译的时候就要时刻提醒自己，一定要遵从原文中阐述的客观规律，采用正式规范的无人称句，而不要在译文中加入自己的任何主观见解。

例 1. 应当注意机器的工作温度。

Attention must be paid to the working temperature of the machine.

例 2. 使用本机前，请仔细阅读说明书。

Before you begin to work the instrument, first read the instruction carefully.

（2）专业术语性强

科技文章的另外一个显著特征是其大量使用科技术语。这是因为科技文章的作者一般来说应该是从事某个专业并熟悉这个专业的人员，而科技文章的读者也应该对这一领域有所了解，因而，其中一些专业性较强的术语，对于这个专业外的人来说，有时候并不是很好理解，甚至完全不知道。另外，使用术语还可以使文章中的说明更加精确。

由于科技文体内容比较专业，翻译起来必然碰到不少困难。所以，要求读者在翻译之前，要对所译材料进行仔细的研究，遇到棘手的问题，要多查专业书籍、资料，请教专业人员，彻底弄懂，然后再动笔翻译，这样才能保证译文质量。例如下列专业词语：

压力传感器和压力扫描阀 Pressure Transducers and Scanner Valves

半导体存储器和镀线存储器 Semiconductor and Plated-wire Memories

天然橡胶和合成橡胶 Natural and Synthetic Rubber

连续式风洞和暂冲式风洞 Intermittent and Continuous Wind Tunnels

（3）语言客观性强

科技文章在使用普通词汇时，通常采用这些词汇的字面意义（denotative meaning），而不采用它们的内涵意义（connotative meaning）。比如用到 life 这个词，一般就只用来表示“生命”或者“寿命”，而很少用“人生”或者“世事”之类的引申意义。科技英语具有客观、准确的语言特点，通常不采用着意表现文采的语句，要求用准确客观的语言来表述自然界、科学界发生的事情，避免由于表述不准确引起的歧义和论证上的主观随意性。科技活动本身是一件十分严肃的事情，来不得半点马虎，因此对事物的陈述必须客观、准确。尽管科技活动系人类所为，但由于科技文章所揭示的内容通常是科技成果和客观规律本身，而不是相关成果的完成者或某一规律的发现者，因此，科技文章往往没有人称。据国外的语言学家统计，科技英语中有三分之一以上的动词为被动形式，主要原因就是科技英语以叙事推理为主，在很多情况下要表达的只是一个客观事实，无须强调指出行为的发出者。

例 . Electrical energy can be stored in two metal plates separated by an insulating medium. Such a device is called a capacitor, or a condenser, and its ability to store electrical energy is termed capacitance. It is measured in farads.

电能可储存在由一绝缘介质隔开的两块金属极板内。这样的装置称为电容器，其储存电能的能力称为电容。电容的测量单位为法拉。

（4）广泛使用长句

无论是英语科技文体还是汉语科技文体，都倾向于使用长句且结构复杂，这是因为科学语言主要用于表述科学原理，陈述科学实验过程，解释事物之间的复杂关系。英语和汉语相比较而言，英语的句式使用更为复杂。王力先生在《中国语法论》中说，英国人写文章常化零为整，而中国人往往化整为零。在科技英语中，为了精确地下定义、叙述生产过程、阐述科学实验过程及结果等，往往使用较长的、复杂的句子。句中各种短语、从句通过连接词和联系手段，构成了结构复杂、条理清晰、逻辑合理的长句。在英语的句子中如果没有连接词，只允许出现一个动词谓语，而其他的动作可以通过介词、动名词、分词和动词不定式来表达。而汉语中介词贫乏，也没有分词、动名词和动词不定式，因此多个动词谓语的联动式是常用的句型。英汉语言本身特点、惯用表达方式和逻辑思维模式等方面存在着根本性差异，使长句的英汉互译成为了科技翻译的难点。

例 1. 计算机能够在一两分钟内，甚至几秒钟内把分散在工厂的任何一个地方的大量信息接收来，进行必要的计算，再向其中一个或数个地方提供答案或发出指令。因此，计算机用做加工工业的自动控制是十分理想的。

Being able to receive information, from any one of a large number, of separate places, carry out the necessary calculations and give the answer or order to one or more, of the same number of places scattered around a plant in a minute or two, or even in a few, seconds, computers are ideal for automatic control in process industry.

用汉语表示因果关系的两个句子中，使用了五个动词谓语；英文句子仅有两个谓语“are ideal”，而其余部分是分词结构中的成分。

汉语表达的特点一般是重点在后，先说出时间、条件、地点等有关状态，然后才出现动词谓语。而英语则恰恰相反，往往把重要的或结论性的部分提前，再交代有关状态。

例 2. 这种计算机结构相当复杂，在它需要信息时，就要立即提供。如果一时没有，要等有了以后才可以进行操作。因为我们必须保证它在处理各种各样的问题时不产生混淆。这一点对于稍有电脑常识的人来说都是十分清楚的。

It is well known to everyone who has some common sense of computer that the organization of the computer is rather complex, since one must insure that a mix-up does not occur among all the various problems and that the correct information is available for the computer when it is called for, but if not, the computation will wait until it is available.

（5）语言规范，逻辑性强

虽然逻辑属于非语言因素的范畴，但与语言的关系密不可分。无论科技文章，还是其他文章，都离不开逻辑。科学研究的成果大多含有抽象的理论，并且要求所描述的客观事物必须准确无误，概念必须清楚，推理必须严密，因而，科技文章的语言大多表现为语法的规范性和较强的逻辑性。

科技文章的翻译中，要特别注意译文语篇的逻辑连贯。汉语文章的逻辑推进层次和英语文章是有区别的，这就要求译者在构建译文语篇时要在深入细致地理解和分析原文逻辑关系的基础上，进一步挖掘各句子成分间存在的内在逻辑关系，并按译语行文习惯及规范进行适当的调整和变通。逻辑关系的调整是译者必须掌握的一种技巧，它有一定的规律可循，但不同的译者间也会存在某些个体差异。在科技翻译中，很多问题常常发生在逻辑上，由于逻辑错误造成译文不能表达原文的意思。这是因为在翻译过程中，为使译文更符合译语的表达习惯，常常要借助于一些翻译手段，如转换词性、调整语序等。正确运用这些手段，可以增强译文的表达效果，但运用不当就会导致包括逻辑问题在内的各种错误，无法达到确切表达原文的目的。

当然，非科技文体文章的语言也要求规范（某些文学作品为求表达生动，常采用不规范的语法）、有逻辑性，但是科技文体在这一方面却有更高的要求，因而相对于其他文体来说，这个特点在科技文章中表现更加突出。

2.1.4 课后练习

请将下列句子翻译成汉语。

（1）In this paper, the application of fiber in cement and concrete composite is presented, including the history and the current development the kind and the effect.

（2）On the whole, marine organisms are cold-blooded, meaning that their internal temperatures are essentially uniform with the environment.

（3）The resistance of the pipe to the flow of water through it depends upon the length of the pipe, the diameter of the pipe, and the feature of the inside walls(rough or smooth).

(4)The law of conservation and transformation of energy is the chief basis of physical, astronautical and chemical reasoning as well as of engineering practice.

(5)Any substance is made of atoms whether it is solid, liquid, or gas.

2.2　译技讲解

2.2.1 科技英语的翻译策略

(1) 准确理解原文

任何文体的源语文本翻译过程都包括理解与表达这两个重要环节。所谓理解，对原文或原作进行解码的过程，即通过认真研读来准确把握源语文本的文意、语义、主题、思想的思维过程。准确理解原文是翻译的首要前提。众所周知，原文，即源语文本，是翻译工作的出发点和唯一依据，在一般情况下对原文不得有任意的、非理性的删改。只有准确而深刻地理解了原文的确切含义，才有可能做到准确无误的翻译，使译文达到准确、顺达、简练。具体说来应从以下三个方面着手：

① 从词法规律下手，辨明词语含义。

辨明词义对于正确翻译原文是至关重要的。常常会遇到这种情况：已经了解清楚原文的汉语表达，却因对个别英语词语的确切含义难以把握而无法着手翻译。在任何语言中，词语都是基本的表意单位，句子不过是按照特定的语言习惯、语法规则由词组合而成。因此，要找到英语中的对应词，首先要把握每个英语词语的基本义，包括与其他词语组合后的派生义，这往往需要多查阅几本词典；其次要掌握词语的运用规律和语用功能，熟悉它们的文体特点；再者要善于根据具体语境来联想或发掘词语的引申义，经常需要结合技术内容去考虑。

在翻译中选用英语单词时，必须选用恰当。单词用错了，意思也就不对了。比如“无知，愚昧”是 ignorance，不是 innocence(无罪，天真)；“太空飞船‘卡西尼’进入土星轨道，当然是一件很有意义的事”里的“一件很有意义的事”是 a very significant event，如果 significant 改为 important 或者 valuable 都不妥，改为 meaningful 倒可以，但 meaningful 有时含有带情感意义的“意味深长”的意思，所以就科技体裁来说，还是 significant 好。

例 . 磁浮列车主要是依靠无接触的电磁力，而非机械力来实现支承、导向、加速和制动功能。

译文：The transrapid accomplishes the functions of support, guidance, acceleration and braking by using non-contact electromagnetic instead of mechanical force.

分析：原文中“制动”一词的使用，符合科技文章的行文特点，显得老练庄重，译者根据上下文不难推测出“制动”的意义等同于“刹车”，因此可译为 braking。

② 从语法结构下手，理清语法关系。

准确理解原文后，英译时首先要从句子的语法结构下手，确定原文的句子结构特征和句内外语法关系，即句子的时态、语态、情态、语气、句型、句内各种语法成分及其相互关系以及句间衔接手段等。在科技英语翻译中，原则上应先以小句或句子为单位，根据英语语法来确定句子结构，如谁是主语、谁是谓语、谁是表语或宾语以及其他附加成分，还要确定句子类型，包括简单句、并列句、复合句以及各个子句之间的关系等，必要时还要联系上下文语境。

例．当然，这种做法只有在搭配了轨道水槽的条件下才能实现。这样列车没必要停到车站水塔旁边就能加水。而相对于现代的特快机车来说，由于有了大型火床、机械摇炉装置和更为有效的通风设施，因而比以往更容易做到连续运行几个小时不清渣而又能保持旺火。

译文：This practice is only made possible, of course, by the provision of track water-troughs, so that water supplies can be replenished without stopping at station water-columns for the purpose ; and with modern express locomotives large fire grates, mechanical grate-shaking appliances and more efficient draughting make it much easier than formerly to keep a clear fire without clinkering over runs that may extend for several hours.

分析：原文的最后一句话为因果关系句，前因后果。在英译过程中，将原因部分翻译为主语，结果紧随其后，整句话内含因果关系，使得英语行文简洁、练达。

③ 从逻辑分析下手，把握逻辑联系。

理清语法关系和辨明词语含义对于准确理解原文而言，还只能说是创造了必要条件。在下笔之前，还有一个十分重要的程序，那就是从逻辑分析下手，弄清和把握语句的内在逻辑关系，即语句中各个词语或成分之间以及各个语句之间的语义联系，从而验证和确保译文的准确性。英语是一种语境性语言，词语如果脱离了语境、脱离了上下文，就常常很难判断其确切含义。虽然科技英语的准确理解对于语境的依赖性要远远小于其他文体，但也会不时地遇到不联系上下文就难以弄懂句义的情况。因此要求译者密切联系上下文，从总体上体会和把握每个句子的真正含义或意味，特别是它们的技术内容，看看它们是否符合逻辑、合乎情理，是否符合学科或专业的学术或技术要求。

例．正是由于这个原因，在那些有充足长途客运的地方，长途直达运营日益增多，这样一来就可避免重要的中间或联轨站站台线路的阻塞，而这些阻塞是由于无正当理由停靠的列车引起的。

译文：It is for this reason that, where full passenger loads can be counted on over long distances, the practice of scheduling long non-stop runs is constantly on the increase, as important intermediate stations and junctions thereby are relieved of the blockage of their platform lines by trains which are stopping for no adequate reason.

分析：汉语原文具有典型的小句推进的特点，汉译英的关键在于确定各个子句之间的逻辑关系。英文将“这样一来”处理为“as”，指代前面的“the practice of ”，起定语从句中关系代词 which 的一种功能，即指代前面一整句话的含义，然后将最后一个独立的句子译为定语从句，从而使得整个句子的逻辑关系表达得甚为清楚。

（2）确切客观表达译文

准确客观是衡量科技译文质量的一个重要标准。作为信息交流文体，科技英语主要功能在于认识客观事物，探讨客观世界的真实价值，因而科技翻译在准确地理解原文之后，摆在译者面前的任务就是要确切、客观地再现原文。翻译工作者必须尊重客观事实，不得随意篡改或增删原文信息，不可加入个人的主观臆断或思想感情，将原文所表述的科技内容恰如其分、不折不扣地翻译并表达出来，使之成为高质量的译文。所谓表达，是指运用目标语对源语文本进行编码的过程，即在正确理解的基础上把源语的内涵用目标语重新表达出来。表达的好坏取决于对源语文本理解的准确度和深度以及对目标语的修养程度。前者是前提，没有对原文准确的理解就不会有恰当的翻译；后者是保障，没有目标语的良好修养，对原文理解得再准确也无以表达。现代科技与多种学科日趋交叉渗透，涉及物理、生物、军事、法律、经济、政治、管理等众多领域，科技翻译者需要涉猎广泛，从事翻译实践时才能游刃有余，将科技文本中包含的内容、形式以及客观严肃的风格完整、准确地呈现给本国语读者。因此，在此环节必须做好四件事：

① 准确选词。

在进行科技文本翻译时，为确切表达原文意思，就必须选择英语中最恰当的词语来翻译汉语中的相关词语。选词时，要在正确把握原词含义的前提下，尽可能选取英语中的等值词，包括引申转换而来的词，还要考虑词语的恰当搭配，确保其符合英语语言习惯，而且尤其要重视专用科技术语的准确性。

例 1. 那艘游艇正全速前进。

译文：The yacht is travelling at its full speed.

例 2. 能算出那颗子弹的初速度吗？

译文：Can you calculate the initial velocity?

分析：“speed” 和 “velocity” 都是指 “速度”，二者有时可以换用，但是在含义上还是有区别。“speed” 是一般用语，指时间和距离的比值，没有方向的限制，而 “velocity” 具有更严格的科学内涵，是一种矢量，即一种有方向的速度。

例 3. 你能把一根橡皮带拉长到它原来长度的好几倍。

译文：A rubber band can be stretched to several times its normal length.

例 4. 树影随着月亮的移动而伸展。

译文：The shadows of the trees are lengthening with the motion of the moon.

例 5. 良好的保养能延长机器的寿命。

译文：Good maintenance may prolong the life of machine.

分析：以上各句的“stretch”“lengthen”“prolong”都有“延伸”或“伸长”之意，但是它们在用法上各有不同。“stretch”指具体事物在长度上的延长，“lengthen”通常指时间和空间的长，“prolong”只指时间的延长，而且着重强调这种超出是正常的、应有的或某种范围内的延长。

② 恰当造句。

恰当造句是指在尽可能照顾原文风格的前提下，力求按照英语的行文规范恰当地组织每一句译文。这就要求在语序的排列，动词的语气，时态、语态、情态的表达和使用等方面，尽量遵照英语的语法修辞习惯。

例 1. 月球自转得很慢，因此，月球上一天有地球上两个礼拜那么长。

译文：The moon rotates rather slowly and so one day in the moon is as long as two weeks in the earth.

这是一条普通的真理，不会随时间、地点的改变而改变，因此使用一般现在时。

例 2. 在人类历史上，火药的发明是比较晚的，比船舶、自行车的发明都要晚得多。仅仅在大约六百多年前，才有最初的记载。而从木管中发射炸药，在 13 世纪中国历史上已有记载。

译文：The discovery of explosives came late in man’s history, long after the ship, the wheel. Explosives were first written about only 600 years ago. Some explosives, shot from wooden tubes, were reported in Chinese history during the thirteen century.

分析：一般过去时通常用于科技发展史及若干科技报告中。

③ 理顺逻辑关系，避免歧义。

科技文体注重逻辑推理，词与词、句子与句子之间存在着严密的逻辑关系。科技翻译工作者在准确理解的基础上，要真正把握原作者的逻辑思维活动，理清各种概念之间的逻辑关系，层次清晰地表达出原文的逻辑。由于要表达复杂的逻辑关系，科技英语中长句较多，常常是一个主句带若干个从句，从句带短语，短语带从句，从句套从句，互相依附，互相制约，一环套一环，可谓盘根错节，错综复杂。译者在语义辨认和语法分析之外，一定要注重逻辑思维，力求文通理顺，层次清晰，避免产生歧义。歧义，是指译文对源文内词语之间的关系体现得不够准确，因而显得模棱两可，易于使读者产生误解。这是翻译工作的头号大忌，必须坚决加以杜绝。因此，在组织译文时，要采取词汇手段准确而鲜明地揭示有关词语特别是并列词语之间的关系，必要时可以添加或重复个别词语，改换表达方式，恰当地使用连词等。

例 1. 为了证明这种新药物的副作用，他们用狗做实验。

译文：In order to prove the side effect of the new drug, they experiments on dogs.

分析：这里“experiment”后面只能跟介词“on”，因为这通常指对动物的实验，“experiment in”指关于某一方面的实验。

例 2. 鲸和鲨鱼的不同在于，鲸是哺乳类动物，而鲨是鱼类动物。

译文：A whale differs from a shark in that the former is a mammal whereas the latter is a fish.

分析：这里只能用“differ from”，表示两种事物在特征上有所不同，而表示与别人意见不同时，可用“differ from”和“differ with”。

④ 力求简练。

简练是科技翻译的标准之一，也是较高的质量要求。虽然做起来很难，但也应尽最大努力去尝试。就科技英语翻译而论，要做到简练，首先要真正弄懂原文的确切含义；其次要努力提高译者自身英语的语言修养，熟练地掌握英语语言修辞技巧；再次要注意突破汉语行文习惯、语法规则的约束，运用英语思维来处理译文，短结构尽可能转换成长结构。

例 1. 气体分子运动起来比液体和固体分子更为自由。

译文：The molecules in gases move more freely than do those of liquids and solids.

分析：以“do”代替“move freely”，英译更加简洁。

例 2. 对大气过程的认知是成功预报的根本，同时也提供了为达到有利目的而能动地调节天气的可能性，并能预见到无意造成的有害影响以免来不及避免。

译文：The understanding of atmosphere processes, which is essential for successful prediction, also affords opportunities of modify weather deliberately for useful purposes and may make it possible to anticipate the inadvertent, deleterious effects before it is too late to avoid them.

分析：汉语的长句应适当转换成英语的长句。

2.2.2 科技英语中的名词化结构

名词化结构源于系统功能语言学家韩礼德的语法隐喻理论。韩礼德指出，语言包括语义层、词汇语法层和音系层三个层次。它们之间存在着体现（realization）关系，即语义系统体现为词汇语法系统，词汇语法系统体现为发音系统。韩礼德将词汇语法和语义之间的体现关系分为一致式（congruent form）和隐喻式（metaphoric form）。一致式是指语义层和词汇语法层之间的自然体现关系。韩礼德在分析了牛顿的科技英语之后指出，科技语篇中名词化结构构成了主要语义内容。名词化是英语和汉语科技语篇中的常见语义表达结构，而且相比之下，为了体现简明、准确、客观的语言特点，英语科技语篇的名词化倾向较汉语科技语篇更为突出，在科技英语中大量使用名词化结构使句子结构更加简化。

（1）用名词短语表示动作

例 1. 用泵把储箱中的东西排出。

译文：Discharge of the contents of the tank is effected by a pump.

分析：这个句子中的 discharge 用作名词，而谓语动词则用功能性的、“中性的”或不太有意义的动词。注意，这里不可采用名词形式译成“储箱中所装东西的排出是用泵进行的”，因为这个汉译是汉语式的英语。

例 2. 变压器广泛用于输电。

译文：Wide application of transformers in transmitting electrical power is effected.

例 3. 将现代风洞设备同其历史上的先驱相比较，很容易对风洞试验技术的进展情况做出评价。

译文：An appraisal of the advances in wind tunnel test techniques can be readily obtained by comparing the modern wind tunnel facilities with their historical predecessors.

例 4. 这些方法将在本书下一节里加以讨论。

Analysis of these methods will be given in a later section of the book.

分析：以上这四个名词结构的例句中，都用到表示“动宾”关系的介词“of”。例如在上面的 discharge of...，application of... 和 an appraisal of... 中，discharge 与 the contents，application 与 a potential，an appraisal 与 the advances 都是动宾关系。可以说，正是借助于 of 表示动宾关系的功能，表达出了原文中的这一层关系。此外，这三个例句中的动词谓语一般采用“功能性的”“中性的”或动作意义不是太强的动词，如 effect、obtain 等。可以说这一点也是基于 of 表示动宾关系这一功能。

可以这样说，采用名词结构的实质，在于巧妙而灵活地利用介词 of 表示动宾关系的功能。我们在阅读与翻译时，要充分考虑到英汉两种语言各自的语言习惯，学会运用符合汉语习惯的表达方式来恰当翻译这种名词结构。通常是采用将名词转换成相应动词的词类转换方法，采用动宾短语或主谓结构来表达这种名词结构。

这种典型的名词结构还可以从另外一个角度来理解，即以英语为母语的作者，习惯利用与动词同源的名词来表达该动词的意思。例 1 用名词 discharge 表示动词 to discharge 的意思，例 2 用名词 application 来表示动词 to apply 的意思，例 3 则用名词 appraisal 来表示动词 to appraise 的意思，例 4 用名词 analysis 表示动词 to analyze 的意思。这 4 个名词和相应的 4 个动词，在汉语里对应着既可以用作名词又可以用作动词的 4 个词“排出”“应用”“评价”“分析”。自然应该改用相应的动宾短语“……（东西）（用泵）排出”（宾语提前），“把（电压）输送到”，“得出……（评价）”和“……（加以）讨论（分析）”来表示。

（2）用名词短语表示条件、原因、目的、时间等状语从句

例 1. 输入信号太大会引起非线性失真。

译文 1：If an input signal were too large, it would lead to nonlinear distortion.

译文 2：Too large an input signal would lead to nonlinear distortion.

例 2. 由于线圈中存在铁，磁感应强度增加到了原来的 5500 倍以上。

译文 1：Because the iron is present in the coil, the magnetic induction has been increased to over 5, 500 times what it was.

译文 2：The presence of the iron in the coil has increased the magnetic induction to over 5, 500 times what it was.

2.2.3 科技英语长句特点及翻译

科技英语中长句是由基本句型扩展起来的。扩展的方式主要有三种：一是增加修饰语（即定语、状语）或并列成分；二是用各种短语（介词短语、分词短语、不定式短语、动名词短语等）或词组来充当句子的某一成分；三是将两个或两个以上简单句组成并列复合句或主从复合句。具体来说，主要有以下几个方面：

（1）多个从句修饰同一概念

The moon is ① a world that ② is completely and utterly dead，a sterile mountainous waste on ③ which during the heat of the day the sun blazed down with relentless fury，but where ④ during the long night the cold is so intense that ⑤ it far surpasses anything ever experienced on the earth.

月球完全是一个毫无生气的世界，是一片多山的不毛之地。在酷热的白昼，太阳向它倾泻着无情的烈焰，而漫长的寒夜却远远不是我们在地球上所能体会到的。

本句含 5 个分句：① 是主句谓语动词；②是由关系代词 that 引导的定语从句，修饰 a world；③是介词 on+ 关系代词 which 引导的定语从句，修饰 a world 的同位 a sterile mountainous waste；④是关系副词 where 引导的定语从句，也修饰 a sterile mountain waste；⑤是 so... that 句型的结果状语从句。

（2）从句本身又包含从句

The difficulties that ① would have to be encountered by anyone who ② attempted to explore the moon—assuming that ③ it was possible to get there—would ④ be incomparably greater than ⑤ those that ⑥ have to be faced in the endeavor to reach the summit of Mount Everest.

任何试图探索月球奥秘的人——假定他们能到达那里的话——可能遇到的困难远非攀登珠穆朗玛主峰时遇到的困难所能比拟。

本句共有 6 个分句：④ would be 是主句谓语动词；⑤ than 是比较状语从句，两个破折号之间有一个插入语，插入语里有一个宾语从句③，在主句中有一个定语从句①，修饰主句的主语 difficulties，而在这个从句中又套了一个定语从句②，在比较状语从句⑤中也套了一个定语从句⑥。

（3）含有从句的并列复合句

There is ① always a certain amount of random noise in the receiver ② which is recorded on the chart ③ , but the emissions can be recognized as an increase in intensity when ④ the telescope is pointing directly at a "radio star" .

在接收器里，总会有一定数量的不规则杂音被记录在图纸上，但是当望远镜直接指向"射电星"时，我们就能发现无线电辐射波的密度就会增加。

本句含有 4 个分句，句①与句②（定语从句）是主从关系，句③与句④（时间状语从句）也是主从关系，句①与句③是并列关系。

2.2.4 课后练习

请用合适的翻译策略，完成下面的句子翻译。

（1）This higher cost is not entirely due to the shape of the part, or the use of a more expensive metal.

（2）The addition of alloying elements is made principally to improve mechanical properties, such as tensile strength, hardness rigidity and machinability, and sometimes to improve fluidity and other casting properties.

（3）The prevention of many types of occupational diseases is distinctly within the realm of possibility.

（4）The confidence that scientific and technological methodologies are the only valid approach to truth and knowledge is changing.

（5）Industrialization and environmental degradation seem to go hand in hand.

2.3 译例评析与举隅

2.3.1 译例评析

Fall Speed of Drops

①Drizzle and raindrops are subject to gravity and this leads to their fallout as precipitation. ②This effect is partly offset by the frictional resistance of the air, drops soon reach their terminal fall speed V, which is a function of their radius R. ③V is small until R reaches about 0.1 mm, this being taken to be the threshold between cloud droplets and precipitation. ④The terminal fall speed of drizzle increase linearly with radius from around 1 $m \cdot s^{-1}$ at 0.1 mm radius to 3.5 $m \cdot s^{-1}$ at 0.25 mm radius（Beard and Prupparcher 1969）.⑤But the speed also depends on air density, decreasing as the drops fall and encounter denser air, so that by the time a drop reaches ground level its speed is about 20% less than at an altitude of 18,000 feet. ⑥For rain, the terminal fall speed is not linear, increasing at a slower rate with increasing size, such that a drop of 0.5mm radius has a velocity of about 4 $m{\bullet}s^{-1}$ while at 1.0 mm radius it has reached 6 $m{\bullet}s^{-1}$, the increase in speed leveling off rapidly thereafter, so that drops of 2.5 mm radius fall at 9 $m{\bullet}s^{-1}$.⑦The speed does not increase further beyond about 5 mm diameter due to the change of shape of the larger drops, their bases becoming flattened due to the high fall speed.⑧But again the fall speed depends on altitude, the difference between ground level and 18,000 feet being around 35% for the larger drops.⑨Of course if the air happened to be rising, such as in a cumulonimbus cloud, at say 9 $m{\bullet}s^{-1}$ even the largest drops will remain suspended and not fall relative to the ground. ⑩After reaching a certain size, however, raindrops become unstable and break up into smaller drops. ⑪This has been studied in laboratory tests and empirical relationships have been obtained showing that drops with a diameter of 3.5 mm or less rarely divide. ⑫That rate of break-up increase exponentially for drops larger than this and the probability of drops much greater than 4 mm fragmenting is 100%.

雨滴的下落速度

①毛毛雨和雨滴在重力的作用下下沉形成降雨。②空气的摩擦阻力在一定程度上抵消了重力的影响，水滴便很快达到下降末速度 V。③V 是水滴半径 R 的函数。水滴半径 R 在达到 0.1mm 之前，其下降末速度 V 都比较小。因而，0.1mm 往往被视为云滴向降雨转化的临界点。④毛毛雨滴下降末速度随其半径的增加而线性增加。半径为 0.1mm 时，速度为 1m /s(米 / 秒)。半径为 0.25mm 时，速度上升到 3.5 m/s。⑤然而，空气密度对速度也有影响。雨滴在下落过程中遇到更大密度的空气时，其下落速度减缓，到达地面时，其速度通常减小到 18000 英尺（约合 4572m）高空的 80% 左右。⑥对于降水，其下降末速度随其半径的增加而缓慢增加，二者并不呈线性变化。半径 0.5mm 的雨滴下落速度为 4m/s。当半径达到 1mm 时，速度则为 6m/s，此后如直径继续增大，速度的增加会很快变得平缓下来。雨滴半径为 2.5mm 时，其下降末速度为 9m/s。⑦但是，直径 5mm 以上的雨滴因降落速度太快，底部变平。形状的变化使下落速度不会继续增加。⑧雨滴下降速度同样还取决于高度，对大雨滴而言，地面与高空 18000 英尺的速度相差约 35%。⑨当然，雨滴如果碰上了速度为 9m/s 的上升气流，比如在积雨云里，再大的雨滴也只能悬浮在空中，相对于地面来说没有下降。⑩雨滴增大到一定尺寸，形态便不稳定，常常破碎成多个较小水滴。⑪这一点已经在实验室测试中得到证实。已有的经验关系表明直径 3.5mm 及其以下的水滴几乎不会分裂。⑫但是，超过这一界限，破碎率便呈指数式提高。到了 4mm 以上，几乎是 100% 破碎。

译例分析：

第①句采用了 to be subject to...(“受到……，经历……”)来表达“在(重力)影响下”的意思，而 their fallout as 就没有必要译成“(导致)它们以降水的形式下沉”。此句可译为“毛毛雨和雨滴在重力的作用下下沉形成降雨”。

第②句是结构相对比较复杂的复合句。前半句是一个被动句，翻译时不要拘泥于原文的形式，而应该采用符合汉语的主动形式，另外，句中的 effect 实际上指第①句话陈述的重力引起水滴下降的事实，应翻译成“重力的影响”。后半句中的非限制性定语从句，翻译时如果生套在主句上难免臃肿，常常处理成另外一个句子。此句可译为“空气的摩擦阻力在一定程度上抵消了重力的影响，水滴便很快达到下降末速度 V。V 是水滴半径 R 的函数”。

第②③句中出现了术语以及术语字母 R 和 V，文中斜体是学术著作的固定格式，第③句 this 一词如果直接译成“这个”，就显得比较生硬，最好稍加解释，补足一些逻辑信号。第③句可译为“水滴半径 R 在达到 0.1mm 之前，其下降末速度 V 都比较小。因而，0.1mm 往往被视为云滴向降雨转化的临界点”。

第④句原文很紧凑，如果只译成一个句子难度大，而且容易表达不清晰。不妨拆开，单独另起一句。另外，about 20% less than 的译法也是很灵活的，只要能把地面速度比四五千米高空的速度少的概念简洁清晰地表达出来就可以了。

第⑥句是一个非常长的句子，这里涉及科技英语长句翻译中的分译法。可将此句分译成好几个短句，其中比较级的处理也很重要。作为翻译，要善于用最简单的语句表达最复杂的结构。不能看到 of 就是“的”，看到 when 即是“当……的时候”，看到 -est 就只能译成“最”，此处的比较级可以译成“慢一些”或“缓慢”。

第⑦句开始涉及所谓的非线性变化的特征。这里的翻译最好加上表示转折的连接词。此处对水滴的尺寸描述开始由前文的 radius 变成 diameter，从半径变直径。翻译时要尽量做到细心，下文 5mm 如果理解成半径就会“差之毫厘，失之千里”。

第⑨句中的 air 一词，不能粗浅地译成空气，积雨云是对流发展到成熟阶段形成，云体庞大，浓而厚，像耸立的高山。在对流发展的鼎盛时期，积雨云内部可以测到每秒几十米的上升或下沉气流。这些学科基础知识要求译者必须秉承好学的姿态进行工作。因此这里的 air 我们应理解为“气流”而非空气。因此，原文可译为“当气流正在上升，例如积雨云内部的上升气流，即使很大的雨滴也看不出来在下降”。

第⑫句，exponentially 一词的词意可以是“指数级的”“快速的”等，建议采用前者的语义，因为这里仅是相对于前面的 rarely 和后面的 100% 而言。值得指出的是，break-up、fragment 和 divide 实际上均指同一个现象，也就是水滴不断增大后其所受到表面张力、重力和内部净压力差不断增大，变形越来越剧烈，底部内陷形成空腔，空腔不断加深，上部越变越薄，最终破碎成大小不同的水滴。水滴增大→分裂→再增大→再分裂，循环往复，就是暖云降水的过程，也是暖云的繁生机制。

2.3.2 译例举隅

Nuclear Energy

One of the greatest achievements in recent decades, however, has been the use of nuclear energy. Albert Einstein was the first man to realize the great amount of energy locked in the atom. He was also the first to show in theory how the energy of the atom might be released. Without such a theory, there would never have been any practical utilization of nuclear power.

According to Einstein' s theory, one pound of any element or compound of elements, if completely turned into energy by breaking up the atoms, would release the same amount of heat as the burning of 1,500,000 tons of coal. In simple words, if all the energy in the atoms of a pound of coal could be released there would be enough energy to drive all the machines in every factory in a country such as Britain for a whole month. Scientists have calculated that if a few pounds of sand could be completely converted into energy, and if the energy so obtained were used to drive electric generating sets, enough current would be produced to supply the whole of Europe for years.

Scientists have not learned, yet, how to convert mass completely into energy and the few substances available today to release nuclear energy are rare. Should the effort to release nuclear energy from such abundant materials as sea water and sand be successful, there would be no limit to what man could do in science and industry.

核能

然而，最近几十年中最伟大的成就之一是核能的利用。爱因斯坦是第一位认识到原子里储藏着巨大能量的人，他也是第一位在理论上阐明如何才能把原子中的这种能量释放出来的人。要是没有这样一种理论，永远也不会有核能的实际应用。

按照爱因斯坦的理论，如果能够利用使原子分裂的方法，使一磅重的任何元素或一磅重的任何几种元素的化合物完全转变成能量的话，它们释放出的能量将同烧掉 150 万吨煤放出的能量一样多。简言之，假如能使一磅煤的原子中储存的一切能量都释放出来，就会有足够的能量来驱动像英国那样的国家里所有工厂的机器工作整整一个月。科学家已经计算出，如果能把几磅砂子完全转变成能量，并且利用这样获得的全部能量来驱动发电机组发电的话，那么，就可以发出足够的电力供全欧洲使用好几年。

科学家尚未学会把物质全部转换成能量的方法，而且，现在能够用来释放出核能的几种物质也很稀少，假如从海水和砂子等丰富的材料中释放核能的尝试一旦成功的话，那么，人类在科学上和工业上的作为就不会受到任何限制了。

2.3.3 课后练习

请将下面英语翻译成汉语，注意用词和表达。

As oil is found deep in the ground, its presence cannot be determined by a study of the surface. Consequently, a geological survey of the underground rock structure must be carried out. If it is thought that the rocks a certain area contain oil, a "drilling rig" is assembled. The most obvious part of a drilling rig is called "a derrick" . It is used to lift sections of pipe, which are lowered into the hole made by the drill. As the hole is being drilled, a steel pipe is pushed down to prevent the sides from falling in. If oil is struck, a cover is firmly fixed to the top of the pipe and the oil is allowed to escape through a series of valves.

★ 跨文化小贴士 ★

英汉语中貌合神离的词汇

在汉英两种语言中，有一些词表面意思和实际意义完全不同。它们常使人混淆不清，容易望文生义，我们在跨文化翻译中一定要多加注意。比如，kickbacks 回扣（而不是：踢回）; dog-eared 书页的折角（而不是：狗耳朵）; mountain lion 美洲豹（而不是：山狮）; to have a fit 勃然大怒（而不是：试试衣服）; honey cooler 讨好女子的男子（而不是：甜饮料）; dollar sale 全部商品以一美元贱卖（而不是：美元贱卖）; flower children 佩花嬉皮士（而不是：卖花小孩）; street walker 妓女（而不是：行人）; lover 情夫，情妇（而不是：爱人 love）; goldbrick 偷懒的人（而不是：金锭）; political campaign 竞选活动（而不是：政治运动）; green wash 塑造环保形象（而不是：刷绿色）; service station 加油及修理站（而不是：服务站）; rest room 厕所的婉语说法（而不是：休息室）; busboy 饭店里的洗碗、擦桌子的杂工（而不是：公车上的售票员）。

第3章　新闻英语翻译

3.1　概述

3.1.1 新闻英语翻译的概念

新闻英语（Journalese，Newspaper English or News English）这一术语指“英语国家报刊中出现的语言习惯以及英语广播电视节目所独有的语言特色 ”。作为英语中常见的一种实用文体 ，新闻英语几乎涵盖了政治 、经济和文化生活的各个方面 ，而且受众也涵盖了社会中各个阶层及各个领域 ，因而历来备受人们关注。新闻英语报道旨在以最快的速度、最简洁的文字向读者报道新近发生的事件和动态，以期吸引尽可能多的读者。作为其最基本的表意单位，新闻英语的词汇有其自身的特点。新闻用语中常常会出现大量的新词、被赋予新意的旧词、某一领域的专业术语和外来词，并且频频使用借用和掺用的手法。这些特点都是与新闻写作所要求的简洁性和时效性相一致的。

新闻英语翻译是一种职业，一项工作，一座桥梁，一门艺术。新闻反映社会文化和实况发展的最新动态，要了解最新的实况新闻，新闻英语翻译便提到议事日程上来。因此，英语新闻的翻译就可以被理解为一种跨文化传播方式，从英语思维转化为汉语思维的过程，这就要求新闻英语翻译工作者在翻译过程中具有跨文化意识和双语转化意识。新闻英语翻译就是要把新闻英语所包含的思想内容和表达形式的统一体变成汉语所包含的思想内容和表达形式的统一体。前者和后者的思想内容应当是相同的，而表达形式（词的基本含义、次序、语法关联等）可以不同，因为英语和汉语的表达形式不同。

新闻英语语篇不同于文学体裁 ，其主要目的是传递信息，因此新闻英语语篇翻译的重点应在“思想内容”或“语义层次的翻译”上，而非“神似 ”和“形似 ”。其次，尽管新闻英语句子结构复杂 ，且多有结构松散的句子 ，但总的说来 ，新闻英语是一种严肃、正式的文体。而且新闻英语因其传播量大 ，传播面广 ，因而阅读的人多，读者的文化水平差异也较大。考虑到以上三个因素，我们认为新闻英语翻译总的原则应是：译语语篇总体上须严肃正式 ，但同时又要力求通俗易懂，雅俗共赏；重“意”轻“形 ”；译文以“归化”为主 ，“异化 ”为辅；语言力求准确和简洁；要注意处理好语篇中所隐含的文化因素。这就要求译者具有多重能力及身份，在新闻英语翻译中，译者是译语新闻的创作者，新闻英语译者代表着某个媒体、利益集团或者国家的视角和立场，至少他们要受到这些集团的约束。同时新闻英语译者的视角和个性依然渗透在翻译的全部过程中，只是最终的翻译结果要受到权利和权利话语的修饰和左右。因此，在新闻英语翻译中，译者的自由度相对来说可能会更低一些，但同样因为新闻英语翻译的特殊性，对文本总是采取诸如摘要、解释、增删、改编、改写等方法进行翻译，其中语言表述的改变以及文本视角的微妙变化都得依靠具体的译者来完成。所以新闻英语翻译的过程中，译者翻译的态度和翻译水平直接决定了译文是否达意、有感染力，能否发挥预期功能。

3.1.2 新闻英语翻译的原则与标准

在国际科技文化交流日益频繁的今天，越来越离不开信息的传播。新闻英语以其特有的方式有效、快速地将信息传递给广大读者。新闻英语翻译的主要目的在于传递信息，但同时必须注重信息的时效性和准确性。因此译稿的传播效果及其在译语读者中的接受度是衡量新闻英语翻译成功与否的重要标准，也是新闻英语翻译特性的重要体现。新闻语言的本质特性决定了新闻英语翻译具有传播快、受众多、时效性强等特点。新闻英语翻译必须具体、准确、简明、高效地传递信息，因此，新闻英语翻译要遵循内容和效果两个方面的原则。由于新闻英语翻译的目的是为各类读者提供参考材料，所以必须考虑新闻的价值和传播效果。具体来说，应做到以下几点：①内容健康，主题突出。新闻英语翻译不仅是简单的语言模仿，而是反映译者的主观思想和原则立场的，具有重大的政治责任和社会责任，必须选择适合读者需要的新闻英语进行翻译。②注重准确无误。准确无误是新闻语言的核心。新闻报道的主要目的就是真实准确地反映客观事实，力求使读者阅读报纸、收听广播和收看电视后所产生的印象与事实真相相一致。语言不准确会导致报道内容的失真。③讲求效率。新闻英语报道是一种高时效、高强度的工作，新闻英语翻译也必须在时效的前提下高速进行，必须速战速决，容不得拖泥带水。一条新闻、一篇文章，要求在几个小时甚至是几分钟之内译出来，以便及时传播，因此没有给译者逐字逐句慢慢推敲的时间。④知识性强。世界上最新的事物、最新的词汇往往首先在新闻英语里出现。新闻英语几乎算得上是一部包罗万象的百科全书，人类的各种知识、各门学科几乎都有可能涉及。

新闻英语是一种常见的体裁，它担负着迅速传播各种信息的使命。一般来说，新闻英语呈现出真实、简洁和生动的特点。这也就为新闻英语翻译提供了可能性。近代翻译大家严复早在一百多年前就提出了“信、达、雅”的三字翻译标准。“信”是“意义不背原文”，“达”是“不拘泥于原文形式”，这两条对新闻英语翻译是非常适用的。因此，新闻英语翻译的首要标准就是讲求真实、准确，要做到忠实于原文所提供的信息，不可随意增减。同时，在新闻英语中常会遇到令中文读者难以接受的形式，如结构和措辞。这时，我们就需要遵循重内容而不拘泥语言形式。其次是简洁生动，不必追求语言的优美，应强调意思通达的传播效果，过俗和过雅均为新闻英语所忌。在这些标准的基础上，新闻英语翻译应在忠实于原文的基础上，选择适合大多数读者阅读习惯的内容，用现代汉语新闻文体的语言形式来进行翻译。

3.1.3 新闻英语的语言结构特点

1. "倒金字塔" 结构

"倒金字塔" 结构在新闻英语中所占比例最高，是最常见的语篇结构之一。何为"倒金字塔"结构？顾名思义，"倒金字塔"就是按"新闻事实内容和重要性递减的顺序来安排全文段落"，尽量把"最重要、最精彩、最生动、最吸引人的新闻事实放在全文的开头"。新闻报道内容由导语、新闻事实、结尾三部分构成，导语则是新闻的第一句话，是新闻最重要的部分，通常高度概括一则新闻的主旨大意。导语较为简洁，涵盖以何人（who）、何时（when）、何地（where）、何事（what）、何因（why）、何种方式（how）为框架的六大基本要素。

例 1. 纽约汇市周三美元兑多数主要货币下跌；此前美国联邦储备委员会意外宣布不缩减经济刺激计划。

译文：The dollar fell against most major currencies Wednesday, after the Federal Reserve surprised invetsors by announcing no reduction to its stimulus program.

例 2. 美国联邦储备委员会定于周三购买 2036 年 2 月 15 日至 2043 年 3 月 15 日期间到期的美国国债。

译文：The Federal Reserve is scheduled Wednesday to buy Treasury bonds maturing between Feb. 15, 2036, and March 15，2043.

2. 惯用被动语态

此外，被动语态在新闻英语中的使用频次较高。主动语态更为直接有力，但新闻英语中常出现被动语态，以强调包含 5 个 "W" 和 1 个 "H" 的事件行为或结果。被动语态常见诸对地震、火山喷发、洪水灾害、严重交通事故等自然灾害或人为灾害的新闻报告。例如, At least eight people have been killed and dozens injured in an explosion. 该句使用被动语态，是为了强调事件的影响与结果。

3.1.4 课后练习

请将下列句子翻译成汉语。

① Health concerns have been raised about the project because of sewage overflows during heavy rain and the experience of comedian David Walliams, who suffered a bout of 'Thames tummy' during a 140-mile charity swim in 2011.

② The Thames Baths at Temple Stairs on the Embankment will be surrounded by reed beds to filter water from the river before it is pumped into the 82ft by 32ft main lap pool, with a secondary filtration device underneath the poolside decking.

③ Chris Romer-Lee, of Studio Octopi – the London architects behind the scheme – said he hoped an initial ￡300,000 to cover consultancy costs and other fees would be raised by crowd-funding, where members of the public can contribute to community schemes.

④ *Grey's Anatomy* star Patrick Dempsey, 49, and his wife, makeup artist Jillian Fink, have announced they are splitting after 15 years of marriage, which they confirmed in an exclusive statement to *People*.

⑤ The study also found that iPhone sales are linked to population density. The more densely populated an area, the more chance iPhone sales will be higher.

3.2 译技讲解

3.2.1 新闻英语的翻译策略

（1）译语准确

新闻的客观性要求新闻英语译文的准确性。译语准确是新闻英语的首要标准，也是新闻英语传播价值和意义的第一保证。所谓准确就是对源语新闻事实的性质、程度、空间、时间翻译准确无误，不含糊其词，模棱两可，既不夸大也不缩小。准确的翻译带给目的语读者或者受众有用的信息。错误的翻译在让受众接受错误的信息的同时，也会给新闻领域带来不可估量的损失。因此，新闻英语译文内容的准确无误是新闻英语的第一标准，它表现在如下多个方面：

① 专业术语的精准无误。

新闻英语中有许多专业术语，它们本来作为普通词汇使用，语义多元，但用于新闻语境，成为专业术语或者专业术语的一部分，则语义单一。翻译此类词汇，要把其所处的专业语境考虑在内，译出来其专业含义，确保译语准确。如“open”一词，其基本语义是打开，铺开，穿过（某物）等，语义多样。但在以下具体新闻术语中，“open”一词语义单一，专业性强。因此我们在翻译时，要根据上下语境与其具体搭配，译出其准确含义，努力实现“open”在新闻英语中的语义对等。例如：

原文：未结算账户

译文：open account

又如，“cash”一词在新闻英语语境下，即可理解为“现货”又可理解为“现金”，请看下面例子：

例 1. 商品的现货市场

译文：the commodity's cash market price

分析：在例子中，cash 应理解为“physical”，语义为“有形的、实体的”。

例 2. 流动现金市场

译文：a liquid cash market

分析：在上面例子中“cash”指“现金”。

② 句意与语境相结合。

译者除要熟悉句子意义（词汇意义和语法意义）外，还必须熟悉话语意义（句子意义与语境相结合）。话语意义构成语社交语境（说话人使用语言和听话人理解语言的客观共处环境）。新闻英语译者可以利用社交语境的解释功能和筛选功能，对源语进行综合思辨与推理，获得源语深层信息，并且在新闻英语翻译时越过话语的字面意义译出来话语中的暗含意义，把笼统的意义译为具体意义，对源语中不符合逻辑的话语在译语中做出合乎逻辑的解释。根据社交语境确定文本语义对确保新闻英语译语准确规范意义重大。

例 1.The forward price for a currency can, at times be identical（at pair）with the spot price. Almost always, however, the forward price of a currency is at a “premium” or at a “discount” in terms of another. Those who are not well versed in exchange terminology would do well to confine themselves to the use of the expression “favorable” and “unfavorable” .

译文：货币的远期汇率有时与现汇价格（平价），但在兑换另一种货币时，远期汇率几乎总会出现升水或贴水的情况。对于不熟悉外汇术语的人，还是限于使用“升值”和“贬值”。

分析：在例子中，词组“in terms of”被翻译为“兑换”，词汇“premium”，“discount”，“favorable”“unfavorable”分别被译为“升水”、“贴水”、“升值”和“贬值”。表述都与常义不同，因此，新闻英语翻译，应勤查字典，多方考量，仔细斟酌，力求译语语义与语境相结合。

例 2.The difference between the rates, 20 points in this case, is known as the “spread” or “margin” , which represents the profit of a bank in buying or selling foreign exchange.

译文：买进和卖出汇率之间的差价，以这里 20 点为例，称为差幅或幅度。

分析：在例子中，“buying”（买进），“selling”（卖出），“difference”（差价），“spread”（差幅）和“margin”（幅度）等词汇的译语和表述都与常义不同，因此要注意结合具体语境来翻译新闻英语才会实现准确无误的标准。

（2）行文通顺

新闻英语涉及专业和内容广泛，专业词汇多，结构规范，简明扼要，译者稍不注意就会产生译文语义不清、可读性差的特点。另外，新闻英语翻译时有时会保留原文含义，或者为表达译入语的文化概念，难免要稍稍牺牲译入语（如中文）的行文习惯来迎合源语的表达方式，此时，译者就有责任冲破诸多限制，通过各种手段补偿译入语所牺牲的内容，尽力以清晰、简洁、完整、地道的中文呈现给读者，向读者传达正确的信息。

例 1. Wall Street takes a nose dive... The Japanese yen managed to stand up against the dollar’s depredations.

译文：华尔街股票直线下跌……只有日元设法勇敢抵抗美元的冲击。

分析：此例中的“Wall Street”、“The Japanese yen”以及“dollar”本无生命，但在句子中被赋予生命，与“take a nose dive”、“managed to stand up against”和“depredation”等形象性词汇搭配使用，翻译时须认真琢磨，仔细选词，在保证正确传达新闻英语翻译语义的同时，还应保证译语通顺，富有表达力。

例 2. Public relation is the planned and sustained effort to establish and maintain good will and mutual understanding between an organization and its publics.

译文：公关旨在为企业与其公众对象间建立并保持良好的意愿和相互理解的、有计划的、持续的努力。

分析：英语定语有时译者会将其放在所修饰的词语后面，汉译时一般要把后置的定语放在所修饰的词语前面，这样处理可使译语行文符合汉语的表达习惯，读起来顺通。上面的例子中，就是将由“between”引导的后置介宾定语从句提前。

例 3. Insurance certificate has the necessary items of an insurance policy, but it doesn’t set out the rights and duties of the insurer and the insured , which are still subject to the detailed insurance clauses of a formal insurance policy.

译文：保险凭证有保单上的必要项目，但它并不列入保险人和被保险人的权利和义务。他们应以正式保险单详细的保险条款为准。

分析：原文的画线部分是个非限制性的定语从句，其语义和前面的内容紧密相连。汉译时把它单独译为一个独立的句子，这样处理可使译文更加流畅，符合汉语习惯表达。

例 4. Cover note is an informal insurance document which indicates the temporary insurance coverage to enable the insured to enjoy the benefits of a policy which is being prepared .

译文：暂保单是一种非正式的保险单据，它载明临时的承保险别，以便被保险人享用正在制备的保险单的权益。

分析：在这个例子中，此句译文被切分为三个分句，切分点分别位于源语“which”与“to”两处。切分后的译文语义连贯通顺，逻辑性更强，方便读者阅读。

例 5. Insurance policy or certificate is accepted to the bank, but cover note issued by an insurance broker is not acceptable, unless specially authorized.

译文：银行接受保险单或保险凭证，但是，除非另有说明，银行是不接受经纪人签发的暂保单的。

分析：在上面的例子中，源语句子多为被动语态，因此，译者在翻译的过程中，就要考虑译入语读者的接受度，将源语转化为被译入语读者所喜欢和习惯的表达方式，译者将其翻译成为汉语时，将语态进行调整，调整为译入语所习惯的主动语态。倘若句子语态不做调整，直译为“保险单或保险凭证被银行接受，但是，除非另有说明，保险经纪人签发的暂保单是不被银行所接受的”，则不符合译入语汉语的表达习惯，读起来很别扭，不通顺。

（3）文体风格一致

新闻英语隶属于专业应用文体的范畴，新闻英语比较专业，同时也比较固定，有时句型比较单一，有时句型又很多变，有些新闻语法十分规范，有些新闻则很灵活。新闻英语的语言也随着特定的新闻时而模糊时而精确。以上这些特点都体现了新闻英语的文体与风格。接下来让我们通过一篇例子来感受新闻英语的文体特征与风格。

例．纽约汇市周三，美元兑多数主要货币下跌；此前美国美邦准备委员会意外宣布不缩减经济刺激计划。华尔街日报美元指数报 72.496，纽约汇市周二尾盘报 73.496。电子交易系统美东时间下午 5 点，欧元兑 1.3522 美元。英镑兑 1.6149 美元，纽约汇市周二尾盘报 1.5901 美元。美元兑 9.5865 南非兰特，纽约汇市周二尾盘报 9.8047 南特。美元兑 2.1860 巴西雷亚尔，纽约汇市尾盘报 2.2564 雷亚尔。

译文：The dollar fell against most major currencies Wednesday, after the Federal Reserve surprised investors by announcing no reduction to its economic stimulus program. The Wall Street Journal Dollar Index, which tracks the U.S. dollar against a basket of major currencies, was at 72.496 from 73.496 late Tuesday in New York. At 5:00 p.m. EDT, the euro was trading at $1.3522 against the dollar. The pound was trading at $ 1.6149 against the dollar, compared with $ 1.5901 late Tuesday. The dollar traded at 9.5865 against the rand, from 9.8047, and 2.1860 against the Brazilian real, from 2.2564.

分析：对比以上源语原文与译入语译文，我们可以得出在新闻英语翻译中某些表达已形成固定的格式和文体，如美元兑换日元。可见，新闻英语翻译文本的表达有固定性或者说是比较程序化的表达特点。另外，新闻英语在长语篇中，长句居多，修饰语多后置。然而，译入语汉语中则喜欢使用碎句断句，修饰语多置前，还有大量使用数字，多角度地再现新闻英语语篇的文本特征和语言风格，作为译者在翻译时，就应该努力实现源语风格与译入语风格一致。

（4）交稿准时

交稿准时是新闻英语翻译的基本要求，也是新闻时效性的根本保证。新闻英语时效性是指新闻报道所产生的社会影响在时间上的限度。从内涵上看，新闻英语是对最近发生的新闻事实的报道，时效性是衡量新闻英语价值的主要标尺。新闻英语时效性本身是一个比较宽泛的定义，重点报道最近、最新发生的事件和事实，要求译者尽量采取缩小报道时间与事件发生时间的间隔。因此，译者为保证新闻英语的时效性，就需要开展、即时甚至是全天的新闻英语翻译工作。由于时差，译者一般需要通宵工作赶稿，根据自身的工作经验，对新闻信息进行挑选、分类、翻译。新闻英语译者工作争分夺秒，确保新闻的时效性，实现新闻英语翻译的信息传播和分享功能。

（5）读者内外有别

新闻英语报道的受众或者读者主要是报纸、杂志、广播电视、网络媒体的用户。汉英两种语言有差异性，同样受众也存在差异。语言、文化、政治、经济以及生活环境等多方面的差异导致受众的理解和表达的差异。同样，受众在接受新闻英语翻译的兴趣点和需求点上也各不相同，最终会造成理解上和接受上的偏差。因此，这就要求译者在翻译的过程中，针对上述差异进行相应的调整。调整的手段为：删减和增补。至于调整的程度就取决于新闻事件的程度和性质。译者调整译文的目的是使译文更清晰易懂，尽量使译文读者对译文感同身受，有所共鸣。

3.2.2 新闻英语中省词译法

与文学翻译、商务翻译、科技翻译等应用文的翻译不同，新闻英语翻译有其独特的文体特点和翻译方法。新闻可大致分为三个种类：软新闻、中间层和硬新闻。包含浓郁的人情味、采用轻松自由的写法、具有强烈的艺术感染力、刺激受众感官和阅读视听兴趣的新闻称为软新闻；以对所描述事物的客观性、准确性、时效性为特点的新闻称为硬新闻；而居于软新闻和硬新闻之间的新闻文体称为中间层。软新闻、硬新闻及中间层等新闻题材在表现手法和表达重心上各有差异，翻译时必须考虑到这些因素才能达到理想的翻译状态。因此，译者就要根据不同的新闻来敲定使用何种翻译方法，省词译法和增词译法是最为常见的两种译法。

尤其是在新闻英语中，有些信息原文不可或缺，但在译文中却可有可无，或者相关信息已经包含在上下文中，或者在译文中不言自明。如若保留这些信息，译文往往会显得生硬、累赘和臃肿。此时，译者为了表达的需要，可在译文中删去原文中的这些信息，以便使译文简洁明畅，符合汉语的表达习惯和修辞。新闻标题出于容量和避免换行的考虑，最常用的手法就是省略。英语标题偏好“重点化”，即用最精练的文字提炼出最重要的事实来吸引读者，而汉语标题倾向于“整体化”，借助汉字强大的表意功能，往往能涵盖大部分乃至整条新闻内容。

例1.Copper traded at the Changjiang Nonferrous Metals Trading Market, a major spot metal market in Shanghai, was quoted at CNY61, 950-CNY62, 050/ton, down from CNY62, 050-CNY62, 150/ton Monday.

译文：长江有色金属交易市场现货铜报价每吨人民币 61950 ~ 62050 元，低于周一的每吨人民币 62050 ~ 62150 元。

分析：在此例子中，译者省去了“a major spot metals market in Shanghai”，因为总收听财经节目的人，对这个事实已经非常熟悉了，就不需要再介绍了。

例 2.China’s State Council, or cabinet, had decided to provide subsidies to buyers of energy-saving air conditioners, televisions, refrigerators, washing machines and water heaters from June 1, 2012, in a bid to boost domestic consumption.

译文：为了扩大国内需求，促进节能减排，2012 年 6 月 1 日，中国国务院决定采用财政补贴方式推广空调、平板电视、电冰箱、洗衣机和热水器五类高效节能家电。

分析：在本例中，“or cabinet”的使用就是向“State Council”的语义不太熟悉中国政治文化的英语读者所做的诠释，汉译时因读者对象发生了变化而予以删除。再者，财政补贴对象“buyers”，在译语中属于冗余的信息，因此在这里也被省译了。

例 3. “The whole key to forward guidance is you have to have the market rely upon what you’re telling them,” said at Scott Minerd, chief investment officer at Guggenheim Partner, an investment firm with more than $180 billion in assets under management.

译文：古根海姆的首席投资官史考特•迈纳德表示，前瞻性指引的关键是让市场相信你向他们传达的信息。

分析：在这个例子中，出现了“Guggenheim Partner”古根海姆同位语从句“an investment firm with more than $180 billion in assets under management”，由于这是对古根海姆这个公司的介绍，同时这一信息的存在并不会影响理解，那么在具体翻译时，译者考虑到新闻的简洁性及省去了该公司的介绍。

例 4. GMO

译文：转基因生物

分析：为了使版面简洁、精炼、引人注意，新闻英语标题经常使用缩略语和缩写词，汉语标题只能借助于数字。首字母缩略词可以大致分为三类：一是常见的机构组织名称，如 FBI、WTO、NBA 等；第二类是一些表示职位或头衔的词汇，如 PM（prime minister）、MVP（most valuable player）；还有一些是普通名词，如 TB（tuberculosis 肺结核）、UFO 等。缩写词的原词一般为常用词，其中的大部分已经变成了英语词汇中约定俗成的一部分，如 E-mail 等。至于那些读者不太熟悉的缩略形式，一般在正文中都能找到全称。在此例子中“GMO”全称为 genetically modified organism。

3.2.3 新闻英语中增词译法

新闻翻译的最高标准是“信、达、简、雅”。其中，“信”是最高标准中的第一要素。在翻译时，要忠实表达原文语义，原则上不能随意增删，但由于汉英两种语言属于不同的语系（汉藏语系和印欧语系），在词法、句法和修辞上都存在较大的差异，如汉语表达笼统、模糊，英语表达精确、严密，因此为了使译文能忠实表达出原文的意义，在英汉翻译中，要经常使用增词或减词的方法，增补一些原文中本没有的词语，删掉一些源语不可或缺而在译语中纯属多余的话，以便使增删后的译文通畅顺达。增词可分为两种：①出于语法需要而增词；②出于语义、修辞需要而增词。在此主要讲解语义增词：

例 1.While almost all the banks made more payments than they expected in October, one bank fell short mainly because of operational challenges, the regulator said, without identifying the bank.

译文：虽然 10 月份几乎所有银行支付的赔偿都高于这些银行自身的预期，但有一家银行的赔偿支付额不及预期，主要是受经营方面的挑战影响，但该局未透露这家银行的名称。

分析:在这一则新闻中，汉译时，译者根据汉语的表达习惯，在“银行”后面增加了“的名称”，去掉了直译后译文的别扭之感，使译文更能为译入语读者所接受。

例 2. “We are worried that when the time comes to taper, and someday tighten, the FED will not have the courage to follow through,” Joseph LaVorgna, a Deutsche Bank economist, said in a note to his clients Thursday. “In turn, policy makers will shy away from sufficiently aggressive action.”

译文：德意志银行经济学家约瑟夫•拉沃尔尼亚周四在致客户的报告中称，该行担心，当缩减宽松计划以及未来某天收紧政策的时刻到来时，美联储会缺乏采取行动的勇气；这样一来，决策者们就会采取足够激进的举措方面采取回避的态度。

分析：在本例中，译者增加了词汇“宽松计划”和“政策”这两个词汇来解释和说明新闻中译入语读者相对模糊的概念。

译者如果直译，原文的真正含义是无法让目的语读者理解的。那么如何翻译才恰当呢？这时，译者可以在翻译之前看一下有关英语国家主流媒体对有中国特色的词汇是如何翻译的，从中可以借鉴翻译方法，当然如果幸运的话，还能找到现成的译文，就可以直接拿来使用了。译者如果看到《纽约时报》把“钉子户”翻译为“nail houses，the properties whose owners and occupants are like deeply embedded spikes that refuse to give way to redevelopment juggernauts”，会发现译文采用了直译加解释的翻译方法。这样一方面能够保留原词的生动形象，同时又能够使译语读者理解原词的内在含义。

例 3. “to open the back door, to offer advantages to one’s relations by underhand names”

译文:“开后门”

分析：在这个例子中，“开后门”这个是文化负载词，它并不像字面本身所表达的意思那样浅显，即“打开院子的后门”。现在更多的是用其比喻含义。“开后门”比喻利用职权给予他人某些不应有的方便。所以译者在翻译时，要注意这些词含义的挖掘，适当地对文化负载词进行解释加工翻译，增加其要表达的意思。

例 4. “to manage large enterprises well while easing control over small ones”

译文:“抓大放小”

分析：有些中国特色词汇，不适合直译加解释的译法，可以采取意译补充增译的方法，来确保译文被译语读者所理解。例如，“外来务工人员”，西方报刊翻译为“migrant workers”。那么，在这个例子中类似地，“抓大放小”就可以使用如上翻译或“to manage large enterprises while adopting a flexible policy toward small ones”。

3.2.4 课后练习

请用合适的翻译策略，完成下面语段的翻译。

China’s slowing economy has resulted in a significant increase in accounts receivable as buyers struggle to pay their bills on time and sellers relax their marketing terms to encourage sales.By selling their receivables to banks—a process known as factoring—a company can get the cash it needs up front rather than having to wait for customers to make good on a payment. The bank turns a profit by buying the receivables at less than what it will eventually collect as payment.

3.3 译例评析与举隅

3.3.1 译例评析

Former Vice President Joe Biden launches 2020 presidential campaign

①Former US Vice President Joe Biden on Thursday formally announced his entry into the race for the Democratic party’s presidential nomination for the 2020 election.② He made his announcement in a video posted on Twitter.③ “We are in the battle for the soul of this nation,” Biden said in the video released online, calling on voters to deny Republican US President Donald Trump a second term in office.④ In the video announcement, Mr. Biden argued that the “core values of the nation... our very democracy, everything that has made America, is at stake”.⑤ “If we give Donald Trump eight years in the White House, he will forever and fundamentally alter the character of this nation — who we are. And I cannot stand by and watch that happen.” ⑥The 76-year-old, who has already run twice for the presidency, enters a crowded race for the 2020 Democratic nomination.⑦ He is up against 19 other hopefuls. They include Senators Elizabeth Warren, Kamala Harris and Bernie Sanders.⑧ A spokesman for Mr. Obama said selecting Mr. Biden as his running mate “was one of the best decisions he ever made” and the two had “forged a special bond”, but the former president notably stopped short of an endorsement.⑨ A source familiar with Mr. Obama’s thinking said the former president believed “a robust primary in 2007 and 2008 not only made him a better general election candidate, but a better president, too”. ⑩ Mr. Biden, asked by reporters in Delaware why Mr. Obama had not endorsed him, replied: “I asked President Obama not to endorse and he doesn’t want to... whoever wins this nomination should win it on their own merits.” ⑪He is the most experienced of the Democratic candidates.

A six-term senator, he ran twice unsuccessfully for president—in 1988 and 2008.⑫Mr. Biden was tipped to run for president again in 2016, the year Mr. Trump was elected, but ruled himself out after the death of his 46-year-old son, Beau Biden, from a brain tumor.

前美国副总统拜登宣布参选2020年总统竞争

①美国前副总统乔·拜登25日（周四）正式宣布将加入2020年民主党总统竞选人阵营进行参选。②他在推特上发布的一段视频中宣布了这一决定。③拜登在视频中说："我们正在为国家的灵魂而战。"他呼吁选民不要让特朗普成功连任。④在这段视频声明中，拜登称"美国的核心价值观、民主，以及让美国之所以为美国的一切，正岌岌可危。"⑤"如果我们让唐纳德·特朗普成功连任，他将永远且彻底地改变美国的特征，我们的立国之本。我无法袖手旁观，看着这一切发生。"⑥现年76岁的拜登已两次参选总统（分别在1988年和2008年），如今他又加入了2020年民主党总统候选人的竞选大阵营。⑦在民主党内他还有19个竞争对手，其中包括参议员伊丽莎白·沃伦、卡玛拉·哈里斯和伯尼·桑德斯。⑧奥巴马的一名发言人表示，选择拜登作为奥巴马的竞选搭档"是他曾做过的最佳决定之一"，两人"形成了特别的关系"，但值得注意的是，奥巴马并没有为拜登公开背书。⑨与奥巴马智囊团相熟的一位消息人士说，奥巴马相信"2007年和2008年的强有力的初选不仅让拜登成为总统大选更好的候选人，而且能让他成为更好的总统。"⑩在特拉华州被记者问及为什么奥巴马没有公开支持他时，拜登回应说："我请求奥巴马不要公开支持我，他也不想这么做……不管是谁胜出，都应该凭借自己的实力。"⑪他是经验最丰富的民主党总统候选人，曾担任六届参议员，分别在1988年和2008年参选总统，但均告失败。⑫2016年公众曾一度认为拜登会竞选总统，但在46岁的儿子博·拜登因脑癌去世后，他宣布不参加竞选。当年特朗普成功当选美国总统。

译例分析：

第①句"on Thursday"英语中比较频繁利用星期几来指代具体的时间，而在汉语中则习惯使用具体的日期来展现时间，这就是在选词义时要考虑译入语的日常生活文化，因此译文将其译为"25日"。

第②句中出现了专有名词"Twitter"，这一词汇在国外使用十分普遍，在国内也有约定俗成的相应的翻译就是"推特"，所以译者就要根据约定俗成的使用较多的翻译译本来选取中文匹配的专有名词。

第③句首先提到了"a second term"一词，根据上下文语境，拜登呼吁大众不要让特朗普在继续任命，在此"a second term"在翻译成汉语时就要稍微解释一下，连任就是特朗普的第二任任期，所以在此译为"连任"方便读者领会。其次英文中出现了特朗普的全名"Donald Trump"，在英语国家同名的人很多，如果要锁定一个人，就要说出其名字加姓氏，然而，在汉语中我们通常只提及名字，由于特朗普在国内也是家喻户晓的，所以在译为汉语时，采取省词译法，去掉了其名字。

第④句里出现了“Mr. Biden”，英语表达习惯给人的冠以“Mr.”、“Miss”和“Mrs.”等头衔表示礼貌，然而在汉语中很少出现某某先生的字样，更多的是直呼其名，尤其是在汉语新闻中，时间有限，要以最短的时间向受众传达更多的信息，这些礼貌用语就可以采用省词译法，省略掉了。

第⑤句“eight years in the White House”字面意思为“在白宫八年”，结合上下文语境，特朗普在白宫八年就是特朗普这次连任，特朗普才会待在白宫八年，译者在翻译成汉语新闻时，要帮助受众读者把信息筛选、重新编辑一下，将其变为被译入语文化所接受的词义。

第⑥句“a crowded race”如果按字面意思翻译则是“激烈的竞选”，体现不出总统竞选的复杂性和多样性，在此处，将其处理为“竞选大阵营”，提升其文化内涵，简简单单的“大”字则包含万象。

第⑦句“19 other hopefuls”，这里出现了源语文化概念，其指的是除了拜登之外还有 19 个候选人，也就是说包含拜登在内，会有 20 个候选人参选。

第⑧句中“ endorsement”词义为“认可，支持；背书”，在总统竞选中有专业术语含义“背书”，结合新闻内容和语境选取正确的专业术语“背书”意思即为“支持某人、认可某人的观点和做法”。

第⑨句首先“Mr. Obama’s thinking”在这里翻译为“奥巴马智囊团”，更为贴近译入语汉语的表达模式。其次“the former president”前总统也在这里为读者梳理好信息直接译为“奥巴马”，避免了概念模糊，更接近译入语文化和思维模式。

第⑩句，首先“Mr. Biden”，“Mr. Obama”和“President Obama”均是姓氏前面加上礼貌尊称和头衔，然而在汉语中则不需要这些礼貌尊称和头衔，在这里采取省词译法，省去礼貌尊称和头衔。其次，“merits”一词在这里选取的是“实力”而不是常见的语义“好处、利益”，这要求译者根据语境来选取最为贴合的词义。

3.3.2 译例举隅

纪念五四运动100周年大会

五四运动是一场以先进青年知识分子为先锋、广大人民群众参加的彻底反帝反封建的伟大爱国革命运动。五四运动是一场中国人民为拯救民族危亡、捍卫民族尊严、凝聚民族力量而掀起的伟大社会革命运动。五四运动是一场传播新思想、新文化、新知识的伟大思想启蒙运动和新文化运动。五四运动以全民族的力量高举起爱国主义的伟大旗帜；五四运动以全民族的行动激发了追求真理、追求进步的伟大觉醒；五四运动以全民族的搏击培育了永久奋斗的伟大传统。新时代中国青年要树立对马克思主义的信仰、对中国特色社会主义的信念、对中华民族伟大复兴中国梦的信心。新时代中国青年要热爱伟大祖国。爱国主义的本质就是坚持爱国和爱党、爱社会主义高度统一。新时代中国青年要听党话、跟党走，胸怀忧国忧民之心、爱国爱民之情。新时代中国青年要有感恩之心，感恩党和国家，感恩社会和人民。新时代中国青年，要有家国情怀，也要有人类关怀。新时代中国青年要自觉树立和践行社会主义核心价值观，自觉抵制拜金主义、享乐主义、极端个人主义、历史虚无主义等错误思想。新时代中国青年要努力学习马克思主义立场观点方法，努力掌握科学文化知识和专业技能，努力提高人文素养。把青年一代培养造就成德、智、体、美、劳全面发展的社会主义建设者和接班人，是全党的共同政治责任。要倾听青年对社会问题和现象的看法，对党和政府工作的意见和建议。即便听到了尖锐的甚至是偏颇的批评，也要有则改之、无则加勉。帮助青年解决好他们在毕业求职、创新创业、社会融入、婚恋交友、老人赡养、子女教育等方面的操心事、烦心事，努力为青年创造良好发展条件。教育引导青年正确认识世界，全面了解国情，把握时代大势。共青团要团结带领新时代中国青年在实现中华民族伟大复兴中国梦的进程中不断开拓创新、奋发有为。共青团要认真履行引领凝聚青年、组织动员青年、联系服务青年的职责。

A ceremony to mark the centenary of the May Fourth Movement

The May Fourth Movement was a great patriotic and revolutionary campaign pioneered by advanced young intellectuals and participated by the people from all walks of life to resolutely fight imperialism and feudalism. The May Fourth Movement was a great social revolutionary movement launched by the Chinese people to save the nation from subjugation, safeguard national dignity and pool national strength together. The May Fourth Movement was a great enlightenment and new cultural movement of disseminating new thought, new culture and new knowledge. The May Fourth Movement is a grand flag of patriotism raised with the power of the whole nation. The May Fourth Movement is a grand enlightenment for the entire nation to pursue truth and progress. The May Fourth Movement has cultivated a great tradition of permanent endeavor. Chinese young of the new era should establish belief in Marxism, faith in socialism with Chinese characteristics, as well as confidence in the Chinese dream of national rejuvenation. Chinese youth of the new era should love their country ardently, the essence of patriotism is having unified love for the country, the Communist Party of China, and socialism. Chinese young of the new era should follow the instructions and guidance of the Party, and remain dedicated to the country and the people. Chinese youth of the new era should be grateful to the Party, the country, the society and the people. Young people should not only care about their family and country, but also have concerns for humanity. Young people should nurture and practise core socialist values, and guard against wrong ideas such as money worship, hedonism, extreme individualism and historical nihilism. Young people should work hard in learning the Marxist stance, viewpoints and methods, mastering scientific and cultural knowledge and professional skills, and improving their humanistic quality. The Communist Party of China（CPC）should shoulder the political responsibility of nurturing a new generation of capable young people who have a good and all-round moral, intellectual, physical, and aesthetical grounding in addition to a hardworking spirit, and who are well-prepared to join the socialist cause. We should listen to young people' s views on social issues and phenomena, as well as their opinions and advices on the work of the Party and the government. Even if they express harsh or partial criticism, we should correct our mistakes when we have made any and guard against them when we have not. The Party should address young people' s concerns in employment, starting business, integrating into the society, love, marriage and making friends, caring for the elderly and raising children, so as to create favorable conditions for their development. We should educate and guide young people to view the world properly, to understand the national conditions comprehensively, and to grasp the trend of the era. The Communist Youth League of China（CYLC）should unite and lead Chinese youth of the new era to strive for the Chinese Dream of national rejuvenation. The CYLC should serve their duties of guiding and uniting the youth, mobilizing them, connecting them and providing services.

3.3.3 课后练习

请将下面新闻进行英汉互译，注意用词和表达。

（1）Prince William' s grilfriend Kate Middleton has been given an unprecedented invite to spend Christmas Day with the British royal family, *The Mail on Sunday* newspaper reported.

（2）The study was conducted by researches from the National Institute of Public Health of Denmark over the course of six months.

（3）The Department of Housing and Urban Development of the United States said that nearly one in five of the adult homeless are military veterans.

（4）2 月 18 日将迎来中国农历新年。有说法认为，这一年是 60 年不遇的“金猪年”，是个难得的吉利年份。

（5）本周日，一场名为“讲文明、树新风”的首个“排队推动日”宣传活动将在位于天安门广场东面的王府井大街启动。北京市政府还将以后每月 11 日定为“排队推动日”。

★ 跨文化小贴士 ★

英汉文化负载词

当代著名翻译理论家奈达说过，“任何翻译中都有文化意象的丢失，但必须设法将其减少到最低限度”。在具体的翻译实践中，如果遇到文化承载词，译者若能灵活合理地采用英汉语中特有的语汇来传情达意，不失为一种好办法。在英语中许多文化负载词源于谚语、寓言、文学作品典故等，这类词经常被用来转义表达一些事件。这些表达给不熟悉西方文化的读者带来理解上的困难。例如：“sour grapes”出自《伊索寓言》，狐狸想吃葡萄却够不着，只好对自己说葡萄是酸的，隐喻为“聊以自慰”。这里是用来讽喻。同样在汉语中也存在大量文化负载词如“月光族”，指代每月工资都花光的一群年轻人，“young people who spend out all their monthly income”；“啃老族”，指代经济生活需要依靠父母的年轻人，“ young people relying on their parents ”；胸有成竹“have a card in one’s sleeve”。

第4章　旅游英语翻译

4.1　概述

4.1.1 旅游英语翻译的概念

旅游英语属于专门用途英语（English for Specific Purpose, 即ESP），是在旅游行业中所使用的英语，是为旅游提供服务的英语，满足旅游推介者的宣传目的和潜在旅游者获取信息的目的。旅游英语翻译属于专业翻译和应用翻译的范畴。它是指一切有关旅游业相关的文字材料的翻译，是为旅游活动、旅游专业和行业服务的翻译实践行为。从宏观上看，旅游翻译是一种跨语言、跨社会、跨时空、跨文化、跨心理的交际活动。从翻译对象来看，它涉及了旅游景点介绍、旅游广告宣传、景点告示标牌、旅游网站或网页、民族风情画册、古诗楹联解说、旅游路线指示等多方面、多类型的文体形式。同其他类型的翻译相比，旅游翻译在跨文化、跨心理交际等特点上表现得更为直接、更为突出、更为典型、更为全面。随着经济全球化进程的加快，世界间的交流越来越频繁，旅游英语翻译作为跨文化交际活动，发挥着越来越大的作用和影响力。

旅游翻译根据媒介可划分为笔译和口译，本书只探讨笔译。根据原文本的处理方式，旅游翻译可分为全译、摘译、编译；按内容分，包括旅游公司宣传材料的翻译、景点介绍翻译、美食翻译、文化典故翻译、标示语翻译等。但无论哪一种翻译，采用何种翻译策略和技巧，译者都要在充分把握旅游文本本身的文体特点，在用词、语法、句式表达、修辞等的基础上，注意语言背后的文化差异性及翻译中的运用策略。

4.1.2 旅游英语翻译的原则与标准

翻译是一种实践性很强的活动。作为一种应用型翻译，旅游翻译更是需要实践加实践。但是，译文质量的好坏需要一定的标准去检验，因此中外翻译理论家就提出了许多检验翻译产品质量的标准。严复提出了著名的“信、达、雅”作为翻译的标准。鲁迅先生指出：“凡是翻译必须兼顾着两面：一当然是力求其易解，一则是保持原作的丰姿。”“力求其易解”，就是译文通顺自然，读者可以看懂；“保持原作的丰姿”，就是保持原作的风格和韵味。林语堂提出了“忠实、通顺、美”的标准。陈廷佑认为翻译的标准就是“准确、流畅”。在西方，爱尔兰学者泰特勒（Alexander Fraser Tytler）提出了翻译的三原则：① 译文应该与原文的思想完全相符；② 译文应与原文的风格及体裁相同；③ 译文应与原作完全一样通顺自然。美国著名翻译理论家尤金·奈达（Eugene A.Nida）提出了“功能对等”的翻译标准。他认为，翻译的预期目的主要或必须是原文和译文在信息内容、说话方式、文体、文风、语言、文化、社会因素诸方面达到对等。他提出的检验译文质量的最终标准主要涉及三个方面：① 能让读者正确理解原文信息——“忠实原文”；② 易于理解；③ 形式恰当，吸引读者。由于旅游翻译具有信息性、诱导性和匿名性的特点，这就要求译者在翻译中更多地考虑如何使译文传递的信息便于读者理解和接受．如何最有效地实现译文预期的功能和目的，原文的形式和内容往往要服从于译文的需要，服从于文体的功能。因此，旅游翻译的标准应该是“忠实”和“通顺”。不过，这里的“忠实”不是忠实于原作的内容和风格，而是忠于原作的文体功能，忠于译文的预期目的；“通顺”指译文要使用易于被读者直接理解的语言，符合目的语的体裁规范。从这个意义上讲，旅游翻译注重的应是原文与译文之间信息内容和文体功能的对等，而不是语言形式上的对应。

（1）以文化交际为主要目的

旅游英语翻译的核心是文化转换与交际互动，旅游英语翻译中文化词汇的翻译在很大程度上体现了功能翻译理论的核心思想。翻译的目的是为了跨文化交际的顺利进行，任何影响跨文化交际的因素都需要在翻译中化解。

（2）根据旅游资料的核心要求重构译文内容和形式

旅游资料这类“诱导型”文本的翻译以有效传递信息、唤起读者感应和行动为核心要求。功能翻译学派认为，译者可以根据翻译要求对原文内容和形式做相应灵活的处理，决定原文文本信息的选择以及译文的表现形式。赖斯就曾明确指出，对于辞藻华丽重诱导的文本，翻译时常常要对原文做彻底的改变。

（3）根据旅游资料的文体功能采用适当的翻译策略

从文体功能特征来看，信息性（informative）、诱导性（inductive）和匿名性（anonymous）是旅游景点介绍这类文本的主要特点。为了使译文读者获取与原文读者相同的反应，旅游资料翻译者偏离原文内容和形式的现象不可避免地会比其他类翻译多一些，有时甚至需要重构译文文本。

（4）根据不同的取向有所侧重

① 以译出语或译出语文化为取向（source language orientation/ source language culture orientation）。该取向的目的是尽可能保留源语文本的原汁原味和鲜明特色。

例如：Yellow Stone Park（黄石公园）、Niagara Falls（尼亚加拉大瀑布）、Merlion Park（鱼尾狮公园）、Lingyin Temple（灵隐寺）、Jiuzhaigou Valley（九寨沟）。

② 以译入语或译入语文化为取向（ target language orientation/ target language culture orientation)。目的是让旅游者一看就懂，产生原文本身所具有的吸引力。

例如：望湖饭店（ Lakeview Hotel)、颐和园（ Summer Palace)、玉佛寺（Jade Buddha Temple)。

③ 以作者为取向（ author orientation)。主要用于翻译名人名家的诗歌、楹联、散文、游记等，目的是保存原作的风姿和作者的权威性。

例如：青山有幸埋忠骨，白铁无辜铸佞臣。(The green hill is fortunate to be the burial ground of a loyal general, and the white iron was innocent to be cast into the statues of traitors.)

④ 以旅游者为取向（ tourist orientation)。这一标准在旅游翻译诸标准中应成为首选或主要标准，即既可以“归化”，也可以“异化”。

例如：这种冬青树，你们称为“圣诞树”，我们俗称“鸟不宿”。(This holly is what you call a “Christmas tree”, and it is what locally known as “unperchable” .)

⑤ 以美学为取向（ esthetic orientation)。这种标准主要是在观光、访问、考察时或在宣传、推广中国的山水文化时用来翻译诗词、楹联、碑文、名胜古迹、风味小吃等，目的是尽可能实现原文的美学价值。结合前面 ③ 在此具体介绍一下楹联：我国的许多名胜景点有很多刻写在楹柱上的对联，我们称为楹联。它是中国独特的文学艺术形式。对联是由韵律诗的对偶句发展而来的，它保留着韵律诗的某些特点。我国古人把吟诗作对相提并论，这在某种意义上说明了两者间的关系。对联是张贴的诗，但它与诗又不尽相同，因为它只有上联和下联，通常它比诗更为凝练，句式更加灵活，长短自如，在我国的建筑物中有长达数百字的长联。所以楹联的翻译是旅游翻译工作者的一大难题。在翻译实践中，可以采用不同的方法来翻译不同的楹联俳语，如词汇的对应，句子结构的对应，必要时可改变句子结构等。

例 1. 苏州拙政园有一幅明代书画家文徵明（1470—1559）手书的唐代诗句组成的对联：

蝉噪林愈静
鸟鸣山更幽

译为：

Cicadas, chirping, make the forest all the more peaceful,
Birds, singing, make the mountain all the more secluded.

此译文不但字面意义对应，而且句式对仗工整。

例 2.

水水山山处处明明秀秀
晴晴雨雨时时好好奇奇

直译为：

Water Water Hill Hill Place Place Bright Bright Beautiful Beautiful;
Fine Fine Rain Rain Moment Moment Pleasant Pleasant Wonderful Wonderful.

意译为：

With water and hill, every place looks bright and beautiful;

Rain or shine, every moment appears pleasant and wonderful.

根据以上原则，在旅游翻译中可采用不同的策略，运用不同的方法和技巧，在变通和完善中完成中西方文化的对接，在国际旅游活动中有效而充分地进行跨文化交际。

4.1.3 旅游英语的语言结构特点

旅游文本形式灵活多样，内容无所不包，文体类别也是丰富多彩。如旅游指南属描写型，用词要生动形象，明白晓畅；旅游广告与其他广告语一样属呼唤型，用词短小精悍，富有创意，句式简洁活泼，具有极强的吸引力和号召力；旅游合同，属契约型，用词规范，表达准确，程式化明显；旅游行程，属信息型，用词简洁明了，具有提示性。

（1）词句特点

① 专业术语。旅游英语使用大量的旅游行业方面的英文单词或习惯用语。例如：incentive travel（奖励旅游），sightseeing tour（观光旅游），circular tour（环城旅行），out ward journey（单程旅行），safe-conduct pass（安全通行证），China's category A travel agency（一类旅行社），tour guide（导游人员）。这些专业术语的翻译是旅游翻译的一部分，翻译时必须严格，不可以随意更改。

② 缩略语。缩略语是对较长、较复杂的语句进行缩减，但是最终不影响交流的语句省略，使词语趋于紧缩，音节减少，便于交流。例如：Asian-Pacific Economic Cooperation（APEC，亚太经济合作组织），The United States of America（USA，美国），World Health Organization（WHO，世界卫生组织），Quality Tourism Service（QTS，优质旅游），Unidentified Flying Object（UFO，不明飞行物），bed and breakfast（B&B，住宿加早餐）。

③ 复合词。复合词是由两个或更多的词语而组成，也可称为合成词。复合词中，名词的数量最多，其次是形容词、动词、介词等。复合词的时代气息感强烈，方法简单、表达方式形象生动，很适合用来描景写意，烘托气氛，在旅游产业中受青睐。例如：selling season（旺季），season-low（淡季）。西方人并不知道旺和淡代表什么意思，但是通过 selling 和 low 进行意译，他们可以将 season-low 理解成景气低迷的时节。又如：triple room（三人房），double room（双人房）。

（2）礼节特征

中国向来是礼仪之邦，其他国家也讲究礼仪。旅游英语也必须具备礼节性，导游或服务人员与外国游客交流时，一定要有礼貌，要使用请求、询问的口吻，以此来表达对游客的重视。文化是一个民族信仰、价值、态度、知识的总和，人们通过行为规范和准则在民风习俗、服饰礼婚丧庆典等活动中表达深层次的信仰和价值，这其中体现的是深刻的礼仪文化内涵。如在宴会和招待会活动中，表达欢迎和感谢，宾主双方通常要致欢迎辞或感谢辞，由于旅游团队的致辞并不是正规致辞，因此在形式结构上比较宽松，用语也比较随和，致辞的内容也仅是称呼、祝愿等一般以“ Ladies and Gentlemen”“ Dear Guests”等作为开头。语言安排得当、层次清楚、语言生动的致辞可以使气氛变得轻松、和谐。

（3）文化特征

旅游的灵魂是文化，游客来自世界的不同角落，其文化背景不同，旅游英语便成为游客之间的一种纽带和交流桥梁。将旅游英语当作跨文化交际的媒介，让游客们更好地了解中国这个拥有丰富文化和历史内涵的国家。外国游客来中国旅游的目的主要是为体验异域文化中的生活方式和风土人情，其次是欣赏历史古迹。旅游为游客提供的不是实体商品，而是一种体验的过程和心理的感知。判断旅游服务质量的一条标准就是游客的亲身感受。导游或翻译人员，只有对中国传统文化的历史典故有深刻的理解，才能向游客精准地表达，让游客真正体会到我国文化和历史的深邃。例如：The Great Wall runs across North China like a huge dragon. It winds its way from west to east, across deserts, over mountains, through valleys till at last it reaches the sea. It’ s the longest wall on the earth, also one of the wonders in the world. The Great Wall has a history of more than 2,000 years. 这段话通过形象的比喻，提升了景点的吸引力，也激发了游客对其了解的迫切心情，使其印象深刻、久久不忘。

（4）简洁风格

旅游英语应通俗易懂，用简单的语言来描述和记录比较具体的事实和材料。旅游英语的文体一般简洁、明快，结构上严谨有层次感。在遣词造句方面，要能准确地传达信息，实用性要强，不能拖沓冗长，无须太多华丽辞藻。与文学创作相比，旅游英语更倾向用客观、简单的语言进行描述。例如：The Palace Museum, also called the Forbidden City is located in the center of Beijing. The imperial palace used by emperors of the Ming and Qing Dynasties is the largest and most complete ancient wooden-structure building complex in the world. Construction of the Forbidden City started in 1406 and lasted 14 years. 24 emperors were enthroned there. 这段关于故宫的介绍简洁通俗，而汉语介绍则注重辞藻的渲染使其“文采浓郁”。

4.1.4 课后练习

请将下列句子翻译成汉语。

① Xi’ an was chosen to host the 2011 World Horticultural Exposition, from April 28 to October 28, 2011.

② Kunming is a charming place where spring hovers all year round and flowers of all sorts bloom in a riot of color.

③ Splendid China is, so to speak, a world of flowers and greenery and a window for a glimpse of China’ s history and her tourist resources.

④ Out of all of America's symbols, none has proved more enduring or evocative than the Statue of Liberty.

⑤ San Francisco is one of the most ethnically diverse cities in the world.

4.2 译技讲解

4.2.1 旅游英语的翻译策略

根据旅游英语翻译的目的来选择翻译策略和方法能够更好地达到交际的最佳效果。其基本策略包括两种：一是归化策略，二是异化策略。归化策略是指在翻译中原文与译文相互接触、相互影响，原文的语言及文化特色在很大程度上消失，而译文目的语的语言与文字非常接近。异化策略主张尽力保持原文的特点，与目的语及其文化保持距离。使用这种策略的译文把源语文化成分以近乎原貌的形式转换成目的语形式，这样可以促进不同文化之间的平等交流，也可以达到翻译的目的。异化译法可以更好地促进文化的交流，增加译语读者对异域文化的了解，异化翻译法还可以更好地促进各种语言和文化的丰富和发展。简言之，归化要求译文接近读者，而异化要求译文接近作者;归化与异化的源头是直译与意译。

为了加强旅游英语翻译过程中外国旅游者对我国民族文化的理解，更直观、准确地进行语言和文字的交流与沟通，从事旅游英语翻译时可以注意如下几方面：

（1）要求采用“异化为主、归化为辅”的策略

一些具有极强民族性的独特语言结构形式在其他语言中一般找不到相应的表达方式，它们所表达的含义深深植根于民族文化中，这时就应采取异化的策略以达到文化交流的目的。以我国云南傣族的“泼水节”为例，如果采用归化的策略直译为“Water- Splashing Day”，外国人会把泼水节当成互相泼水的节日，因而我们应该进一步把纯正的傣家风情，通过泼水，祈求快乐、祥和的意思解释清楚。再如：“炎帝陵历代为炎黄子孙敬奉先祖的圣地。”异化翻译为“The Mausoleum of Emperor Yandi, Legendary god of Chinese agriculture, has ever since been a holy place where the offspring of Emperor Yandi and Huangdi (the Chinese people)offer sacrifices to their ancestors.”这样使得翻译译本从源语言向目标语言的转换成功。

（2）音译与意译相结合，增加对原文字面意思解释的内容

在地名翻译中，不可避免会有音译。音译是外国人和中国人在地名上的一种认同，在音译后可以加注一些说明。要想做好音译后的解释必须要对音译主体的具体位置、地名的由来、地名的时代内涵以及历史背景具有透彻地了解。“功夫”“武术”“豆腐”等词语，都可将之直接音译成“kungfu”“wushu ”“toufu”，这样的翻译手法可促进语言发展，又能弘扬中国的本土文化。“灯红酒绿”是描绘放荡奢侈的生活，如将它死译成“with red lights and green wine”，这势必会使译文读者不知所云，莫名其妙。应该根据这个成语的实际意义灵活地将它翻译成“dissipated and luxurious”。再如“一线天”可以译为“Yixiantian”（A Thread of Sky）采用音译和意译有机结合的方法，不仅能够满足外国游客，还能让中国游客了解这个名称翻译的准确性和多样性。

4.2.2 旅游英语的遣词及翻译

中英文的旅游材料既具有普通文本的用词特点，又有该文本类型独特的用词特点。选词就是在理解原文时选取意义，在翻译表达中择取单词。英汉两种语言都存在一词多类、一词多义的现象，因此在确定词义的时候不仅要根据词类来确定词义，而且要依据词语所处的上下文来选择词义。但无论是选义还是择词，都离不开具体的语境。

例 1. Scotland appeals to all kinds of people. It draws those who can feel the past in ancient stone. It soothes with its soft winds and austere beauty all who must escape the everyday. It lures the walker and climber, captivates the golfer and angler, and charms all who appreciate quality in art and culture heritage, or food.

译文：苏格兰让所有人都心驰神往。它吸引那些在古石中感受历史的人；它用微风和质朴的美抚慰那些想要逃避日常琐事的人；它对徒步旅行者、登山者极具诱惑力，能让垂钓者和高尔夫爱好者沉醉其中；同时，对所有崇尚艺术、文化、传统和美食的人而言，它也充满了魅力。

分析：原文中 appeal to，captivates，charm，draw 等都是“吸引，诱惑”的意思，因此翻译的关键在于选词。也就是说原文中用不同的词来表达同一个意思，译文为了避免重复单调，增强可读性也应该注意选词的多样化。

例 2.Whichever way you choose to visit Zhengzhou, you will reach here quickly and enjoy a comfortable stay, because Zhengzhou has a wide range of accommodation to suit all budgets and tastes.

译文：无论坐何种交通工具都能迅速抵达郑州，下榻处会让你备感舒适，这里的住宿条件能充分满足各种档次和品味的要求。

分析：原文中“stay”和“tastes”二字极其通俗，而“budgets”却又十分抽象。如何在译文中用符合行业规范的词语来表达值得推敲。直译成“逗留”“预算”“品味”均不合适，读者无法接受。根据上下文语义，结合目前流行的说法，使用“下榻”“档次”“品味”译得恰到好处。

下面介绍旅游英语翻译中几种选词的方法以及词类转换的技巧。

（1）选词方法

① 根据词组的固定搭配来确定词义。

例 . Social science is that branch of intellectual enquiry which seeks to study humans and their endeavors in the same reasoned, orderly, systematic, and dispassionate manner that natural scientists use for the study of natural phenomena.

根据固定词组搭配来确定本句词义：第一，social science（社会科学），branch（分支），intellectual enquiry（知识探索）；第二，seek（力图），reasoned（理性的），dispassionate（冷静的，客观的），in ... manner（以……方式）；natural scientists（自然科学家）。

② 把握语篇语境来确定词义。

旅游英语翻译在实际操作中应具有语篇翻译意识，从宏观至微观方面对语篇进行全面分析和理解，宏观上对语篇的文体特点、篇章类型、语篇意图功能、文化语境等进行分析，微观上对语篇结构进行分析，恰当运用衔接、连贯手段，对整个语篇进行重写，达到最佳译文效果。

例. 唐长安城包括今西安市城区和近郊区，面积相当于现在西安城的七倍半，城周有三十六点七公里，城里居住着约一百万人口。

译文 1：During the Tang Dynasty, Chang' an included present-day Xi' an and its suburbs, 7.5 times larger than pre-liberation Xi' an, it was 36.7 km in circumference, and had a population of one million.

译文 2：In Tang Dynasty, its capital Chang' an with a circumference of 36.7 km was 7.5 times larger than present-day Xi' an, equal to the whole area of Xi' an together with its outskirts, and it had a population of about one million.

分析：译文 1 从信息及衔接、连贯来看，没有问题。但却没能抓住语义这个中心，信息散乱，支离破碎，不是好译文。而译文 2 中心明确，突显了“人口”“面积”两个小话题。

③ 通过常识理解和判断来确定词义。

常识愈丰富对翻译理解愈有用。很多老翻译家如吕叔湘、傅雷、杨宪益都强调翻译需要“杂学”。

如 She could knit when she was seven. 中的 knit，其基本意思是“编织”，但译文不能只说“织”或“编织”，必须把动词的宾语补上，因为汉语里说“她七岁时就会（编）织”显得不够自然。那么“织”什么呢？根据我们的生活经历，一般是织毛衣，而不是织麻袋什么的，因此原句可译为“她七岁时就会织毛衣”。

（2）词类转换法

掌握一定的翻译技巧是提高旅游翻译能力的必要条件。词类转换法，就是英汉两种语言中词类的转换译法。在英汉两种语言的互译中，有些句子可以逐词对译，有些句子则需要根据译文的表达习惯，将原文中的某些词类加以转换，使译文通顺自然。通常词类转换法包括以下几种：

① 转译为动词。

汉语中使用动词比英语中频繁得多，汉语中常见有若干个动词并列使用的结构。因此，在译英文旅游文本时，可以将英文中的名词、介词、形容词和副词转译为汉语的动词。

例 .With its skyscrapers, expensive cars, and luxury boutiques, Singapore seems like any modern, affluent city.

译文：新加坡有高楼大厦、昂贵的汽车和奢华的精品店，似乎很像任何一个现代化的富裕城市。

分析：英语中的独立分句通常只有一个谓语动词，在表达其他动作意义时往往使用其他词性的词，上例原文在表达“有”的概念时，就用了介词 with。与之不同，汉语通常可若干动词或动词结构连在一起使用，因此译文将 with 译为汉语动词“有”。

② 转译为名词。

在翻译英文旅游文本时，可以将英语中的一些形容词、副词和由名词派生的动词转译为汉语的名词。

例 .San Francisco is one of the most ethnically diverse cities in the world.

译文：旧金山是世界上种族最多元化的城市之一。

分析：上例英文原文中的 ethnically 是副词，意思是“种族上地，在种族方面地”，用以修饰形容词 diverse，译成汉语时，应将该副词转译为名词“种族”，以符合汉语的表达习惯。

③ 转译为形容词。

将英语中某些形容词派生的名词，以及一些作宾语或表语的抽象名词转译为汉语的形容词，这种转译法在翻译英文旅游文本时经常使用。

例 .There (Australia) are a variety of restaurants to suit all tastes and pockets, from top-class restaurants with international cuisine to small coffee shops serving snacks.

译文：在（澳大利亚）那里可以找到各式各样的餐馆，从具有国际烹饪水准的一流豪华饭店，到供应快餐的小咖啡馆，各种风味，应有尽有，可以满足各类顾客不同的口味和价位要求。

分析：译文将原文中的抽象名词 variety 转译为汉语的形容词“各式各样的”，修饰名词 restaurants。

④ 转译为副词。

英语中有些名词和形容词通常可转译为汉语的副词。

例 .One moment you’re gazing upon rocky mountain peaks, shimmering sea lochs and desolate moors, the next they retreat into a mysterious world of mist and cloud...

译文：你刚刚还在凝视怪石突兀的山峰、波光粼粼的海湾、荒无人烟的沼泽，可忽然间它们便隐入云遮雾障的神秘世界……

分析：英语中表示时间时，多用名词或名词性短语，如上例中的 one moment 和 the next，用以引出相继发生的连串动作。翻译时，将这两个词分别译为汉语中的副词“刚刚”和“忽然间”，这样，前后发生的动作显得更加连贯，同时也符合汉语的表达习惯。

4.2.3 旅游英语的修辞及翻译

修辞是一种语言活动，是“依据题旨情境，运用特定的手段修饰文辞，以加强语言表达的效果”。英语 rhetoric 的意思就是① the art of effective or persuasive speaking or writing; ② language designed to persuade or impress (often with an implication of insincerity or exaggeration etc.). 英文的这两个解释中前面一个相当于汉语的“修辞学”，后者则相当于汉语的“修辞”。英汉语中均有一定的修辞方式，在一定的语境里能够使表达更具说服力和感染力，即让用来表达的语言“生动、形象、具体，给人以美的感受”。这些修辞方式就是我们平时所说的“修辞格”，或者叫作“修辞方法”。

为了将旅游英语说得更加有趣，译者在翻译的同时会融入一些修辞手法，这就能给游客带来深刻印象的同时，也将景区的特色表现得更加鲜明、更加生动、更具感染力和表现力。可是在英语或者汉语的修辞运用上，思维方式是决定整体句子表达方式的重要因素。在汉语中，通常对句子整体的和谐性相对重视，就会利用夸张、比喻、排比之类的修辞手法，让句子看起来更加规整、有内涵、有气势。而英语不同，其讲究的是句子的层次和简洁。下面就旅游英语翻译中常用的修辞手段及其翻译加以分析。

（1）比喻

对比喻手法进行利用，就能在很大程度上让游客引发无穷的想象力，让游客更加向往。

例 1.In the palace of Pagoda Forest, the Jade bamboo shoots stand like spears.

分析：此宣传语就是宜昌龙泉洞形容玉笋峰的语句，将峰比做了枪矛，使用了明喻的修辞，生动形象。

例 2. 神仙池，一个仙女沐浴、纯洁、宁静的自然天地，它充满美丽动人的神话传说和深厚的人文情结，神秘而纯洁，如一颗晶莹剔透、玲珑精致、积聚大自然神韵的璀璨明珠镶嵌在大九寨游环线上。

译文：The Immortal Pond, where, according to the legend, fairies used to bathe themselves, is a peaceful natural landscape full of mystery. It is like a pure and fine pearl beset on the tourist route of Jiuzhaigou.

例 3. 大桥两边的扇形斜拉索，颇似巨大的琴弦，在为那奔腾不息的黄浦江伴奏着豪迈雄壮的进行曲。

译文：The fan-shaped slanting cable-stays on both sides of the bridge seem to be the chords of a huge harp playing a heroic and majestic tune for the ceaselessly flowing water of the

Huangpu River.

分析：例 2 和例 3 中分别使用英语的 like 和 seem 将明喻译出。而例 3 中的最后“在为那奔腾不息的黄浦江伴奏着豪迈雄壮的进行曲”则属于暗喻，英译文采用了直译的手法，均保留了原文的风格。

（2）拟人

拟人修辞一般均是用来描写“可爱”的事物，这样就把本来静态的旅游景点描写得极富动态和生命之感，从而拉近了与读者的距离，可以在读者中间起到很好的宣传作用。

例 1. 长沙这座从远古走到现代的湖湘首邑，虽然历经数千年的风雨沧桑，仍不失古朴美丽的都市风采。

译文：Now Changsha, the capital city of Hunan Province, still shows its unsophisticated beauty after thousands of years’ severe tests.

分析：此例运用拟人手法将长沙这个城市描绘得生动形象。

例 2. 近年来，杭州市又开始综合整治西湖，把许多被岁月风尘掩埋的景点重新开发出来，并对西湖做了新的规划，一个更丰满、圆润的西湖渐渐露出清新的面容。

译文：In recent years, Hangzhou Municipality has started a comprehensive rehabilitation of the West Lake, including redevelopment of many scenic spots and new planning for the Lake. Gradually the Lake has taken on a new look, like a plump and charming beauty.

分析：此例运用拟人修辞将杭州西湖的开发规划描绘得十分生动、形象。

例 3. 位于图恩湖上方的比登堡正在向您招手，游客在这里的阳光露台上可以欣赏四周美丽的景致，比登堡还是欧洲最狭长的村庄。

译文：Last but not least, Beatenberg beckons from high above Lake Thun, a sun terrace par excellence and also the longest village in Europe.

（3）反复

旅游英语翻译中使用反复修辞可以加强宣传渲染的语气，增强语言表达节奏感，使语言更加恢宏，从而使读者对旅游产品产生深刻的印象。

例 1.The beauty of rime lies in its spectacularity and uniqueness.

译文：雾凇之美，美在壮观，美在奇葩。

分析：此例汉语译文使用了反复，重复“美”，细心的读者会发现这句英语中没有重复 beauty，如果重复这个词会使得英文显得冗长，反而起不到良好的宣传效果。

例 2.These trains run every 20 minutes during the day and every hour in the evening until midnight. In the nights from Thursday to Friday, Friday to Saturday and Saturday to Sunday, the shuttle trains run every hour all night.

译文：白天每 20 分钟有一列火车开行，傍晚至午夜每 1 小时均有一列火车开行，星期四至星期五、星期五至星期六以及星期六至星期日，往返列车每小时一班通宵运行。

分析：上例中的 every 使用了三次，加强了文章的感染力，加深了读者印象。

（4）设问

设问修辞的使用可以为旅游翻译增添吸引力，从而吸引读者的注意力。

例 1.Was there engineering genius involved? Yes, there was. For example, when you’re putting the block fight at the top. How are you going to lug a block of stone that weighs several tons 480 feet up a structure? How are you going to do it, and how are you going to do it without leaving scratches on all the rest of the structure? And how many people does it take to drag a block weighing several tons 480 feet up into the sky? Approximately, 2.3 million blocks of stone were cut, transported and assembled to create the Great Pyramid.

译文：其中是否显示出工程天赋？回答是肯定的。譬如，要把大块石头放到顶部，可如何将一块重量达几吨的石块拉上 480 英尺的顶部？这又如何才能做到？怎样才能不至于在整个塔上留下划痕？将这样重的一块石头放到顶上又需要多少人？要知道，建造大金字塔大约切割、运送、安装了 230 万块这样的石头。

例 2.Where can you be greeted in 11 languages on Swiss National Day? In Interlaken of course!

瑞士国庆节期间在哪里可以收到 11 种语言的问候？当然是在因特拉肯！

（5）排比

排比常用于旅游英语广告中，排比结构平衡匀称，连贯性强，声调有力，表现力丰富，有利于增强节奏感，突出重点。

例 1. We are strong. We are free. We are Alberta.

例 2. I left my heart in Rio and my ring, and my watch and my camera.

分析：以上通过采用排比结构使句子表达具有很强的节奏感，体现了人文旅游特色，给受众留下深刻的印象。同时，很容易激发人们的感情和好奇心，吸引游览者前往旅游探索。

例 3. 在介绍约克郡的马格纳科学探险中心的旅游广告中，有这样的排比修辞手法：Inside you can fire a huge water cannon，work real JCBs，fire a giant catapult，explode a rock face and experience the roar of the Big Melt show. 这里连续使用了 fire、work、fire、explode 和 experience 五个动词，用排比的句式将在马格纳科学探险中心可以体验到的各种神秘探险之旅娓娓道来，从而异常生动有趣、引人入胜。

（6）设问

设问是一种提出问题后又回答问题的修辞手法。通常是作者谙熟读者的心态，事先揣摩出读者心存的疑虑，并以问题的形式提出，随后立即提供充分详细、令人满意，甚至颇具吸引力的答复。例如：在推荐游客乘坐敞篷巴士（Open-top Bus Tour）游览伦敦的广告中就使用了设问这一修辞手法。

例 .Will we see all the major sights？ Yes—Our tour routes are the most comprehensive way to see the best that London has to offer including the spectacular panoramic views from seven bridges, the Tower of London, Big Ben, Buckingham Palace, St. Paul' s Cathedral, Westminster Abbey, Trafalgar Square, Madame Tussaud' s, London Bridge.

分析：乘坐敞篷巴士是否能将伦敦的重要景点尽收眼底呢？其实，这正是萦绕在许多游客心头的问题，而这则广告立刻就用了一个 Yes，斩钉截铁地解答了这一疑问，并且如数家珍地道出泰晤士河上的七座大桥、伦敦塔、大本钟、白金汉宫、圣保罗大教堂、威斯敏斯特修道院、特拉法加广场、杜莎夫人蜡像馆、伦敦桥等一系列重要景点。试想，这样将伦敦景点一网打尽的巴士游怎会不吸引人呢？所以，这里的设问修辞手法用得恰到好处，妙不可言。

（7）夸张

夸张，顾名思义是夸大其词的意思，其用法是将事物的某种特征无限地夸大或缩小，以达到特殊的语言表达效果。在宣传大英游轮度假（Great British Waterway Holidays）的旅游广告中，有这样一句话描写游轮上设施：With beautiful wooden interiors，comfortable beds，hot and cold running water，showers，flushing toilets and，in some cases，even microwaves and dishwashers—the list of home comforts is endless. 这里细细罗列了精美的木质内墙、舒适的床、冷热水、淋浴器、抽水马桶、微波炉、洗碗机等诸多游轮上的设施，最后用 the list of home comforts is endless 来综上所述。endless 一词显然是夸张的用法，强调游轮上设施齐全，应有尽有。

4.2.4 课后练习

（1）请用合适的翻译策略完成下面语段的翻译。

Davos—the highest Alpine resort in Europe—offers all the amenities of a small tow while nestling in landscape of unspoilt natural beauty and marvelous mountain splendor. Davos offers an array of attractions unequalled by any other mountain holiday resort in the whole of Europe. Davos is delightfully diverse, a holiday, sports, congress, health, research and culture resort rolled into one!

（2）完成下面的句子翻译。

① You and Northwest, business at its best.

②Venice is the Shakespeare of cities—unchallenged, incomparable, and beyond envy.

③Atlanta has a moderate climate and rustic charm, being the most heavily forested of the major cities.

④ 大本钟“当当”报时，来自世界各地的游人排着长队缓慢地走进英国的国会大厦。

⑤ 每年二三月间，北方还是春寒料峭，青城的兰花已经争奇斗艳。

4.3　译例评析与举隅

4.3.1 译例评析

The Tourism of Tibet:Reveal the Mysterious Veil

①Tibet is located in the southwest of China. ②It formally belonged to the domain of the Yuan Dynasty in the mid-thirteenth century. ③Although China has undertaken changes and replacements of dynasties and central governments in Chinese history, Tibet has always been under the control by the central government and been an inseparable part of China. ④Today is an age of information with jet aircrafts, highways and network of computers as its symbols. ⑤Mysterious places are rare to be found in the world, but Tibet is an exception. ⑥Because of its geographical position, unique topography and terrain; unknown but existent original customs and natural scenery; and various propagandas brought back by foreign explorers, all these render people possible to form a mysterious picture of Tibet. ⑦It is bounded on the north by Xinjiang Uygur Autonomous Region and Qinghai Province; on the east by Sichuan and Yunnan provinces; on the south by Burma, India, Bhutan, and Nepal; and on the west by India. ⑧Lhasa is the region' s capital and largest city. ⑨Tibet is advanced in astronomy, ancient algorithm and medicine. ⑩Tibet is abounded of classics and literature works. ⑪ Among Tibetan art treasures are painting, architecture, carving, music, dancing and folk opera. ⑫ Modern tourists are eager to return to and enjoy the nature. ⑬Tibet has a large area, a small population, high mountains covered with snow, rich forests and booming azalea, rivers and tranquil lakes.

西藏旅游：揭去神秘的面纱

西藏地处中国西南部。13 世纪中叶，正式纳入中国元代版图。尽管中国历经多次改朝换代，政权更迭，但是，西藏始终在中央政府管理之下，是中国的一个不可分割的部分。今天是一个以喷气式飞机、高速公路和计算机网络为标志的信息时代。世界上具有神秘色彩的地方已所剩无几，西藏却是一个例外。由于其地理位置偏僻、地形地貌独特，原始的自然风光和仍鲜为人知的民俗风情，以及一些外国探险家带回去的种种宣传，这一切可能使人们对西藏形成一种神秘感。西藏北邻新疆维吾尔自治区和青海省，东接四川省和云南省，南面与缅甸、印度、不丹和尼泊尔等国接壤，西面与印度接壤。拉萨是西藏首府和最大的城市。西藏在天文学、历算方面先进，医学发达，拥有大量经典和文学作品。西藏的艺术瑰宝有绘画、建筑、雕刻、音乐、舞蹈、民间戏剧。现代游客渴望重返大自然，欣赏大自然。西藏地域广阔、人口稀少，高山白雪皑皑，森林郁郁葱葱，杜鹃满山遍野，河流奔腾不息，湖泊静谧安详。

译例分析：

第 ① 句采用了 be located in(“位于……”) 来表达西藏的地理位置。中国的地名基本根据汉语拼音来取英文名，而 Tibet(西藏) 由图白忒和土伯特根据读音直接翻译过来。这两词的读音由“吐蕃”而来。

第 ② 句中的“belong to”(属于) 和“domain”(领域、领土) 在译文中分别为“纳入”和“版图”，更具有书面语的表达。

第 ③ 句中由“Although ”引导的让步状语从句，在译成汉语时为“尽管……但是……”，符合汉语中表转折关系的关联词。旅游文本英译汉时中，常用四字结构，简洁有力、朗朗上口，具有极强的吸引力。此句中就把“changes and replacements of dynasties and central governments in Chinese history”译为“改朝换代”和“政权更迭”。既能保存原作的丰姿，又能使译文大为生色。“inseparable”的意思是“不可分离的、不可分割的”。同时现在完成时态的翻译在译文中也有很好的体现，如“历经”和“始终”。

第 ④ 句中“age of information”译为“信息时代”。在英译汉时应把原文中由“with...”的介词短语作为定语放到“信息时代”的前面，这样才符合汉语的表达习惯。

第 ⑤ 中的 rare 的意思有“稀少的，稀罕的，珍贵的”，在译文中为“所剩无几”，非常得体地展现了词汇的风貌。

第 ⑥ 句是一个比较长的句子，但也不难翻译。这里由“Because of...”引导的后面一系列并列结构，然后就是后面的主句。在译文中出现了“增词”技巧，如“geographical position”增加了“地理位置偏僻”和词序调整的方法，如“unique topography and terrain”译成了“地形地貌独特”。主句中要注意“render sb. to do sth.”的意思为“使某人做某事”。render 常用于书面用语。

第 ⑦ 句中涉及地理方位情况的翻译，本句中的“on the north”是指(临近地区的北部)译成“北邻”；“on the east”是指(和……相邻的东部)译成“东接”；还有“on the south”(南面与……接壤)和“on the west”(西面与……接壤)。注意专有名词“新疆维吾尔自治区”的翻译。

第 ⑧⑨⑩⑪ 句都是简单句结构，第 ⑨⑪ 句的四字格翻译非常言简意赅，形象生动，音节优美。例如：历算先进、医学发达、艺术瑰宝。同时，“be abounded of ”的意思为“富于、充满”，在此译为“拥有”。⑨⑩ 句在译文中进行了合句翻译，更符合汉语的表达。

第 ⑬ 句中同样采用了四字格翻译，更有画龙点睛之意。

4.3.2 译例举隅

Classical Gardens in Suzhou

Suzhou is China's well-known "city of gardens", which tops all others in both the number and the artistry of gardens. Suzhou gardening originates from men's desire to retire from the strife of officialdom and to shun from worldly affairs. It seeks the return to Nature and the cultivation of temperament. The Four Classical Gardens of Suzhou, in a nutshell, represent the different architectural styles of Song, Yuan, Ming and Qing Dynasties.

• The Surging Waves Pavilion

First built in 1044 AD, the garden is the oldest of the existing Suzhou classical gardens. The outer part of the double corridor is over the pool's edge while the other open to the central hill. Latticed windows on the wall supply the spatial link between the scenery inside and outside the garden, which is the typical device of "borrowed view".

• The Lion Grove Garden

Built in 1342, the Garden is particularly well-known for the great quantities of its Taihu rocks that form an intriguing maze of mountain paths and varied scenes.

• The Humble Administrator's Garden

First laid out in 1509 AD, the gardens scenery is focused on a central pond with various buildings of pavilions, terraces, chambers and towers located by the water or on hillocks in a natural and appropriate composition. The garden is most representative of Chinese classical gardens in the Ming Dynasty. The Humble Administrator's Garden covers 4 hectares in northeast Suzhou. It is the largest garden of the city and a typical example of the art of horticulture south of the Changjiang River. Three-fifths of its area is covered by magnificent ponds. All of the buildings are right next to the ponds, so that the garden seems to be floating on the water. The entire grounds can be divided into three parts: an eastern, a central and a western part. The central one is especially worth a visit. It clusters around Yuanxiang Tang pavilion. Two artificial islands linked to each other in the lotus pond north of the pavilion are densely overgrown with groves and trees.

• The Lingering Garden

The garden was first laid out in 1522 AD. The whole space is artfully and appropriately handled and arranged with exquisite scales. It is a typical garden of the Ming period with elegance and exquisiteness in the southern Yangtze Valley.

苏州经典园林

苏州是中国有名的“园林之城”，无论是在园林数量还是在园林艺术上，苏州都是独占鳌头。苏州园艺起源于人们远离官场纷争和脱离世俗纷扰的愿望。它寻求回归自然，陶冶性情。苏州四大经典园林，简而言之，呈现出了宋、元、明、清四个朝代的建筑风格。

沧浪亭

始建于公元 1044 年，这座园林是现存苏州名园中最古老的一座。复廊外廊在水池边上，而另一个则是倚靠中心假山。墙上的漏窗使得内部的景色和院外的景色空间连接在一起，这就是典型的“借景”手法。

狮子林

始建于公元 1342 年，这座林以它众多的太湖石而闻名，这些石头形成了错综复杂的山间小径和多变的景色。

拙政园

始建于公元 1509 年，这座园林的景色集中于中心水池上，水边和小丘都建有亭台楼榭，结构自然合理。这座园林最集中代表了明代的中国经典园林。拙政园在苏州东南占地 4 公顷，它是城市里最大的园林，也是长江以南的园艺艺术的典型代表。它的五分之三都由湖水覆盖。所有的建筑都紧紧依靠水池，因此这座园林就像是在水上漂着似的。整个地区可以分为三个部分：东区、中区和西区。中区是最值得一览的。它环绕“远香堂”，两座人造山岛在“远香堂”北边的荷塘相连相接，山岛上长着茂盛的藤萝和树木。

留园

这座园林始建于公元 1522 年。整个空间安排处理有艺术性、得当合理、精美细致。它是明朝南方长江流域园林的典型代表，优雅而精美。

4.3.3 课后练习

（1）请将下面英语翻译成汉语，注意用词和表达。

The Oriental Pearl TV Tower is 468 meters high. It faces the Bund across the Huangpu River. When viewed from the Bund, the tower and the Nanpu and Yangpu bridges create a vivid imagery known as “two dragons playing with a pearl.” The sphere at the top has a diameter of 45 meters and is 263 meters above ground. The observation deck in the sphere offers a sweeping view of the city. The revolving restaurant is set at 267 meters above Pudong New Area. The dance ball, piano bar and 20 karaoke rooms, at 271 meters, are also opened to the public. The penthouse, which sits at 350 meters, has an observation deck, meeting room, and coffee shop. The tower integrates broadcasting technologies with sightseeing, catering, shopping, amusement, and accommodations. It has become the symbol of the city and a major tourist attraction in Shanghai.

（2）请将下面汉语翻译成英语，注意旅游英语的遣词和句式特点。

八部酒吧坐落在墨尔本中心商务区中部的一条小巷里，使用包装的柳条箱作为座位。洗手间是用轮船的集装箱做成的，而酒吧就只被一道栅栏围住。八部酒吧吸引着富有的商人、日本游客、奋斗的艺术家、甚至无家可归的人。它被特意设计得很谦逊、自然。所以，它吸引了那些想要与自己不同的人接触的社会各个层次的人。

★ 跨文化小贴士 ★

英汉色彩词汇文化

在中西方文化中，很多色彩词都蕴含丰富的意义，但又具有不同的语言、文化特色，如果忽视这些就会影响跨文化交际。以白色为例：在西方，白色通常是神圣、纯洁的象征，还表示喜庆、社会地位高、庄严之物等。如 white wedding（新娘穿白色礼服的婚礼），a white day（吉日），a white collar（白领阶层）；the White House（美国总统府白宫），the White Hall（英国政府白厅）。在中国，白色象征着不幸、下层社会、反动的象征、徒劳等。“红白喜事”中的“白”就是葬礼（funerals）的意思。汉语中“白手起家”（start from scratch; build up from nothing）表示从零开始创业，“白手”是“一无所有”；而英语 white hand 代表廉洁、诚实。还有 a white elephant（沉重的负担而不是白象），a white hat（是好人而不是白帽子），a white lie（善意的谎言而不是白色的谎言），a white spirit（正直的精神而不是白色精神），a white soul（纯洁的心灵而不是白色的灵魂）等。

第5章　法律英语翻译

5.1　概述

5.1.1 法律英语翻译的概念

作为专业英语（ESP）的分支学科之一，法律英语（Legal English）是应用型、功能型英语。法律英语，在英语国家中被称为 Legal Language 或 Language of the Law，即法律语言，指表述法律科学概念以及诉讼或非诉讼法律事务时所用的语种或某一语种的部分用语。

18 世纪英国哲学家大卫•休谟（David Hume）曾经说过："法与法律制度是一种纯粹的语言形式，法的世界肇始于语言，法律是通过语词订立和公布的。"法律是体现统治阶级意志、由国家制定或认可并由国家强制力保证实施的行为规范。法律法规的主要作用之一是规范法律主体的行为，调节法律主体之间人际关系。这种规范调节作用主要是通过具有法律效果的言语行为（即法律言语行为）来实现的。法律英语同其他的社会方言一样，是人们根据社会文化环境和交际目的、交际对象等语用因素在长期使用中形成的一种语言功能变体，具有其自身的特殊用途和规律。法律行业的特殊性决定了法律英语有复杂的术语和句法结构。

随着经济全球化的进程，世界各国在政治、经济、文化等领域的交往盛况空前。在纠繁复杂的交往过程中，法律扮演着重要的角色：一方面，法律要求国际交往中的各方当事人要遵守其规定；另一方面，法律也为国际交往的顺利进行提供保障。为了深刻理解并严格遵守各国的不同法律制度，对各国法律进行翻译就是一个不可或缺的过程。

作为翻译的一个专门领域，法律翻译在我国扮演着越来越重要的角色。人类历史的进步在很大程度上归功于每个社会都能从别的社会文化中吸取于已有利的养料并融入本国文化。法律文化自然是其中的一个重要组成部分。法律翻译对优秀法律文化传播的贡献是不可否认的。法律翻译不仅推动了我国的法治近代化进程，而且对我国翻译学的发展也做出了积极的贡献。

在国际交流日益频繁的今天，法律翻译的重要性更是不言而喻的：在国家的立法活动中，对外国法律的翻译和研究几乎成为我国立法活动的重要组成部分；在国际法领域，不论是双边或多边条约，往往是在使用不同语言的国家之间缔结的，特别是在各国使用本国文字缔结条约的权利被使用公认的外交语言（如中世纪时的拉丁文，现代的英语、法语、汉语、俄语、西班牙语、阿拉伯语）取代以来，语言文字之间的相互翻译成为条约、公约的缔结和国际法遵守中不可或缺的组成部分；在国际贸易中，对交易对象国法律的熟悉成为保证交易顺利进行的重要条件，甚至在国际留学中，在国内系统地学习留学目的国被翻译成中文的教材，也对日后的海外留学大有裨益。

5.1.2 法律英语翻译的原则与标准

法律英语作为一种具有规约性的语言分支，有着自己独特的语言风格，一般说来，法律英语用词准确严谨、句型结构复杂冗长，这使得法律英语翻译的难度大大高于其他类型的翻译。那么为了确保翻译的精准性以及专业性，在进行法律英语翻译时，需要遵循哪些原则呢？

（1）准确性原则

其实不管是翻译什么文体，忠于原文，准确表达原文都是翻译的基本。而对于法律英语的翻译来说，准确性是最重要的。因为法律是国家机关制定或认可的社会规范，因此要想人们能够准确地理解法律内容，就必须使法律条文的表述准确无误、严密确凿。

（2）精炼性原则

法律通常是作为国家立法机关制定规范的行为规则，所以它最主要的目的就是简单明了地阐述当事人所应享受的权利和应尽的义务，即用少量的词语传达大量的信息，因此在法律英语翻译的过程中应尽量做到舍繁求简，避免逐词翻译、行文拖沓。

（3）同一律原则

在法律英语翻译的过程中，为了维护同一概念、内涵或事物在法律上始终同一，避免引起歧义，法律词汇一旦选定后就必须保持前后统一，否则就会导致法律概念混淆，从而影响法律的精准性。

（4）庄严性原则

法律是掌握国家政权的阶级、集团的意志体现，它有鲜明的政策性、权威性。为了维护法律的严肃性，法律、法规遣词造句不像文学作品那样，有华丽的辞藻和丰富的修饰语，也不可能使用比喻、夸张和委婉语气。因此在法律英语翻译过程中，遣词造句应力求准确，用词正式，语意严谨，语气要有庄重感。

（5）语言规范化原则

所谓语言规范化原则主要是指在法律英语翻译中使用官方认可的规范化语言或书面语，切忌使用方言和俚语。虽然在法律文书的起草和翻译中有许许多多的清规戒律（如被动语态、外来词、缩略词等），但有一点必须强调，那就是必须采用官方用语（词），尤其是现行法律中已有界定的词语。法律用语是每个国家正式程度最高的语言，是其所管辖下的所有地区中通用的语言。例如，英国的法律概念不但在英国本土通行，在其属地即所有英联邦国家和地区内也一概通行。因此，如果在受同一个法律体系管辖的地区内，法律用词、用语上各行其道，那么法律在实施的过程中势必造成混乱。

5.1.3 法律英语的语言特点

法律英语同科技语言一样，并不具有特殊的语言材料或独立的语法体系，而是民族共同语在法律语境中的一个具有某种特殊用途的语言变体或语域。由于法律学科本身的特殊性以及法律长期在人们的政治、经济、科学和文化生活中所发挥的强大的规范和调节作用，造成了法律英语在实现其调节、规范作用过程中也形成了一些自身的语体特点。法律英语的特点可以从语篇结构、句法和词汇选择三个层次来考量。

（1）法律英语的语篇特点

从语篇结构层次上看，法律语篇最突出的特点是它的高度程式化。法律语篇注重前后层次、埋伏照应、结构严谨、简详得当并具有严格特殊的程式。立法语篇结构层次分明，都是采用从宏观到微观，从总论、总则到条文，从重要条文到次要条文的语篇结构。这种程式化语篇是保持法律规范的庄严性及其内容的严谨合理和准确规范的必要手段，能使法律规范的内涵得到最充分的体现。程式化的语篇结构的另一个优点是它可以给所涉及的法律条文、专业术语和概括性词语设定具体的阐释语境，减少曲解或误解法律条文和概括性词语的可能性，瓦解那些想钻法律空子的企图。这种程式化也符合专业用法者的阅读习惯和阅读期待，可以使他们在理解和使用法律的过程中尽可能减少错误。法律语篇是国家司法机关依法制作或发布的有关处理诉讼案件的具有法律效力或者法律意义的司法公文。法律语篇的法律规范性和严肃性要求在其制作和使用上要符合一定的规范，即语言规范、内容完整、格式统一，其制作均有相应的具体规范要求。

（2）法律英语的句法特点

在句法上，法律语篇多用结构紧密、说理完整的长句，常常使用并列结构和复杂的同位语成分，为了保证表述的严谨准确性，有时会放弃简洁明了性和可读性。例如英国的法律法规都是由一句话构成的，首先前面使用一个“be it enacted”的颁布套语，然后一条一条地列出具体的法律内容。这样的法律条文必然很长，并带有各种复杂的附加修饰成分、插入语、并列结构和同位语等句子成分，于是虽然造成阅读和理解甚至是使用上的困难，但是却能保证法律内涵的完整性、准确性和严密性。复杂的名词结构、被动句的频繁使用是法律英语的句法特点，复合条件状语从句与高频率介词短语的使用更增加了法律语言的理解难度。定语往往对名词性术语的内涵和外延进行精确的界定，而状语则界定了履行权利和义务的条件、方式、地点和时间等。

① 陈述句。

由于法律文书是用来确认法律关系、贯彻法律条令规定人们的权利和义务以及陈述案件事实的专用公文，所以法律英语的基本句式通常是陈述句结构。在法律英语规范文件和法律文书中，一般对疑问、祈使、感叹三种句类是排斥的。

② 完整句。

由于法律用语表意的严密性，为避免因省略或句子缺省而出现歧义甚至被人任意歪曲，法律英语通常不使用省略句或单部句，一般采用主语、谓语都具备的完全主谓句结构，即完整句，这样才能有效地将法律文书所要表述的内容完整地体现出来，显示出法律英语的严谨性和规范性。

③ 条款句。

法律法规的文字表达形式简洁、醒目。从整体结构形式上看，古今中外的立法语言都采用了分条列款的形式，法律英语亦如此。法律英语使用条款句采取的形式有三种：简单条款句、平行条款句和树形条款句。这三种形式的使用使法律文书的文字脉络一清二楚，主从分明。

（3）法律英语的词汇特点

法律语篇使用的词汇主要有法律词汇和全民共同语中的一般词汇这两大部分。法律词汇都有特定含义和特定的使用范围，不能随意引申或用其他词汇替代。法律词汇主要包括法律语体专门术语和人工法律术语。人工法律术语指进入法律语言之后被赋予了特定的法律含义的民族共同语，如委托、告诉、故意等。法律专用术语和人工法律术语的数量虽然不大，但它们的使用频率高、能量大，并且地位独特，构成了法律语言区别于其他语体的主要区别性特征。

① 含有法律专业意义的普通词汇。

法律英语是经过长期的司法实践逐步形成的独特的表达模式和规范，它在词汇使用上具有鲜明的特点，体现了法律语言的专业性、庄重性、严谨性和准确性。法律英语和普通英语的重要区别之一就是法律英语中用到的很多普通词汇往往具有专业特定含义。例如 :dominion 常见的解释为“领土，支配权”，但在民法中指完全所有权，而在国际公法中则为主权；reasonable person 的普通含义为“通情达理的人”，而在法律文件中就是“普通正常人”的意思；estoppel 的普通含义是“不得反悔”，在刑事诉讼法中则是“禁止翻供”。因此，法律英语有其特定的法律上的意义与效果，不可随便改变形式。

② 特定的法律专业术语。

法律法规的规范调节作用主要是通过具有法律效果的言语行为，即法律言语行为来实现的。因此，作为言语行为实施者的立法者和司法者的法律能力和语言能力主要特点之一就是准确得体地使用法律言语，以便达到传达其意图的法律效果。正是法律语言的特殊社会功能使法律语言成为表达特有法律概念的专门术语。如 plaintiff（原告），defendant（被告），bigamy（重罪），demurrer（抗辩）等，这些术语具有法律语言的典型文体特点，通常不会在其他语域中出现。

③ 成对型近义词。

成对型近义词广泛使用于法律英语中，能使法律合同条款更具有弹性，涉及的范围更广，避免产生不必要的争议和纠纷。例如在各种法律条文中，我们常见到以下的类似用法：rights and interests（权益），terms and conditions（条款），complete and final understanding（全部和最终的理解），customs fees and duties（关税），losses and damages（损坏），null and void（无效），sign and issue（签发），这些词表示固定的意义，使用和翻译时不能随意拆开。

④ 外来词。

英语词汇的绝大部分都来源于法语与拉丁语。法语对英语的影响极其深远，法律英语当然也不例外，例如 :bar（法庭判台），verdict（裁决）等。当代法律英语的基础是普通法，普通法的基础是中世纪的罗马教会施行的罗马法，而罗马法是拉丁文写成和实施的，故当今的法律英语中留下许多拉丁词不足为奇，例如 alibi（某人不在犯罪现场的申辩或证明），declaration（申诉，陈述，证言），null and void（无效），prima facie（表面的，初步的）。

⑤ 古词。

英国法律英语中还大量沿用了中古英语，其主要原因是为了显示法律语言的神圣性、权威性和严密性，以区别于普通英语（common English），而以美国英语为代表的法律英语中倾向于运用简单明了的常用词汇来表达法律意思，即简明的常用语言（plain English）。一些古词，如 aforesaid（如前所述），hereinafter（在下文），hereunder（在……以下），herein（此中），therein（在那里），whatsoever（无论什么），thereby，thereof（因此），where-by（因此，由是），hereby（借此），hereafter（此后将来），whereof（关于它）等常出现在法律条文中，它们能使语言精练直观，而现代英语的其他领域中，这类“文言文”用语已逐渐减少。

5.1.4 课后练习

请将下列句子翻译成汉语。

① A labour contract once concluded in accordance with the law shall possess legal binding force. The parties involved must fulfil the obligations stipulated in the labour contract.

② Where under a contract of sale the transfer of the property in the goods is to take place at a future time or subject to some condition later to be fulfilled, the contract is called an agreement to sell.

③ Applications for naturalization as Chinese nationals and for renunciation or restoration of Chinese nationality are subject to examination and approval by the Ministry of Public Security of the People’s Republic of China.

④ The applicant may change the beneficiary subject to the consent of the insured.

⑤ Provided that no unreasonable delay or hindrance is caused to the processes of investigation or the administration of justice, a person detained may communicate and consult with a legal adviser.

5.2 译技讲解

5.2.1 对等原则在法律英语翻译中的实际运用

西方著名翻译理论学家奈达基于语际信息交流，并且把“社会效益”（读者反映）纳入翻译标准之中，提出了“功能对等”（functional equivalence），即用接受语信息接受者对信息的反应与源语信息接受者对信息的反应基本相同。“功能对等”的基本特点就是“读者同等反应”，是“将原文文本的读者的理解和欣赏的方式与译文文本的接受者的理解和欣赏的方式加以比较”。奈达还认为“灵活对等翻译的目标在于表达自然，丝毫不留痕迹，力求把源语文化背景下的行为模式转换成译入语文化背景下相关的行为模式”。要求译者使自己的译文最大限度地贴近原文，行文自然，在功能效果上而不是在字面的形式上与原文对等，简言之即“等效”。由于中英文表达方式的不同，对于同一个事物或概念所用的表达方式也不一样。由于法律术语翻译比一般语言的翻译更为复杂，法律翻译并不是用译入语中的概念和制度来替换原来的法律体系中的概念和制度的简单过程，而是一个包括语言转码和法律转码的双重解码过程。因此，译者必须在两种文化中仔细寻找对应的表达方式，做出各种必要的转换，使译者得到和原文读者基本相同的文化信息。

（1）形式对等

① 使用确切对等词。

法律文本具有庄重、严谨的特点，对法律术语的翻译一般强调忠实性。奈达的功能对等的翻译理论也要求翻译不但是信息内容的对等，而且尽可能要求形式对等，因为形式也可以传达意义。如果直译既能忠实于原文，又易于读者理解，并且能正确传达原文的信息，就可采用形式上对等的形式。如 court—法院；crime—罪；action—诉讼；consideration—对价；party—当事人；sentence—判决；plead—抗辩。需要注意的是，一词多义现象在法律英语中十分普遍，很多普通英语单词在法律英语中被赋予了新的含义。在翻译过程中，不能孤立地、静止地去理解，应根据实际情况，选择最贴切的词。为了达到法律上的效果对等，译者应尽量寻求在本国法律中与原词确切对等或接近对等的正式用语，尽量选用确切对等词而不宜任意自创新词，以免引起歧义或解释上的争议。如“fixed term sentence”应译为“有期徒刑判决”，“civil law”译为“民法”，“criminal law”译为“刑法”。

② 形式对等加注解。

在没有确切对等而无法达到形式上的对应时，译者可以采取音译加注解法。如“discovery”一词的翻译就适合采用音译加注解的方法。英美法系中的“discovery”指英美国家在法庭开审前诉辩双方在向法官提交所掌握的证据的程序，而中国的民事诉讼程序就没有与之相对应的程序规则。因此，该词的翻译就可采用形式对等加注解法，将其照字面译成“发现程序”再加上注释。目前常见的另外一种处理方法是按其内涵翻译为“证据开示程序”。

（2）功能对等

对等的概念是相对的，而不是绝对的。如果形式上的对等会导致意义上的不明或错误，造成读者的理解困难时就不应使用貌合神离的“假等词”，而应对原语做形式上的调整，来创造最贴切的自然对等词来实现功能上的对等。由于中西文化在法律制度、宗教信仰、思维方式等方面存在差异，为了达到语言和法律功能上的双重对等，译者可通过选用恰当的功能对等词、释义、译借的方法来实现双重功能的对等。

① 使用功能对等词。

如果汉语或英语中确实没有确切对等词时，译者可以在忠实于原文的前提下选择功能对等词，以保证译入语中的术语的概念与源语中的术语的概念对等。如法律英语中的“prison”与“jail”两个术语在汉语里的功能对等词就有所不同。“jail”的功能对等词应为“看守所”或“拘留所”。而“prison”的功能对等词则应该是“监狱”。又如“old dog”功能对等词不是“老狗”而是“惯犯”。“Power of Attorney”不应译为“律师的权力”而是“授权委托书”。同样，汉语的结婚证不应以形式上的对等直译为“marriage license”而应根据其内涵翻译为“marriage registration paper”。“straw man”应译为“挂名负责人”而不是“稻草人”。因此，选择最接近的功能对等词可以保证英汉法律术语在没有确切对等词的情况下获得较准确的翻译。

② 释义。

释义是指舍弃源语中的具体形象，直接用译入语将其意图内涵表达出来。在翻译一些具有民族特色的法律术语时，在译入语中找不到确切对等词而加注解又使译文烦琐时，也可采用释义法。释义法也是解决缺少确切对等词的一个很有效的方法。如“quiet possession”按字面意思翻译为“安静占有”，读者很难理解。实际上，在法律文本中，该术语表示“不受干扰的占有使用”。同样，将“yellow dog contract”直译为“黄狗合同”，读者肯定不知所云，这里就可以释译为“不准（雇员）参加工会的合同”。“挂职干部”一词也只能采取释义的方法，即“cadre serving in a lower level unit for a period while retaining his position in the previous unit”。释义法既可以使法律译本简练，又不损害对源语信息的表达。在采用释义法时，译者必须准确把握源语的实质含义，以免造成误译。

③ 译借。

由于英语词和汉语词在发音、书写上都有很大的不同，以英语法律术语翻译为汉语法律术语时可采用译借的翻译方法，即在音韵上或书写上稍微经过改动，使之与汉语的本土词语相似。如“anti-trust law”是英美法系中的一个概念，在中国的法律制度里没有确切的对等词，可以通过译借的方法译为“反托拉斯法”。英美国家的律师分为两种：solicitor 和 barrister。实践中，solicitor 是指以诉讼当事人“替身”的面目出现的，主要任务是在法庭出庭、提供和收领文书、接受各种令状、交纳诉讼费用以及办理有关执行事宜的人；而 barrister 是指接受一方诉讼当事人的委托，在法庭上为当事人进行辩护的人。我国香港将前者译为“律师”，而将后者译为“大律师”，这样使人们产生一个错觉，即后者比前者地位高、水平也更高。而内地则将前者译为“事务律师”或“诉状律师”，将后者译为“出庭律师”或“辩护律师”。这种译法从一定程度上反映了这两种律师分工的不同，但也不是绝对的。于是有学者另辟蹊径，采用音义结合的方式，可采用译借法，分别译为“沙律师”和“巴律师”，因为“solicitor”前两个音节似“沙”而“barriter”的前两个音节似“巴”，然后再加上“律师”两个字对其进行进一步的说明。又如“mortgage”译为“按揭”，因为“mortgage”后两个音节似“揭”而得到此译。这样汉语读者能够把这两个词所代表的含义直接与外国所特有的事物联系起来，弄清这一概念的内涵，以免望文生义，产生误解。

语言是通过语言形式承载信息的，语言形式中信息被正确传达了，语言的功能也就实现了。在源语中语言的形式和功能是统一的，但在翻译中译文的语言形式与原文的语言形式不一定一致，而译文的语言形式与功能必须统一，即译文的语言功能必须实现，准确传递原文的信息。译者在掌握两种语言的同时，还要掌握好两种不同的文化和其他必要法律知识，这样才能在法律英语翻译过程中左右逢源。

5.2.2 法律文本中无主句的英译策略

无主语句又称零主语句，是指那些没有主语的句子。在汉语句子中，由于话题的需要，许多句子中不存在主语，但是其内在的逻辑关系十分明确，并不影响句子意思的表达。然而，在英语句子中，主语具有重要的作用，制约着谓语的形态，和谓语一起构成全句的核心结构。绝大部分英语句子都必须有主语。因此，在翻译汉语立法文本中的无主句时，应该根据原文的逻辑关系，变换句型，从原句中选择合适的成分作为译文句中的主语。

（1）译成被动语态

在法律翻译中，有人认为法律语言中应当避免被动语态，因为被动语态往往把主语省略或将主语置于句中并不重要的位置，易使人对法律的权利或者义务主体造成理解上的偏差。但在实际立法中，被动语态的使用往往不可避免。英语的被动语态在语言表达上能够客观公正地阐述事实，所以在法律语体中被大量使用，其目的是为了保持法律语言的准确性、客观性，避免主观臆断。因此，为了准确地传达意义和遵守法律英语表达规范的需要，可以把法律汉语无主句译成英语被动句，以更好地体现法律文体的高度正式性和客观性。

例 1. 不得以不合格产品冒充合格产品。

译文：No sub-standard product may be passed off as an up-to-standard one.

分析：可以解释为“(任何人）不得以不合格产品冒充合格产品”。

例 2.(经营者与消费者进行交易，) 应当遵循自愿、平等、公平、诚实信用的原则。

译文：(In transaction between business operators and consumers,)A principle of voluntariness, fairness, honesty and credibility shall be followed.

分析：此句可以解释为“(经营者与消费者）应当遵循自愿、平等、公平、诚实、信用的原则”。

例 3.(在特殊情况下，根据社会公共利益的需要，) 对外资企业可以依照法律程序实行征收，并给予相应的补偿。

译文：(However, under special circum stances when public interests require,)Enterprises with foreign capital may be requisitioned through legal procedures and appropriate compensation shall be made.

分析：可以解释为“(国家）对外资企业可以依照法律程序实行征收，并给予相应的补偿”。

对于上述例句进行翻译时，译者根据上下文可以判断，不说出规定中所涉及当事人并不损害原文的意思表达，因此采用了用英文的被动语态进行转换。这种译法不但更好地突出和强调行为动作的承受者，也使译文上下文连贯通顺。因此，在条件允许的情况下，用被动语态来翻译无主句不但不会损害原句的意思表达，还能更好表达原句的重点，并且语言形式上也符合法律英语的表达习惯。

(2)用名词或代词补出主语

由于法律所具有的严肃性和权威性，作为载体的法律语言在长期运用中形成准确、简洁、严谨、庄重的风格特点，是一种高度正式的语体。因此，在法律翻译中，对原文进行增删一向被视为大忌。但是随着法律翻译的发展，越来越多的实践证明，译者在不损害原文意义的情况下，可以对原文进行适当的增删以便使译文更好地符合目标语体的表达习惯。因此，将法律汉语中的无主句转换成英语时，除了使用上述第一种方法外，还可以根据上下文，找出其隐含着的主语，然后选择适当的名词或者代词补出主语，来构成一个完整的句子。这种增补主语的方法，使句子结构变成英语的“主谓结构”，符合英语语言的表达规范。

例 1. 拒绝、阻碍有关行政部门工作人员依法执行职务，未使用暴力、威胁方法的，由公安机关依照《中华人民共和国治安管理处罚条例》的规定处罚。

译文：...and those who refuse or hinder functionaries of the administrative departments concerned from performing their duties according to law, without resorting to violence or threats , shall be punished by public security organs in accordance with the stipulations of the Regulations of the People’s Republic of China on the Administrative Penalties for Public

Security.

分析：上述例句可以理解为“(任何人)在中华人民共和国境内从事产品生产、销售活动，必须遵守本法”。由于 anyone 用于肯定句中具有“无论是谁”的意思，“those who”等同于“people who”，相应汉语是“凡……的人”，故译文用该词正确传达了句子的意思，既准确传达所举例子中条文适用的主体，也体现了法律语言不带任何感情色彩的特点。

例 2. 特许权享有人外，任何人不得在指定建筑和场地上从事下列活动。

译文：It is unlawful for anyone other than an authorized employee or concessionaire to carry out any of the following activities within the specified buildings and grounds.

当然，除了 anyone 和 those who，在法律英语中主语表示人称泛指时也可用 a person，a person who 或者 each person who。

例 3. 任何人违反本条款属行为不当。

译文：A person violating this section is guilty of misdemeanor.

例 4. 中外合作者的一方转让其在合作企业合同中的全部或者部分权利、义务的，必须经他方同意，并报审查批准机关批准。

译文：If a Chinese or foreign party wishes to make an assignment of all or part of its rights and obligations prescribed in the contractual joint venture contract，it shall be subject to consent of the other party or parties and report to the examination and approval authority for approva1.

分析：主语是指中外合作者的一方，所以在汉译英后，加上“it”来指代“中外合作者的一方”，这一词语使句子结构完整，符合英语语法结构。

（3）将非主语成分转化为主语成分

在法律汉语中，成为主语的条件只有一个，即名词性，其他词类要做主语，必须通过构词变化变为名词。由于汉语缺乏像英语那样的主谓一致的标准，所以汉译英时，必须凭意思决定施受关系，再决定把某个成分或某个词转化为英语的主语成分。

例 1. 国家禁止或者限制设立外资企业的行业由国务院规定。

译文：Regulations shall be formulated by the State Council regarding the lines of business in which the State forbids enterprises with foreign capital to engage or on which it places certain restriction.

分析：此句中，译者将被动结构中“由国务院规定”中的动词“规定”，采用其在英语对应词“regulate”的名词形式“regulation”，并把该词作为全句的主语，可以说是一种非常巧妙的译法。

例 2. 设立企业，必须依照法律和国务院规定，报请政府或者政府主管部门审核批准。

译文：The establishment of the enterprise must conform to the law and the relevant provisions of the State Council，and the application for the establishment must be submitted to the government or the competent department of the government for examination and approval.

分析：译者把整个无主句“设立企业”作为全句的主语，并把汉语的动宾结构变成英语中名词短语，使得译文的语言结构简洁明了。

（4）用 it 做形式主语

在法律英语中，有一种特殊的结构，即“It is + past participle / adjective + that clause / to...”。在法律文件汉译英过程中，如遇到那些诸如“禁止”“严禁”或“不得做（某种行为）”等词为开头的无主句，可以采用“It is forbidden/prohibited to...”的句式进行汉英转换。另外，如遇到一些“确需”“必须”或“确有必要”引导的无主句，也可以采用“It is definitely necessary”或“It is really necessary”这样的句式结构进行翻译。

例 1. 不得安排女职工在怀孕期间从事国家规定的第三级体力强度的劳动和孕期禁忌从事的劳动。

译文：It is forbidden to arrange women workers or staff members during their pregnancy to engage in work with Grade Ⅲ physical labor intensity as stipulated by the State or other work forbidden to pregnant women.

例 2. 确需改变该幅土地建设用途的，应当经有关政府土地行政主管同意，报原批准用地的人民政府批准。

译文：Where is definitely necessary to change the purposes of construction on this land, the matter shall be subject to arrangement by the land administration department of the people's government concerned and be submitted for approval to the people's government that originally approved the use of land.

例 3. 为了帮助小麦生产者获得合理的价格，必须对内销和外销的小麦进行价格管制。

译文：It is necessary, in order to assist wheat producers in obtaining fair prices, to regulate the price of wheat used for domestic food and for exports.

无主句是汉语中常见的一种句型。对法律文本的无主句进行汉英转换时，可采用译成被动语态、补足主语、将非主语成分转化为主语成分和译成用 it 做形式主语的句子这四种方法。这些译法可以有效处理法律文献汉译英中大部分无主句的翻译工作，使得译文更加符合法律英语的表达习惯。应用这些方法的关键在于用英文逻辑理顺句子的大意，找到相应的主谓结构，然后决定使用主动还是被动语态。

5.2.3 法律英语中特定词语的翻译

立法文件的特定词语及翻译在立法文件中，经常使用一些特定的词语，进而形成了一些规定的语法结构。熟悉和把握这些特定词语的使用及翻译方法，对于提高立法文件的翻译水平大有裨益。

(1)subject to

在法律条文中,“subject to” 短语经常使用,“subject to” 可以翻译成 “根据……”“在……的条件下”“须受……限制/规限”“须经……” 等。

例 1. Declarations made under this Convention at the time of signature are subject to confirmation upon ratification, acceptance or approval.

译文：依本公约规定在签字时做出的声明，须经批准、接受或核准等方式加以确认。

例 2. Subject to its memorandum and articles, a company may make application to the Registrar in the approved form to change its name or its foreign character name.

译文：依公司组织大纲或公司章程，公司向登记官递交审批表申请改变公司名称或公司外文名称。

汉语法律条文中的 “根据……”“须经……” 一般也可以翻译为 “subject to”。

例 3. 投保人变更受益人时须经被保险人同意。

译文：The applicant may change the beneficiary subject to the consent of the insured.

例 4. 用工单位应当根据工作岗位的实际需要与劳务派遣单位确定派遣期限，不得将连续用工期限分割订立数个短期劳务派遣协议。

译文：The labor service unit shall confirm the time limit of dispatch with the labor dispatch unit subject to the actual need of the position, and shall not conclude several short term labor dispatch agreements by dividing a consecutive labor service period.

(2)where

在普通英语中 where 一般引导地点状语从句，在法律英语中，where 可以引导原因状语从句。一般可用 “凡……”“……的” 或 “如（果）……” 等来翻译。

例 1. Where under a contract of sale, the transfer of the property in the goods is to take place at a future time or subject to some condition later to be fulfilled, the contract is called an agreement to sell.

译文：买卖合同的货物所有权转移在将来的某个时间发生或在以后须附有某种条件才可以完成的，称为出售协定。

例 2. Where the name of a company is changed under section 21 or 22, the amendment of the company' s memorandum to state the new name has effect on the date of the change of name certificate.

译文：公司依第 21 或第 22 条变更公司名称的，声明新名称的公司组织大纲修订案在公司名称证书更换之日生效。

汉语法律条文中以 “……的” 表达 “如果” 的句子，也可翻译为 where 引导的条件状语从句。

例 3. 用人单位与劳动者在用工前订立劳动合同的，劳动关系自用工之日起建立。

译文：Where the employing unit and laborers conclude labor contracts before the use of labor services, the labor relationships shall be established from the date of use of labor services.

例 4. 拍卖所得扣除拍卖费用、罚款数额后尚有余款的，交通行政执法机构应当通知当事人领取。

译文：Where there is a balance left from the money gained in auctions after deduction of commissions and fines, the traffic administrative law enforcement organs shall notify the persons concerned to collect it.

（3）provided that

"provided that"是法律英语中的常见短语，主要有两种用法：第一，当"provided that"放在句首时，可以翻译成"如果……，在……前提下"，类似于 if 或者 when 引导的条件状语从句；第二，如果"provided that"之前有一个主句，该短语一般翻译为"但，但是"。

例 1. Provided that no unreasonable delay or hindrance is caused to the processes of investigation or the administration of justice, a person detained may communicate and consult with a legal adviser.

译文：在不会进行调查或对执法构成不合理延迟或阻碍的前提下，被拘留者可与一名法律顾问通讯和商议。

例 2. A party who is bound to take steps to preserve the goods may deposit them in a warehouse of a third person at the expense of the other party provided that the expense incurred is not unreasonable.

译文：有义务采取措施以保全货物的一方当事人，可以把货物寄放在第三方的仓库，由另一方当事人担负费用，但该项费用必须合理。

汉语法律条文中的"但书"条款，也可以翻译为"provided that"。例如：

例 3. 反补贴调查，应当自立案调查决定公告之日起 12 个月内结束；特殊情况下可以延长，但延长期不得超过 6 个月。

译文：An investigation into anti-subsidy trade measures shall be completed within 12 months of the date on which the decision to initiate the investigation is announced; under special circumstances, the time limit may be extended, provided that no extension shall exceed 6 months.

例 4. 商务部应当允许申请人和利害关系方查阅本案有关资料；但是，属于按保密资料处理的除外。

译文：Ministry of Commerce should allow the applicants and interested parties to look up the information relating to the investigation, provided that the information is confidential ones.

（4）without prejudice to

在立法文件中，“without prejudice to”一般翻译为“在不损害……的原则下”，“在不影响……的情况下”，或者直接翻译为“不妨害”，“不影响”。

例 1. If a party fails to pay the price or any other sum that is in arrears, the other party is entitled to interest on it, without prejudice to any claim for damages recoverable under Article 74.

译文：如果一方当事人没有支付价款或任何其他拖欠金额，另一方当事人有权对这些款额收取利息，但不妨碍其按照第七十四条规定主张可以取得损害赔偿。

例 2. Where the seller expressly reserves the right of resale in case the buyer should make default, and on the buyer making default resells the goods, the original contract of sale is rescinded but without prejudice to any claim the seller may have for damages.

译文：卖方如果在买方未能履行法律义务情形下明示保留再出售权，而未能履行法律义务的买方将货物再出售时，原始的买卖合同解除，但不影响卖方可能对买方提起的损害赔偿之诉。

（5）otherwise

在立法文件中，otherwise 经常与 unless、or、than 等词语连用。unless otherwise 一般译为“除非……”“……的除外”，通常有：or otherwise 一般译为“或以其他（手段）”；otherwise than 一般译为“或其他 / 除非”。

例 1. Unless otherwise agreed, the goods remain at the seller’s risk until the property in them is transferred to the buyer, but when the property in them is transferred to the buyer the goods are at the buyer’s risk whether delivery has been made or not.

译文：除非另有协议，货物的风险直到货物所有权转移至买方才从卖方转移至买方；但如货物所有权转移至买方的，不论交付行为是否做出，风险均转移至买方。

例 2. Any person who by threats, persuasion or otherwise induces a witness or a party not to give evidence in any hearing before the Board commits an offence.

译文：任何人藉恐吓、怂恿或以其他手段诱使证人或一方当事人不在仲裁处聆讯中作证，即属犯罪。

汉语法律条文中的“另有规定除外”，可以翻译为“unless otherwise regulated/ provided by/ specified”；其他诸如“除非信用证另有规定”可译为“Unless otherwise stipulated in the Letter of Credit”；“除非合同另有规定”可译为“Unless otherwise specified in the contract”；“除非合同双方另有协议”可译为“Unless otherwise agreed by the Parties to the Contract”；“除非本法另有规定”可译为“Unless otherwise provided by the Law”。

例 3. 因不可抗力不能履行合同或者造成他人损害的，不承担民事责任，法律另有规定的除外。

译文：There is no civil liability for nonperformance of a contract or for damage done to someone, owing to force majeure unless otherwise regulated by law.

例 4. 本法总则适用于其他有刑罚规定的法律，但是其他法律有特别规定的除外。

译文：The General Provisions of this Law shall be applicable to other laws with provisions for criminal punishments, unless otherwise specifically regulated by other laws.

（6）for the purpose of

"for the purpose of"可以翻译为"为了……目的""为实施 ×× 条""就……而言""本法 / 条例所称……"。

例 1. For the purposes of this Act, goods are of satisfactory quality if they meet the standard that a reasonable person would regard as satisfactory, taking account of any description of the goods, the price（if relevant）and all the other relevant circumstances.

译文：就本法而言，如果货物的任何说明、价格（若相关）以及其他相关情况能达到让普通人满意的标准，则它就是令人满意品质的货物。

在汉语法律文件中，一般都会在第一条中明确立法目的，可以使用"for the purposes of"来表达其中的"为了……"部分，例如：

例 2. 为了扩大对外开放，发展对外贸易，维护对外贸易秩序，保护对外贸易经营者的合法权益，促进社会主义市场经济的健康发展，制定本法。

译文：This Law is promulgated for the purposes of enhancing the opening up to the outside world, developing foreign trade, maintaining order in foreign trade activities and promoting a healthy development of socialist market economy.

例 3. 为了规范公司的组织和行为，保护公司、股东和债权人的合法权益，维护社会经济秩序，促进社会主义市场经济的发展，制定本法。

译文：This Law is enacted for the purposes of regulating the organization and operation of companies, protecting the legitimate rights and interests of companies, shareholders and creditors, maintaining the socialist economic order, and promoting the development of the socialist market economy.

5.2.4 课后练习

（1）请完成下列句子的翻译。

①Court actions fall into two broad categories—civil and criminal.

②The resale of cultural relics in private collections at a profit shall be strictly forbidden.

③ 被告须支付小孩的学费，直至小孩满 18 岁为止。

④ 本公约须经签署国批准、接受或者核准。

⑤ 在平等互利的基础上发展国际贸易，是促进各国间友好关系的一个重要因素。

（2）请用合适的翻译策略，完成下面语段的翻译。

禁止任何人利用任何手段扰乱社会秩序。扰乱社会秩序情节严重，致使工作、生产、营业和教学、科研无法进行，国家和社会遭受严重损失的，对首要分子处五年以下有期徒刑、拘役、管制或者剥夺政治权利。

5.3　译例分析与举隅

5.3.1 译例分析

Deed of Covenants and Guarantee

To: XXXXX Finance（H.K.）Limited

XXXXX Securities（H.K.）Limited

In consideration of your granting and/or continuing to make available ①advances, credit facilities or other financial accommodation for so long as② you may think fit, to... of...（“ the Customer”）the undersigned（“Covenantor”）of...as primary obligor and not merely as surety, hereby irrevocably and unconditionally guarantees and will procure, punctual payment to ③you, on the respective due dates, ④of all moneys which are now or may at any time hereafter be or become from time to time due or owing to you by the Customer anywhere, or in respect of which the Customer may be or become liable to you, whether on any account or otherwise in any manner whatsoever（in all cases whether alone or jointly with any other person, and in whatever style, name or form, and whether as principal or surety）, in each case at the time, in the place and in the manner required of other Customer, and including（without limitation）the amount of any loans, acceptances deferred payments or other credits or advances made to the Customer or others, for the accommodation or at the request of the Customer, and of any notes or bills, made, accepted, endorsed, discounted or paid, and of any liability under guarantees, indemnities, contracts ⑤（spot and forward）, documentary or other credits or any instruments whatsoever, from time to time assumed or given by or entered into by you for at the request of Customer, together with interest to date of payment at such rates and upon such terms as may from time to time be payable by the Customer（or which would have been so payable but for the death, bankruptcy, liquidation, winding-up or other incapacity of the Customer）, commissions, dis counts, fees and other charges, all disbursements and all expenses incurred by you in relation to the Customer, or the preparation or enforcement of any guarantees or securities for any moneys, obligations or liabilities hereby guaranteed, including all legal costs and all other costs and expenses, penalties or expenditure on a full indemnity basis.

The Covenantor hereby undertakes to procure that the Customer will comply with all the

Customer' s obligations to you, ⑥the beneficiaries of this deed, (jointly and severally) but should the Customer default in the payment when due of any payment or default in complying with any other obligation, the Covenantor will, without the need for any demand, make immediate payment or performance thereof as the case may be, at the place, in the funds and currency and/or in the manner required of the Customer and without any withholding or deduction whatsoever PROVIDED ALWAYS HOWEVER that no time for limitation of liability in respect of this Deed shall begin to run in favor of the Covenantor unless and until one or both of you shall have made demand on the Covenantor, and if more than one demand is made, then only from the date and to the extent of each demand respectively.

契诺及担保书

致：×××××财务（香港）有限公司

×××××证券（香港）有限公司

鉴于贵方在认为合适的情况下批准及 / 或继续向________的________【“客户”】预付款额、提供信用贷款或其他融资安排，本文件签署人【“订约人”】作为首要债务人（而不仅仅是担保人），兹不可撤销及无条件的保证并督促并促致：客户在其所欠负的所有款项的各自到期之日准时向贵方支付欠款；该等欠款是客户无论在何处、现时或日后在任何时间里不时欠负贵方之款项；或该等欠款是客户可能和将要欠负与贵方的不论是在客户户口上的，或是在其他任何形式的账户上的（包括所该等所有情况，即不论是客户单独开设的或与他人共同开设的户口，也不论客户以任何方式、名义或形式及是否以本人或担保人名义开设的户口），在每种情况下都是根据客户要求的时间、地点及形式而欠负贵方的；该等欠款还包括（但不限于）为客户融通票据所需或因客户之要求而由贵方向客户或其他人士提供的任何贷款、承兑金额、延期之付款或其他信贷或预付款，以及贵方为了客户或根据客户要求不时出具、接受、背书、贴现或支付的任何票据或汇票之款额，或因贵方为客户担保、赔偿、履行期货合约（即期及远期）、兑现跟单或任何其他信用证而承担的任何债项之款额，其中包括客户按照有关利率及条款不时需要支付的（本来应付、但因客户死亡、破产、清盘、结业或其他无行为能力的原因而未支付的）、截止付款日之利息、佣金、贴现费及其他费用，以及贵方因客户或为准备或执行本契约所保证的有关欠款，义务或债务之担保书或保证书而招致的所有费用、开销，包括需要根据实报实销原则偿还的所有的律师费及所有的其他开支、费用、罚款或花费。

订约人兹保证：促致客户履行其对贵方，及本契约之共同或单独受益人，所有应尽之义务。但假如客户未支付任何到期的款额或未能履行任何其他责任，订约人将在无须要求的情况下，在对客户指定的地点以及所要求的资金及货币形式及 / 货付款方式，立即做出支付或履行有关的付款责任（根据具体情况而定），所付款额不得有任何扣留和减少。但除非组成贵方之一公司或两公司已经向订约人提出要求，否则有关本契约之债务时效任何时候都不按有利于订约人一方的方式开始计算；如果贵方向订约人提出以上一项以上的要求，则分别按每项要求提出的日期及具体状况计算债务时效。

译例分析：

①“advances”，可译为“预付款项”“垫款”，仅从所要表达的意思的角度来看，两种译法差别不大，但考虑到该文本属于法律文件，用词力求严谨、正式，“垫款”这种译法就显得太过口语化了。

②“you”在法律文体中多译为“对方”或“贵方”，不仅是出于习惯，也是一种专门用语。

第一段仅由一个长句构成，修饰成分众多，从属成分层层扩展，句式结构十分复杂。但仔细分析该句之后，不难发现，句子的主干十分简单“...hereby irrevocably and unconditionally guarantees and will procure, punctual payment to you, on the respective due dates, of all moneys...”，句子的后半部分都是④“all moneys”的修饰语。译文采用了一个汉语长句，充分体现了原文的逻辑关系，利用几个小分句，完整地传达出了原文中的所有信息，结构严谨，表意清晰。

法律文体措辞方面，可以很清楚地看到，无论英语还是汉语法律篇章，用词都要求极其规范、正式、庄重和书面语化，如⑤“spot and forward”（即期及远期），⑥“the beneficiaries of this deed ,（jointly and severally）”（本契约之共同或单独受益人）等，避免了非正规和口语化的表达。

为了明白无误地表达法律条文的含义，杜绝漏洞和误解的出现，很多概念或表述在上文已出现过的情况下，下文一般不会用代词去替代它们，而是不断重复所指概念或表述。

从衔接手段来看，第一段中，对于“all moneys”进行了大量修饰，每个修饰语都是一句以“which”引导的定语从句，“which”确定了定语从句与“all moneys”的修饰关系，但翻译时“which”却并无实际含义。译文中使用了重复手段来处理这一问题，把关系代词“which”用“该等欠款”代替，强调了各个修饰成分与“所有款项”的从属关系。法律文体绝大部分是以完整句式来表达的。翻译法律文体时，为了避免出现漏洞，强调句与句、段与段之间的联系，应该尽量避免句子成分的省略，大量使用重复手段。

5.3.2 译例举隅

中华人民共和国未成年人保护法

第一章 总则

第一条 为了保护未成年人的身心健康，保障未成人的合法权益，促进未成人在品德、智力、体质等方面全面发展，把他们培养成为有理想、有道德、有文化、有纪律的社会主义事业接班人，根据宪法，制定本法。

第二条 本法所称未成年人是指未满十八周岁的公民。

第三条 国家、社会、学校和家庭对未成人进行理想教育、道德教育、文化教育、纪律和法制教育，进行爱国主义、集体主义和国际主义、共产主义的教育，提倡爱祖国、爱人民、爱劳动、爱科学、爱社会主义的公德，反对资本主义的、封建主义的和其他的腐朽思想的侵蚀。

第四条　保护未成年人的工作，应当遵循下列原则：

（一）保障未成年人的合法权益；

（二）尊重未成人的人格尊严；

（三）适应未成人身心发展的特点；

（四）教育与保护相结合。

第五条　国家保障未成年人的人身、财产和其他合法权益不受侵犯。

保护未成年人，是国家机关、武装力量、政党、社会团体、企业事业组织、城乡基层群众性自治组织、未成年人的监护人和其他成年公民的共同责任。

对侵犯未成人合法权益的行为，任何组织和个人都有权予以劝阻、制止或者向有关部门提出检举或者控告。

国家、社会、学校和家庭应当教育和帮助未成年人运用法律手段，维护自己的合法权益。

第六条　中央和地方各级国家机关应当在各自的职责范围内做好未成年人保护工作。

国务院和省、自治区、直辖市的人民政府根据需要，采取组织措施，协调有关部门做好未成年人保护工作。

共产主义青年团、妇女联合会、工会、青年联合会、学生联合会、少年先锋队及其他有关的社会团体，协助各级人民政府做好未成年人保护工作，维护未成年人的合法权益。

第七条　各级人民政府和有关部门对保护未成年人有显著成绩的组织和个人，给予奖励。

Law of the People's Republic of China on the Protection of Minors

Chapter I General Provisions

Article 1 This Law is enacted in accordance with the Constitution for the purpose of protecting the physical and mental health of minors, safeguarding their lawful rights and interests, promoting their all-round development—morally, intellectually and physically, and training them into successors to the socialist cause with lofty ideals, sound morality, better education and a good sense of discipline.

Article 2 Minors as used in this Law refer to citizens under the age of eighteen.

Article 3 The State, society, schools and families shall educate minors in ideals, morality, culture, discipline and legal system as well as in patriotism, collectivism, internationalism and communism, foster among them the social ethics of loving the motherland, the people, labour, science and socialism, and fight against the corrosive influences of bourgeois, feudal and other decadent ideologies.

Article 4 The protection of minors shall follow the following principles:

(1) Safeguarding the lawful rights and interests of minors;

(2) Respecting the personal dignity of minors;

(3) Fitting in with the characteristics of minors' physical and mental development;

(4) Combining education with protection.

Article 5 The State shall protect the rights of the person and property as well as other lawful rights and interests of minors from violation.

To protect minors is the common responsibility of State organs, armed forces, political parties, social organizations, enterprises and institutions, self-governing organizations of mass character at grass-roots levels in urban and rural areas, guardians of minors and other adult citizens.

Any organization or individual shall have the right to dissuade or stop any act encroaching upon the lawful rights and interests of minors, or report to or complain before a department concerned there against.

The State, society, schools and families shall educate and help minors to safeguard their lawful rights and interests by legal means.

Article 6 State organs at the central and local levels shall, within the scope of their functions and responsibilities, ensure the protection of minors.

The State Council and the people's governments of the provinces, autonomous regions and municipalities directly under the Central Government shall adopt organizational measures according to needs to coordinate the departments concerned in their efforts to ensure the protection of minors.

The Communist Youth League organs, women's federations, trade unions, youth federations, students' federations, young pioneers' organizations and other social organizations shall assist the people's governments at various levels in ensuring the protection of minors and safeguarding their lawful rights and interests.

Article 7 The people's governments at various levels and departments concerned shall give awards to organizations and individuals that have made outstanding achievements in the protection of minors.

5.3.3 课后练习

（1）请将下面英语翻译成汉语，注意用词和表达。

Introduction to Court Organization in the United States

Court organization in the United States is complicated by the form of government, federalism. Instead of a single, unified court system such as exists in Great Britain or France, the United States actually has fifty-one court systems—the federal courts and the courts of the fifty individual states. The United States Congress and the state legislatures are free to organize their respective court system to meet their own needs. Not only is the federal court structure different from those in the states, but there is also tremendous diversity among the individual states. A trial court might be called a district court in one state, a superior court in another, and a supreme court in yet another. Most states have a single supreme court; two states, Oklahoma and Texas, have two courts of last resort—one for civil appeals and one for criminal appeals. Such diversity makes it difficult to generalize about the "typical" state court system. Each state is free to determine for itself what behavior is forbidden, and each is free to establish reasonable punishment for defined crimes. Consequently, two states may have entirely different definitions of the same criminal act and two entirely different penalties for it.

（2）请将下面汉语翻译成英语，注意用词和表达。

矫正的理念来自于刑事实证学派，在刑事古典学派那里是没有矫正可言的：报应主义强调的是惩罚，而功利主义强调的是威吓。在这种情况下，刑罚只不过是惩罚的手段与威吓的工具。刑事实证学派，尤其是刑事社会学派，以李斯特的教育刑思想而闻名于世。在教育刑思想中，就包含了对犯罪人进行矫正的理念。李斯特曾言："矫正可以矫正的罪犯，不能矫正的罪犯不使为害。"尽管李斯特对于如何对罪犯进行矫正并未深入论述，但我们将李斯特称为矫正理念的首倡者并不为过。相对于报应刑与威吓刑的思想，矫正的理念赋予刑罚以更为积极的意义。基于矫正的理念，罪犯不再是简单的刑罚客体，而且是矫正的对象。尽管并非所有的罪犯都能够通过矫正成为守法公民，但至少对于可矫正者来说，这种使其重新做人的效果是可期待的。因此，矫正的理念使刑罚不仅是排害之器，而且成为致善之道。

★ 跨文化小贴士 ★

英汉习语中所反映的环境差异

习语的形成与人们的劳动生活密切相关。由于自然环境和地理上的差异，中国人和西方人对同一词汇的理解、联想也有所不同。英国是一个岛国，人们的生活以航海打渔为主；而中国是一个内陆国家，地处亚洲大陆东部，幅员辽阔，地处北温带，气候比较温和，人们的生活与土地有着不可分割的关系。在形容一个人非常奢侈浪费时，英语是“spend money like water”，而汉语是“挥金如土”。中国有许多名山大川，因此有许多与山有关的成语，如“安如泰山”，“开门见山”，“江山易改，禀性难移”及“留得青山在，不愁没柴烧”等。而在英语中则有许多有关于船和海的习语，在汉语中找不到与之完全对应的习语。如“all at sea”（不知所措），“in deep water”（陷入严重困境），“when one’s ship comes home”（当某人发财时），“water under the bridge”（无法挽回的过去），“be of the first water”（第一流的）等。而且，地域不同，各地自然景观亦各有特点，具体反映在语言上也有所不同。在用自然景观或物体来做比喻时，语言间就存在着明显的差异。如在汉语中有“有眼不识泰山”“不到黄河心不死”“不到长城非好汉”等。而在英语中则有“All roads lead to Rome（条条大路通罗马）”“Take a French leave（不告而别）”，“Carry Coals to Newcastle（把煤送到纽卡斯尔，此地盛产煤，意为多此一举）”，“go Dutch（AA 制）”等。

第6章　商贸英语翻译

6.1　概述

6.1.1 商贸英语翻译的概念

商务英语（Business English）是属于专门用途英语的范畴，具有十分丰富的商务理论及实务信息，它涉及外贸函电、经济管理、国际支付与结算、市场营销、现代物流、金融财政、财务会计、涉外保险、报关实务、贸易合同等商贸活动。在这些涉外商务领域中所使用的英语一般统称为商务英语，它是商务沟通的必备语言，具有明确的商务特色。商务英语一般具有专业化、简单化和针对性较强的特点，同时具有较强的实用性，所以在国际贸易上商务英语翻译发挥着重要的作用，尤其对于书面谈判而言更为重要。

不同国家所具有的科技发展水平会有所不同，一般经济越是发达，科技就会越进步，国际贸易虽然是不同国家之间的商业活动，但是科技作为推动社会进步的主要力量，在国际贸易中同样发挥着重要作用。通过国际贸易可以增强不同国家之间的科技交流，实现信息的共享，从而实现科技全球化的发展目标。而要实现科技共享就必须依靠商务英语翻译的支持，只有弄清信息的基本内涵才能使对方更好地了解产品，才能避免因理解错误而影响正常的合作。另外，在合作的过程中，对于商务英语的翻译而言，任何的理解错误都有可能导致合作的失败，影响科技成果的共享。所以，商务英语翻译有助于科技成果的共享。除此之外，商务英语翻译有助于国际贸易的成功。国际贸易的开展不仅能够为合作双方创造一定的经济效益，还会加强对彼此的了解和信任，从而建立良好的社会关系，甚至会推动两国关系的进一步发展，所以国际贸易成功与否将直接影响企业甚至是国家之间的关系。而要提高国际贸易的成功率，就必须借助商务英语翻译的帮助，所以准确的翻译能够为谈判创造良好的氛围，增强合作双方对彼此的认可，同时准确的商务英语翻译可以清楚地表达自身的诉求，更好地了解对方的需求，增进合作的可能性。最后，准确的商务英语翻译能够给人舒服的感觉，准确恰当的翻译能够提升合作双方的友谊，有助于合作的成功。所以，商务英语翻译员在贸易谈判中的应用需要掌握一定的方法和技巧，在对语言和表达的流畅性方面要把握好方式方法。作为一名成功的英语翻译员，需要熟练掌握多种翻译技巧，并能在实际应用的过程中灵活转变，从而使翻译的效果更佳。尤其对于商务英语翻译而言，翻译质量将直接影响合作的效果，更应该加强对翻译技巧的使用，根据实际的翻译过程选择恰当的方法，在必要的情况下还要能将不同的方法进行巧妙的结合，不断强化翻译效果。

6.1.2 商务英语翻译的特点

（1）商务英语具有较多的专业术语

商务英语涉及一定的专门知识，有自己特有的行业术语和表达方式。因此，翻译商务英语文件时，译者首先要具有一定的商务专业知识。比如，在翻译商务信函时，译者应该了解价格术语，如 CIF，FOB，CFR 的含义。对于商品的品名、装运、品质、价格、包装、商检、保险、索赔、支付、合同、不可抗力、仲裁、谈判等术语要有清楚的概念，避免翻译时外行话连篇。如果没有专业知识，即使每个单词都认识，也是不能保证翻译准确无误的。

（2）商务英语应用于不同专业领域表达不同词义

在商务英语翻译中，译者还应注意一词多义的现象，在不同的商业业务范畴内，一个词与不同的词搭配，具有不同的词义。例如“interest”一词，由于行业背景的不同，其意义也大相径庭。可以译成“对什么产品、品牌感兴趣”“被保险的货物”或是“利息”。

（3）商务英语中普通单词有外贸词义

在商务英语函件中，除了大量涉及商贸活动的专业词汇外，还有一些词汇的翻译是需要译者特别注意的，例如下面句子中画线部分单词的含义：

We wish to cover the goods against All Risks.

译文：我们对该货物投全险。

在商业信函中，尤其是保险业务中，“cover”是“对……投保”的意思。

（4）商务英语翻译有特定惯用套语

由于商务英语与商务活动有着密切的联系，用词用语约定俗成，含有特定的惯用套语。翻译时应尽量使译文在风格上符合商务文体，易为商务人员所接受。

（5）商务英语中的数字翻译

在商务英语中，数字出现的频率比较多。英语在数字的表达上与汉语习惯不同，翻译时必须遵循译入语的数字表达习惯。换算时一定要谨慎，避免出错。例如，英汉两种语言在“千”以上便没有相对应的数量单位。翻译数字时还需要特别注意和数字有关的动词、形容词、介词、副词。在英译汉时还要注意“增加了几倍”和“增加到几倍”之间的区别，不能混用。

（6）商务英语措辞委婉

商务活动要求参与方要有礼貌，所以语气大多都比较委婉。翻译者可以在准确表达语义的前提下采用各种翻译方法使译文更有利于对方接受。

例 .It’s requested by the Import and Export Department to inform you that the 1,000 metric tons of walnut ordered from your company in August 10 have not been delivered. Will you be so kind as to institute enquires concerning it delivery?

译文：进出口部门要求我们通知贵方，8 月 10 日在贵公司订购的 100 吨核桃至今尚未发运，能否请贵方过问一些发货事宜？

从以上的翻译可以看出，即便是电邮投诉性质的文本，措辞行文都比较温和，句式主要采用将来时态或被动语态等，以委婉的方式提出的请求更容易被接受。所以，商务英语翻译人员在进行翻译的过程中也要注意表现出委婉客气的特点。在商务环境的文化中，无论是洽谈还是电邮，都要遵循礼貌原则（courtesy principle）。比如，以人称的翻译为例，在表达积极正面的看法和态度的时候用第一人称，而大部分时候用 we 而不是表示单数概念的 I。在涉及允诺及要求时用第二人称 you 会表明己方对对方的重视和尊重，重点说明了从对方的利益和观点出发。所以，不同人称的表达会给交易的对方带来不一样的效果。

总的来说，商务英语是以满足职场需求为目的，内容涵盖商务活动全过程，它以语言为载体，把核心的商务内容放到其中，以职场人员和即将迈入职场的人员为目标，以商务活动中常用英语为重点的一种培训。商务英语的特点主要在于其教学的口语化、专业化和较强的针对性。归根到底，实用性是商务英语最大的特点。作为专门用途英语的商务英语具有与普通英语不同的特点，有其独特的特点。在使用上有其显著特色，主要表现在文体、语言和文化意识方面。以上只是对商务英语翻译中常见的一些特点进行初步分析，商务英语的翻译特点绝不只是局限于以上几个方面，还有其他一些因素，如中英文化、思维方式的差异，翻译者中英文两种语言理解和驾驭能力不够，同时伴随着经济生活丰富多彩的景象，许多前所未闻的相关词汇和名称也纷至沓来。在翻译商务英语内容时，应了解商务英语的特点，熟悉外贸术语，及时吸取新的专业知识，掌握丰富的英语语言知识和外贸专业知识，尽可能消除交际中种种障碍，从而达到准确、忠实传递信息的目的。

6.1.3 商务英语翻译中的“变通原则”

（1）“变通原则”在商务英语翻译中的表现

遵循“变通原则”的目的在于将内容用同义表述出来的同时保证内容的价值与真实性。商务英语用途较广，翻译的准确性直接影响到双方贸易是否可以顺利进行，变通原则在商务英语翻译中的应用能够提高翻译的准确性，合理使用商务用语并把握商务原则，是在商务英语翻译过程中必须要坚持的。在商务英语翻译中变通原则主要表现在以下三个方面。

① 准确的言辞表达。

商务英语的表达必须标准，因此要保证用词的准确性与得体，翻译既要能够将句子的意思完整地表达出来，又要能够反映出风俗与文化信息。商务英语的阅读者一般都是贸易或合作双方，言辞表达的准确性对贸易或合作的进展有着重要的影响。在言辞表达上的变通原则主要表现为适当运用翻译技巧，保证翻译的严谨与科学，提高翻译效果。

② 对文化差异的尊重。

语言属于文化的一部分，因此通过语言可以在某种程度上预见一个国家的文化。中西方文化间存在着较大的差异，这种差异在语言表达上也十分明显，例如在我国大家都知道“龙”象征着吉祥、权力，在我国封建时期“龙”就象征着皇帝，皇帝经常会拿龙来装饰服饰或者宫殿等。然而在西方，“龙”却象征着邪恶、是魔鬼撒旦的化身，而“老虎”却是吉祥、权力的代表。再比如，“狗”这个词，在中国语言中常以“狗”代替坏人、坏事，如狐朋狗友；而英语中则以“dog”一词表示幸运、友善，如“lucky dog”是“幸运儿”的意思。仅此我们就可以看出中西文化的巨大差异，更不用说那些烦琐的细枝末节。因此商务英语翻译人员应当对不同国家的文化背景进行了解，在商务英语翻译中以变通原则为基础，尊重不同文化背景之间的差异，翻译人员不能仅从字面意思进行翻译，应当深入了解其中的内涵，避免出现词不达意或者表意错误的情况。

③ 不同类型的文本翻译。

商务英语涵盖的内容较多，其应用的文本类型包括商务广告、商务会谈、商务信函、国际会议等，不同类型的文本有不同的用途，因此在翻译过程中应当遵循变通原则，以不同的标准翻译不同的文本，并尊重商务开展的文化背景与社会环境，保证翻译的实用性与多样性。

（2）“变通原则”在商务英语翻译中的应用

① 商务信函。

商务信函在商务中的应用也较为广泛，作为交往的信函，其翻译虽然不需要将原文一字一句地翻译出来，但是应当将原意完整地表达出来，不得遗漏细节，需将事实规范地传达给对方。作为信函，应当注意谦辞与敬辞的使用，即要注意使用礼貌用语，例如“贵公司”“敬请”“thanks”“please”等，这样能够让对方感觉亲切与尊重，以便于贸易合作的顺利展开。另外，商务信函中常常会涉及一定的商务专业用语，在翻译的过程中一定要注意严谨性与专业性，例如“保税区”一词，如果将其翻译成“tax free area”，很容易被误解为“免税区”，因此为了保证表达的准确性，应当将其译为“bonded area”。总的来说，信函的表达一定要简明扼要，重点突出。

② 商务广告。

商务广告的翻译要兼具功能性与艺术性，语言是广告中的重要组成部分，优秀的广告语言能够给人以感染力，使消费者对商业产品或服务产生认同感，最终达到商品出售的目的。商务广告翻译时要注意既要将产品的特点、功能等主旨表达出来，又要保证语言能够有丰富的感染力，能够提高消费者兴趣，使消费者愿意购买相关产品。广告除了具有经济因素外，还具有浓厚的文化因素，不同文化背景、不同地区的消费者对语言的感知情况是不同的，因此在翻译的过程中应当掌握方法与策略，在变通原则的指导下，商务英语翻译人员应当从消费者心理、广告意图、原文、文化背景等众多角度出发，分析如何进行准确合理的翻译。

③ 商标。

产品的符号化表现形式即为商标，商标的翻译要注重创新，商标不仅代表着产品形象，更代表着企业的形象，这一形象影响着消费者对产品与企业的印象，因此其翻译准确恰当十分重要。对商标的翻译既可以采取音译法，也可以采用谐音法，不必苛求单词的本义，例如福特（Ford）、奔驰（Benz）、舒肤佳（Safeguard）等，这些产品的音译不仅简单好记，同时还将产品的性能在一定程度上呈现给了消费者，翻译技巧极高。

④ 商务合同。

商务合同是保证商务贸易有效性的重要凭据，具有一定的法律效力，合同中会涉猎较多的条文款项，涉及专业性较强的术语以及法律条文，因此其翻译工作对准确性的要求极高，一旦出现歧义或表意不清的情况就很容易导致贸易纠纷甚至是法律纠纷的发生。所以商务英语翻译人员需要谨慎翻译，运用自己所学的翻译知识将商务合同内容准确无误地翻译出来。

总体而言，商务英语具有极强的专业性，且贸易双方在文化背景等方面存在较大的差异，为了保证翻译的有效性，应当在翻译工作中遵循“变通原则”，掌握言辞、文化方面、文本类型的特点，提高翻译的规范性与专业性。

6.1.4 课后练习

请将下列句子翻译成汉语。

① It is not surprising, then, that the world saw a return to a floating exchange rate system. Central banks were no loner required to support their own currencies.

② Assuming the laboratory tests go well, and you can quote us a competitive price, we would certainly be able to place more substantial orders on a regular basis.

③ Chinese researchers have made a breakthrough in developing new materials for nickel-hydrogen batteries used in low temperatures.

④ Since the initiation of economic reforms in the late 1970s, China has achieved impressive economic growth coupled with significant structural transformation.

⑤ The financial information provided by an accounting system is needed by managerial decision makers to help them plan and control the activities of the economic entity.

6.2 译技讲解

6.2.1 商贸英语的翻译策略

（1）准确严谨

由于商务英语的经济性，在商务英语翻译中，准确性是其最为重要的原则，如果混淆了此句的意思，没能准确地表达出原文所要表达的意思，那么将会引起经济或者财务纠纷，引起不必要的麻烦，带来不必要的损失。因此在商务英语翻译当中，翻译者应该严格遵循准确性的原则，将其作为第一准则。所以，在进行商务英语翻译时，不仅要运用准确而且忠实的语言将原文的内容表达出来，还要让读者在阅读的过程中，能够获得与原文内容相同的信息，即信息等值。这就要求翻译者在翻译的过程中，要对词汇以及相关概念进行准确的掌握，尤其是一些单位和数字一定要精确。相比其他类型的翻译语言，商务英语的翻译更重视内容的忠实与准确，也只有这样才能够实现商务英语翻译的目的。所以在商务英语翻译当中，由于双方的利益与相关的信息有密切联系，签订的合同以及涉及的各项条款也是合同双方必须要履行的，具备很大的法律约束力，因此，商务英语翻译者在翻译当中要做到用词严谨及准确。与此同时，只有完整的译文，双方所签订的合同才是合理准确的，这就需要商务英语的翻译者在翻译中英文合同文本时，要适当融入些许原本暗含的内容，这样不仅可以确保合同的准确性及严密性，还能够让合同读起来更加清晰和完整，也可以为读者准确全面地掌握合同内容提供极大的便利。但是，商务英语在词汇上的最大特点是专业词汇量大，其中所包含的大量专业是具有商贸意义的复合词、普通词和缩略词，其语言有非常强的专业性，所以一定要准确知晓其中真实含义。

例 1.The amount and date of negotiation of each draft must be endorsed on the reverse side by the negotiating band.

译文：每份汇票的议付金额与日期必须由议付行在本证背面签注。

分析：该句中“negotiation”普通的意思是“谈判，协商”，而在此处的国际贸易结算商业用语中，意思是“议付”，“date of negotiation”意思是“议付日”。“draft”的一般意思是“草稿，草案”，但此处意思是“汇票”。此外，这类特殊意义词的其他形式也具有特殊的商业意义，如形容词“negotiable”，“negotiable amount”是“可议付的金额”，“negotiable letter of credit”意思是“可转让信用证”。所以“negotiable”在不同的搭配中具有不同的意义。

例 2.If a particular cargo is partially damaged，the damage is called particular average.

译文：如果某批货是部分受损，我们称为“单独海损”。

例 3.Its obvious that the products are below the average quality.

译文：很明显，这批产品的品质是中下水平。

分析：这两句话中的“average”一词在意思上具有明显的差异。第一句中“average”

权威部门在专业术语和在概念方面有统一的规定。作为一名商务翻译者，不懂金融学的人会把“bank balance”和“insurance policy”分别译成“银行平衡”和“保险政策”，而正确的译文是“银行余额”与“保险单”；没有接触过国际金融贸易的人也不知道“more or less clause”为“溢短装条款”。

所以在遵循准确性原则的基础上，译者在翻译的过程中也应该应用一些特定的专业套语，使其翻译的商务文件和信函更具有专业水准。例如，在商务英语中大量使用的古语词，在翻译过程中就要用目标语中相对应的古语词来表示。此外，商务信函是一种公对公的正式信函，属于公文体，在措辞、语言机构方面比较规范、正式，除了具有许多专业的术语外，还有其固定的惯用套语，特别是正式信函具有明显的书面语风格。如在商务信函中，如果将“dear sir”翻译成“亲爱的先生”，那就会有失正式，也不合乎公函就汉语的表达习惯，可译为“尊敬的先生”。以下是一些常见的商务信函开头、结尾以及表示感谢和歉意的汉语套语：

We are writing to inform you that... 特此奉告 / 函告……

In reply to your letter（date）...，I... 兹复你方（日期）的……来函，……特此致函

We would like to apologize for... 对……谨表歉意

If/Should you have any queries/enquiries... 如有疑问 / 如欲查询……

We would appreciate/should be obliged for an early reply. 如蒙早日赐复，不胜感激。

（4）文化趋向性原则

语言是某种特定文化的客观反映，与文化有着不可分割的关联。商务英语自然也会反映英语文化。所以，在翻译当中，风格信息的传递是不容忽视的，尽管人类的生存环境和条件等方面存在方方面面的差别，会产生一些不可译的文化，但是人类生存需求、思维方式上还是存在一定共性的。虽然不同国家、民族之间会存在一定差异，商务英语翻译者应全面了解、掌握这些差异，并采用恰当的翻译技巧实现文化、信息上的对等。在翻译中如忽视了原文的风格信息不仅会流失大量译文信息，还会影响译文的得体性。比如在翻译“亚洲四小龙”时，若翻译成“Four Asian Dragons”就会让外国人觉得有些不安，而翻译成“Four Asian Tigers”则更加得体。主要是因为对于中国来讲 dragon 虽然代表着权力、威严，但是对于西方国家来讲却是一种邪恶的动物；而 tigers 在中国人眼里虽然是一种凶猛残忍的动物，但对于英语国家来讲，却是勇猛、顽强的化身，代表着吉祥、勇敢，所以在翻译时，译者应考虑到这种文化差异，恰当地运用 tiger 来代替 dragon。再如 cock 是“公鸡”的意思，但是在西方国家还有一个性器官的含义，是一种下流的说法，所以在比较正式的场合当中不应该使用此类词语。由此可以知道，在实际的翻译过程中，只有非常了解双方国家的文化差异，才能选择更加恰当的翻译词汇，才能够将商务英语翻译得更加准确和具体。

在翻译理论的研究中，越来越多的学者提倡遵循文化趋向性原则，提倡按照目标语的

文化背景来对源语言进行翻译。因此，在商务英语的翻译过程中，译者首先要了解原文与译文各自所具有的文化差异，通过对不同文化之间的认同，对目的语文化背景的了解，采用适合目的语文化的表达方式，对译文文字在直译的基础之上做出一些变通，使这些文化差异在翻译的过程中消失，做到译文和原文的文化信息对等。例如，在时间观念上，英语是由小到大，而汉语则是由大到小，“December 17th，2001”的汉语表达就应该是“2001 年 12 月 17 日”。中西方的空间概念也是相反的，“northeast”对应的汉语表达应该是“东北”，“northwest”应该是“西北”。此外，还有很多的日常表达东西方语言也有明显的差异，如“black tea”译成汉语应该是“红茶”，“golden sugar”汉语意思应该是“赤砂糖”，而不能译为“金色糖”，否则会让汉语语言者难以理解。因此，类似于普通英语翻译的文化趋向性原则，在商务英语的翻译中也要遵循这种原则，以使得目标语语言的读者或听众能更好地理解。

商务英语的词汇丰富，专业术语、搭配数量庞大，商务词使用频率高于普通英语；随着经济生活的快速发展，涌现出许多前所未有的商业新词汇和各种专有名词。这些特点都决定了商务英语翻译的难度系数之高。而且，中西方文化思维方式的差异也使得商务英语的翻译变得更加有难度。所以，在翻译过程中，译者要遵循准确性、专业性以及文化趋向性原则，尽量准确、合理、通顺地表达出源语言所要表达的意思，从而保障了各种商业交流顺利地进行，推动整个社会的经济发展。

6.2.2 委婉语在商贸英语中的应用

（1）委婉语在商贸英语中的交际功能

众所周知，现如今的商业活动已不再是单纯的行业交往而更多的是人际交往。商场如战场，要想在激烈的商战中站稳脚跟，脱颖而出，使用委婉的表达方式是商界人士的重要手段之一。委婉语是一种良好的润滑剂，在商务交际过程中，礼貌婉转的说辞会使合作双方充分感受到对方的尊重及诚意，避免不愉快的言语冲突，从而促使商业活动顺利发展。委婉语的使用要恰当，从审美的观点来看，不是在任何场合运用委婉语其交际效果都一定是好的，因为委婉语有着掩盖真相的特点，掩盖过了头便成了虚伪。其精髓在于“含而不露”，要求正确地把握委婉度。委婉度大了，对方不能悟出本意，委婉度小了对方会受到刺激。现在将委婉语在商务应用中的主要交际功能总结为如下三点。

① 缓和气氛。

委婉语就是一种润滑剂，能够缓和紧张的气氛。无论是在务英语谈判中还是在商务信函往来中，商务活动本身就是一个比较紧张的场合。若在此时能够合理地使用委婉语，合作双方之间出现因心理压力或言语冒犯而失去理性出现相互争执现象的可能性就会大大减少。这样就避免了商务谈判与合作中的僵硬场面，有利于合作双方心平气和地在良好氛围中解决问题从而成功完成合作。

② 维护合作双方的面子。

务活动中委婉语的使用能够帮助维护合作双方的面子。商务活动中，尤其是在商务谈判中，谈判双方立场冲突，双方都想要尽全力说服对方接受己方的要求或是建议。若在此时，某一方或双方的话语言辞太过直白犀利就会显得有点咄咄逼人，这时，双方都会觉得对方伤及了己方的面子，谈判跟合作可能就无法顺利进行。相反的，合作双方若能在此时使用“I was wondering...”，“ Could you possibly...”或是“I am afraid...”等委婉的说法来代替“I want/I am wondering”，“ We want you to...”等生硬直接的表达方式来避免合作中的主观武断性，双方就会感觉自己受到对方的重视，会觉得自己的脸面得以维护。

③ 建立长期友好的商务关系。

委婉语在商务英语中的使用有助于合作双方建立起长期友好的商务关系，大家都知道在商务谈判中，左右谈判人员行为的最主要因素就是经济利益和心情，经济利益是谈判人员之所以进行谈的目的，而后者却会影响到这个目的是否能达成的关键性一步。委婉语的重要性就在于它能够帮助双方保持一种良好的心情来进行谈判，为双方都留下可以回旋的余地，从而建立这种预期的长期友好合作关系。反之，如若一方一味地只为追求己方的经济利益而不顾及对方的心情，那么这必然会导致双方关系僵硬，别说是建立长期友好的商务关系，可能当场的合作就会失败。

（2）商务英语中委婉语的语法手段

在商务活动中，为了赢得客户，争取更大的利益空间，委婉语这一修辞手法是必不可少的。在商务英语中，从建立贸易关系、询盘、报盘、还盘、定价到装船、保险、资信调查、货款支付、投诉索赔等都会使用大量的委婉语来达到语意缩小、语意转述、语意模糊等目的。为了达成这一目的，委婉语在商务英语的应用中运用了形式多样、方式灵活的语法手段。

① 被动语态法。

英语语态分为主动和被动两种，在商务英语中常用主动语态直截了当地表达交易双方的诚意，但在表示批评、建议要求时用被动语态可以避免直接触及对方，把对方放到重要地位，尤其是在对外商务函电中，被动语态的使用可以突出商务函电的文体色彩，弱化执行者，强调了合作双方应承诺和避守的职责和义务，易于对方接受，起到主动语态所无法起到的作用。

例 1.According to the stipulations of the said L/C NO.5301, the total quantity of the goods should be shipped before the end of this month and neither partial shipments nor delay are allowed.

译文：根据上述第 5301 号信用证规定，全部货物于本月底之前装运，不得分批装运或延误。

Cf. According to the stipulations of the said L/C NO. 5301. You should ship the total quantity of the goods before the end of this month and we will not allow any partial shipments or delay.

例 2.You are requested to make necessary amendment to the L/C and advice us by telex before December 3.

译文：请对信用证作必要修改，并于 12 月 3 日前电告我公司。

Cf. We request to make necessary amendments to the L/C and advice us by telex before December 3.

② 否定化法。

在商务英语交际中，表达否定的观点时，直接用否定词显得有点鲁莽，容易出现感情上的碰撞，引起对方的反感，产生不愉快，不利于长期友好商务关系的建立。为避免表达否定观点时态度强硬、语言直白的情况出现，翻译者需要考虑对方的接受度。把语句否定化来委婉地赞扬或批评对方是很有必要的，如用“价格不太高”来代替“价格太低”的说法来表达否定的语气，可以保持友善客气并顺全对方的面子。一般情况下，在否定句前加上“I am afraid”“I am not sure”“we are sorry(to say/ tell you)...”，或在否定句中加入一些程度副词如“ really”“ always”“too”“particularly”等来转化否定语气。

例 1.I am afraid we cannot meet you demand and effect shipment before October 30，2009.

译文：恐怕我们无法满足你方的要求，在 2009 年 10 月 30 日前装运货物。

Cf. We cannot meet your demand and effect shipment before October 30,2009.

例 2.I don’t believe it is wise for either of us to insist on his own terms.

译文：我认为你我双方各自坚持自己的条件是不明智的。

Cf. It is unwise for either of us to insist on his own terms.

例 3.We don’t particularly like the color and style of your men’s shirts.

译文：我们对你方生产的男士衬衣的颜色和样式不是特别喜欢。

Cf. We don’t like the color and style of your men’s shirts.

③ 过去时态法。

在商务英语谈话或是函电中，常用一般过去时态代替一般现在时态来表示委婉的语气表示对对方的尊重，表达友好的口吻。

例 .Enclosed is a feature article from September 12 *China Daily* which I thought you might find it interesting.

译文：随信附上《中国日报》9 月 12 日的一则报道，我想你方或许会很感兴趣。

Cf. Enclosed is a feature article from September 12 *China Daily* which I thought you may find it interesting.

④ 虚拟语气法 。

商务英语中，有时需要避开直接正面的表达，这时使用虚拟的手法来温和委婉地表达自己的观点建议和要求以便双方在和平友好的气氛中达到预期的目的和效果。

例 1.We should be very grateful if you could let us take delivery before the selling season.

译文：若贵方能让我方在销售季节之前提货，我们将不胜感激。

Cf. We will be very grateful if you can let us take delivery before the selling season.

例 2.If it were not for the regular orders we receive from a number of our customers, we could not have quoted for supplies even at those prices.

译文：如果不是因为我们的一些买主定期向我们订货，我们是不能按这个价格供货的。

Cf. If it is not for the regular orders we receive from a number of our customers, we cannot quote for supplies even at those prices.

⑤ 词汇替换法。

无论是在英语还是汉语中，都普遍存在着忌讳现象，如在英语中表达“死”的委婉语 pass away，go to heaven，be gone to a better world。除了衣食住行，在经贸英语中使用委婉词汇来代替某些忌讳的词汇也是很常见的，如英文中用 in difficulties，in a embarrassing obligation 代替 indebt 来表示负债，破产 bankrupt 说成是 out of the game，此外开空头支票被说成是 to fly a kite，所有这些词汇替代都是易于为人们所接受的。

6.2.3 商贸英语中时态的翻译

英语的动词时态这一语法现象与我们母语的语法差别较大，是考验翻译人员能力的一大方面，尤其对于对准确度要求极高的商务英语翻译来说是极大的挑战。如何掌握这些语法，从而使翻译的文本更好、更切合对方的语言习惯，是经常困扰商贸英语翻译人员的问题。笔者在教学实践中进行了努力的尝试和探索，并依据信息加工的学习理论，总结出较为行之有效的“三元”教学法：从“标志”信息输入着眼，经过“概念”思维加工，达成“结构”形式输出，从而使商贸英语翻译者摆脱枯燥的时态教学，掌握动词时态的规律，形成有效的商贸英语时态翻译方式。

（1）从“概念，结构，标志”三个方面把握动词时态

“概念，结构，标志”三个方面是学习一种时态所必须把握的，三者相互联系，相互制约，共同表述一个完整的时态含义。“概念”清楚地说明了一种时态的用法。对于概念的把握一定要全面、准确，表述严密，如对于一般现在时的用法，不能只表述为“表示经常性或习惯性的动作”，这仅是其基本用法之一。“结构”是指一种时态的表达形式。一种时态，除了要掌握其基本结构形式之外，还要掌握其各种变式，如陈述式、疑问式和特殊式，这是掌握句型变换的基础。“标志”是指能据此判断应使用何种时态的提示词语，一般包括两类，一是常与某种时态连用的时间状语，二是上下文暗示语。在进行商贸英语翻译时，大都可以从这三个方面去进行。下面就以在商贸英语中经常出现的时态举例。

①一般现在时。

一般现在时在商贸英语中的基本用法有四种。表示现在货物及生意的状况，如 All these articles are best selling lines. 表示主语所具备的性格或能力，如 We confirm cables exchanged as per copies herewith attached. I don't think I can promise you any January shipments. 表示经常性、习惯性或反复出现的动作或状态，如 We usually have extra copies of the Bill of Lading. 表示客观事实和普遍真理，如 A title of goods isn't like a bill of lading. This contact should be written in English in four copies, and each party shall keep two copies.

一般现在时的结构在一般情况下用动词原形，当主语是第三人称单数时，谓语动词也要相应变成单数形式，其否定式、疑问式要加助动词 do 或 does。例如在商贸英语与人协商的过程中会说：Don't be stubborn about this problem because there is more than one way to skin a cat.

在商务英语中，一般现在时常与表示频率的副词或短语连用，如 always，usually，often，sometimes，seldom never，twice a week。

②现在完成时。

商务英语中，现在完成时基本用法有两种，表示过去发生的动作对现在造成的影响或结果；表示从过去已经开始，持续到现在的动作或状态，常与表示一段时间的状语连用。结构一般是助动词 have（has）+动词的过去分词。例如：The ship-owner has issued a clean on a board bill of lading.

（2）要善于进行各种时态的用法比较

商务英语中时态种类很多，使用时就容易出现混淆、错用的情况，这就要求我们要不断地将一些时态加以比较，以便能够更好地把握其本质。其实，商务英语中动词时态的比较也是以“概念、结构、标志”三元素为依据比较的。试看下面几种时态的比较。

①一般过去时与现在完成时的用法比较。

商务英语中的一般过去时只单纯表示过去的动作或状态，和现在不发生联系，它可以和确定的表示过去的时间状语连用；现在完成时既涉及过去又联系现在，但它强调的是现在的情况，所以它不能和确定的表示过去的时间状语连用。试比较：Prices have reached rock bottom.（说明价格截止到现在降到了最低点）与 Price reached rock bottom yesterday.（只说明昨天价格降到最低这一事实）。有些时间状语（标志），如 this morning, tonight 等，既可用于一般过去时，也可用于现在完成时，但所表示的意义有所不同。用于现在完成时的表示包括“现在”，而用于一般过去时则与“现在”无关。

②商务英语中一般过去时与过去完成时的用法比较。

商务英语中一般过去时表示过去某时间发生的动作或存在的状态；而过去完成时则表示在过去某一时间或动作之前已完成的动作或状态，其标志是“过去的过去”。当强调过去某一动作发生在过去另一动作之前时，常用此时态。例如：These gears had already been booked before they were produced.

商务英语中一般过去时与过去完成时都可以和确定的表示过去的时间状语连用，但侧重点有所不同。试比较：They had done the work at five o’clock. They did the work at five o’clock. 第一句说明工作在五点钟已完成，并未说明是什么时候完成的；第二句说明工作是在五点钟做的。

（3）商务英语中注意时态与时间不一致的特殊情况

如前所述，判断时态要从“标志”（时间状语）着眼，这是一般规律。但有些情况下，时态与时间（标志）并不一致，在商务英语翻译中应引起足够的重视，做到灵活使用，可视之为特殊“标志”。一些表示来往动作的动词（动向动词）常用进行时表示将来时，常见的这类动词有 arrive, come，go, leave，set off, start 等。例如：Our manager is leaving for Paris next month. 一般现在时在商务英语中有时可以表示预定的近期将发生的动作或状态，也可用来表示说话时正在进行的动作。例如：Are you free tomorrow？ The meeting starts at 17: 50 in the evening. 一般过去时在商务英语中可以表示目前非真实的情况或不能实现的愿望（即虚拟语气）。例如：I wish I could fly to your city to attend the meeting. It’s high time you went to the meeting. If I were you, I would go with him. 在含有状语从句的复合句中，当主句是将来时态或是祈使句时，状语从句应用一般现在时或现在完成时代替一般将来时，用一般过去时代替过去将来时。在商务英语翻译中，应用及其广泛，例如：If you have any questions on the details, feel free to ask. He said he would come to sign the contract if he had time. Please tell your manager about it as soon as he comes back. Are you going to play with us when you have finished your project?

在含有宾语从句的复合句中，在商贸英语翻译中要注意主从句动词时态有如下不一致情况。当宾语从句表示科学真理、客观事实、格言或其他不受时间影响、限制的客观存在的事物时，如：Long ago people didn’t know that the earth moves round the sun. Our project leader told us that practice makes perfect. 当宾语从句表示一种反复出现或目前习惯性动作时，如：Our boss said he does morning exercises every day. 当宾语从句中谓语动词的动作在转述时仍在继续，或表示现在时刻仍存在的状态时，如：Li Lei said his leader is attending a meeting in Shanghai. She told me the other day that she is still a staff. 再比如比较状语从句、定语从句等不受主句时态的影响，商务英语翻译人员应根据实际需要，选择适当的时态。例如：Price was cheaper yesterday than it is today. Last night I read the book which you are reading now.

综上所述，对于商务英语当中时态的翻译，我们可以从“概念，结构，标志”三个方面去把握，要善于将一些时态加以比较，总结出差异，同时还要注意特殊情况。

6.2.4 课后练习

请用合适的翻译策略，完成下面语段的翻译。

The prefix macro comes from a Greek word meaning. Thus, macroeconomics refers to the study of large-scale economic growth. These phenomena result from the combined effects of millions of microeconomic choices made by households, firms, and government units.

One of the key indicators of an economic systems health is its ability to provide a job for anyone who wants one. The economy' s performance in this area is measured by the unemployment rate the percentage of people in the labor force who are not working but are actively looking for work. Even in the best times the unemployment rate does not fall to zero. In a healthy, changing economy, it is normal for a certain number of people to be out of work for a short time when they first enter the labor force or when they have quit jobs in order to look for better ones. There is some disagreement as to what the “normal” or “unemployment” level is. A generation ago, it was thought that an unemployment rate of 4 percent was a reasonable goal. Given the structure of today' s economy, many economists think that an unemployment rate of 6 to 6.5 percent indicates a healthy job market.

Inflation means a sustained increase in the average level of prices of all goods and services. Price stability—that is, the absence of inflation—is a second major sign of an economic health. True price stability means no increase at all in the average price level. However, many economists and policymakers find moderate rates—3 percent per year or less—acceptable.

Economic growth is a third major sign of economic health. The economy just grows in order to provide jobs for new workers and permit everyone a rising standard of living. The most often used measure of economics total output is gross national product, or GNP. In order to be meaningful as a measure of economic growth, changes in GNP over time must be adjusted for the effects of inflation. Economists use the term nominal to refer to data that have not been adjusted for the effects of inflation. The term real is used to refer to data that have been adjusted for inflation.

6.3 译例评析与举隅

6.3.1 译例评析

August 15, 2006

Veneer Manufacturing Company

P O. Box 200/3804 New Shlaron Non

Pella, lowa 50129 U. S. A

Gentlemen,

From the samples sent us on June 5, we have made selections, and have the pleasure of handing you the following order, which we commend your immediate an attention. viz:

500 chests of Ceylon Black Tea,

500 sacks of Brazilian Coffee, not ground.

Kindly forward these by fast freight. Enclosed please find a draft as per price list you sent us.

Yours truly

F. MEFARLAND& CO.

(signature) President

译文：

①尊敬的阁下：

② 贵公司 6 月 5 日寄来的样品已收悉。③ 经我方选择，现向贵公司订购如下：

④ 锡兰红茶 500 箱，

⑤ 巴西咖啡（未研磨的）500 袋，

⑥ 以上订货请速备货并尽快发运。⑦ 按贵公司寄达我公司的价格单，随函寄上汇票一份，请查收。

⑧ 总经理麦可法兰敬上

译例分析：

第 ① 句将 Gentlemen 翻译成了“尊敬的阁下”，表示对对方十分尊重，同时体现了商贸英语翻译中的专业性原则，而且用了“阁下”，体现了文化趋向性原则，英文中不会有直译出来的“阁下”的意思，所以为了适应中方文化，翻译的时候要用专业性和文化趋向性双重原则，让对方既明白说话人的意图，又让人觉得很舒服。

第 ② 句的“贵公司”同样体现了专业性和文化趋向性原则。在商务信函中，只要出现了对方的公司，就基本用“贵公司”这种套语，虽然英文中没有体现出“贵”公司，但为了适应中方文化，让中方公司的工作人员感到亲切，商贸英语翻译中就必须将对方的公司翻译成“贵公司”。

第 ③ 句，“经我方选择”属于商贸英语翻译中的套语，通常在普通的翻译中，可能会说成“经过我们精心的挑选”此类意思，但是在商贸英语信函翻译中，从简为主。因为商务人士平日工作非常繁忙，无法抽出大量的时间阅读信函，所以信函内容必须言简意赅，让对方一眼看到重点。

第 ④ 句和第 ⑤ 句在商务信函中非常重要，属于订货内容，翻译的时候一定要注意货物的名称和数量，不然会给双方造成巨大的经济损失。所以在商贸英语翻译中，订货内容要严格按照源语言来翻译，切忌加词减词。

第 ⑥ 句属于发信人的要求。也同样要求言简意赅。在简单的同时不失礼貌，里面用了“请”，这是商务信函的另一个特点，提出任何要求的时候都要说请，以表示对对方的尊重。催促的时候用了“尽快”而不是“赶快”，表示了信件的正式程度。商务信函，都是要用比较正式的语言来翻译，切忌口语化的词出现。

第 ⑦ 句表述了发信人除了发了此封信函之外的事情。“随函”属于商务信函中的套语，若要表达什么东西和此封信函一起发过去，就要翻译成“随函”。“请查收”不只是出现在商务信函中，在平时的邮件当中也会出现此种表达方式。

最后的落款用了“敬上”，这同样属于商务英语翻译的套语，一般商务信函的落款都要写上“敬上”，体现了专业性和文化趋向性原则。

6.3.2 译例举隅

Dear Sir,

We are writing to you at the suggestion of our Commercial Counselor's Office of the Embassy in your country. We take the liberty to introduce ourselves as exporters of silk piece goods, which we have been exporting to Europe and Japan.

We are specialized in the above business and recall that many years ago considerable business was done with your country on such items. Now that the diplomatic relation between our two countries has been established, we are desirous of establishing direct business relations with your corporation, knowing that you are the buyer of silk piece goods.

We shall be grateful if you will let us know whether you are interested in the above items. If so, please inform us(quantity required.)

Yours faithfully

敬启者：

经我方驻贵国大使馆商务参赞处的介绍，特致函你方。我们冒昧向你方介绍我们经营的丝绸商品，向欧洲和日本出口。

我们专营上述业务。许多年前，我们同你们国家就上述商品做过大笔交易。既然我们两国已建立了外交关系，我们愿意同你方建立直接的业务关系，因为你们是丝绸产品的进口商。

贵方如能告诉我们你方是否对上述商品生意抱有兴趣，我们将深表感谢。若有兴趣的话，请告知所需数量。

敬上

6.3.3 课后练习

请将下列英语翻译成汉语。

① If you have a song in your heart, get a V–788KE in your life. Let us enjoy Hi–Fi karaoke sound!

Enrich your life with sing-along fun and friends!

The V-788KE has everything you need for sparkling karaoke fun. You will be delighted by the sensational Hi-Fi sound. The easy-to-use karaoke functions will magnify and expand the range and expressiveness of your voice.

Simply load karaoke videotape, pick up the light and step into the spot light, and you become the star of your own karaoke show. Experience the thrill of live entertainment whenever you please.

The V-788KE is also a superb videocassette recorder, so when you have you’re your heart out, you can relax and enjoy your favorite movies and other video software.

② Vegetable Fruit Residue Scavenger

Product Characteristics

Richly containing Nacocoyl special effective ingredient extracted from coconut oil via high-tech method, it can rapidly dissolve the soluble oil component in pesticides so as to quickly separate the pesticides from vegetable and fruit. It contains especially IMAZALIL—special effect sterilizing component, fast killing pathogenies bacteria with 99.9% effective rate. Vegetables and fruits keep their freshness and nice taste. The active ingredient in this product is approved by WHO, EU and US-EPA and complies with FAO specifications with edible standardized component and low foaming. Put several drops of product per liter of water to rinse the fruit or vegetables. Leave the fruit or vegetable in the rinsing water for 5 minutes. Before eating, rinse them with clean water.

Caution: Do not drink this product; keep away from children. If having swallowed by accident drink lots of water.

★ 跨文化小贴士 ★

英汉语言对动物意指的不同理解

在英汉两种语言中，同一种动物所指的内涵有所不同。我们在翻译中，一定要多加注意。比如：lucky dog 是“幸运儿”的意思（而不是幸运的狗），狗在汉语当中常常用作贬义，如果直接翻译成“幸运的狗”会引起对方的不适。

第7章　广告英语翻译

7.1　概述

7.1.1 广告英语翻译的概念

英语中的“广告”（advertising）一词源于拉丁语 Avertere，意为“引起注意”“诱导”，即“广泛告知”的意思，是一种通过一定的媒体形式向公众传递某种信息的宣传方式。广义的广告包括一切针对不特定对象的公告，如公益广告、商业广告等，狭义的广告是指推销货品、服务等的商业性公告。广告旨在向公众推介某种消费观、某种产品或服务。广告活动不仅是一种公益的或是商业的活动，而且也是一种能够体现人们的消费习惯和生活方式等文化观念的交流活动。随着经济全球化的发展，国际间的商品流通日益频繁。商业广告无时不有，无处不在，已经成为人类生活不可或缺的一部分。广告作为一种大众传播的应用语言，随着时代的前进发展、科技的进步而更新变化着。在跨文化的时代背景下，广告翻译越来越受到人们的重视，广告语言总体上是一种鼓动性语言，需要引人注目，具有强大的“说服力（persuasive power）”或“推销能力（selling power）”，使人产生购买被宣传商品的欲望，从而达到商家做广告的目的，广告翻译是将源语文本语言的重要信息采用相关方法，转换成与原文具有相同信息内容、译文读者可以理解接受的译语文本语言。在广告翻译中，译者是在从事一种再创作，需要尽可能发挥想象力和创造力，挖掘出商品表面和译语文化上共同的特征，尽可能向译语文化贴近。在跨文化视角下广告翻译必须尊重各国的文化传统，考虑到多方面因素的影响，以实现广告英语翻译的规范化和科学化，从而促进文化交往、信息交流，给公司、企业带来利润。

此外，广告的翻译应充分发挥译入语的语言优势，采取灵活的翻译方式，切忌刻板的硬译。广告翻译优劣的标准不是译文与原文的“对等”程度，而是译文在译语语言环境和社会文化环境中预期功能的实现程度。广告译文能否在译语语言文化环境中达到预期的商业功能，很大程度上取决于译文能否被接受。也就是说，在翻译过程中，除了从语言规律中寻找与原文“对等”的契合外，还必须处理文化差异带来的理解上的差异，同时还要考虑到原文的词汇、句法及修辞的特点。

7.1.2 广告英语的语言特点

（1）词汇方面

① 口语化程度较高。

广告英语一个最大的特征便是对消费者具有感召力。口语化的语言朴实流畅，通俗易懂，易于理解与记忆，并且能够缩短商家与消费者之间的情感距离，使消费者觉得亲切可信。同时，广告促销的目的虽然是不言自明的，但广告英语具有一定的含蓄性，以美化促销行为。比如，"耐克"公司有一句很成功的广告语：Just do it.（只管去做），它使用了 3 个简单英文单词构成的祈使句，不但节省了篇幅，还让人们对含蓄的广告词的意思一目了然，每当看到这句广告语，就能使人想到耐克。

例 1.Things go better with Pepsi-Cola.（百事可乐）畅饮百事可乐，包您万事如意！

例 2.The taste is great.（雀巢咖啡）味道好极了。

例 3.Take a better car.（某小轿车）要买就买好车！

例 4.The new digital era（索尼影碟机）数码新时代。

例 5.In Touch with Tomorrow（"东芝"电器）沟通未来，超越时空！

② 大量使用形容词。

形容词是一种开放性词类，富有感情色彩和渲染力，其主要功能在于描绘和修饰名词，使原本苍白无力的实体一下子变得生动自然，引人入胜。广告用语倾向于美化所述商品，语言要求简洁、生动、形象，富有感情色彩和感染力，因此，在广告尤其是商业广告中，大量的形容词首当其冲，极尽修饰之能事，或生动形象地美化所述产品，增添其吸引力和诱惑力，或鼓动消费者增强其购买信心。有位广告学家曾把广告称为一个"永远没有丑恶，没有苦难，没有野蛮的奇妙世界"，形容词为广告语言增添了极大的魅力。如美能达相机的广告：Minolta, finest to put you finest.（第一流的美能达，第一流的你），这句广告语让读者有这样的一种感觉，只要你拥有美能达相机，你就是最棒的，让人有一种冲动去购买它，这句广告的目的就已经达到了。再如这则广告：Excellent daily specials and mouthwatering desserts.（精美的每日特餐和令人垂涎的点心）这是一则餐厅广告，形容词占了整个广告字数的一半，极具诱惑力。

③ 创造新词、怪词。

广告中常用创造的新词、怪词以突出产品的新奇特，满足消费者追求新潮、标榜个性的心理，还可以借以标新立异，增强吸引力和趣味性，取得某种修辞效果。比如故意把某些大家所熟悉的字或词拼错（misspelling），或加上前缀（prefix）、后缀（suffix）以创造新词（coin words），达到吸引消费者眼球的目的。

例 1.The Orangemostest Drink in the world.

世界上最纯正的橙汁饮料。

这是一则饮料广告，其中 Orangemostest 源于 orange+most+est，most 与 est 都是形容词的最高级，用在 orange 后，借以表示这种饮料的“高质量、高纯度”，是橙汁饮料中的极品。这种紧缩词也是广告英语中的词汇变异手段的一种，突破了形态学的规范，让读者在好奇中玩味，吸引了读者的注意力。类似的用法还有 superfine（super+fine），camcorder（camera+recorder）等。

例 2.TWOGETHER：the ultimate all inclusive one price sunkissed holiday.

二人结伴：共度阳光假日，享受单人价格。

这是一则旅游度假广告，TWOGETHER 显然是由“together”转变而来，取“together”之音兼“两人一起”之意，形象而富有情趣，用 two 代替 to，营造外出度假共享二人世界的美好惬意，对想要度假的男女伴侣有很强的吸引力。 这种合成的新词既营造了新奇、独特的气氛，又给人一词多义的凝练感。

例 3. 福特为您省 5%（福特汽车）

4ord costs 5ive% le$$（Ford）

错拼是一种常见的拼写创新，可以形成相同或相近的读音，又能体现幽默，强调主题。这则广告英语中的错拼生动醒目，趣味盎然，恐怕连最漫不经心的读者也会一眼就被抓住，无法忽略。

④ 加上前缀、后缀。

给广告语中的英文单词，尤其是商标名称中的英文单词加上前缀、后缀，形成一些日常英语中不多见的创新词汇，也可以很好地吸引读者的注意力，形象地体现产品特性或广告主题。例如 super-，ultra- 这样的前缀及 -ex 等一些后缀往往被用来显示产品性能优异，比如 super-cut，super-cast，ultra-care，ultra-Brite 等。

（2）句法方面

① 广泛使用简单句和省略句。

美国广告作家约翰·鲍尔斯（John Powers）说：“商业性的文字的正确标准是通俗易懂。广告的第一大优点是直截了当，过分修饰的文字不仅使人感到舞文弄墨，而且会引起反感。”优秀的广告用语往往以最精练的语言、最少的版面，传递最丰富的信息，最大限度地激发受众的兴趣。通常情况下，简练的句子，尤其是口语化的句子，能一下子引起人们的注意，引起人们的反应，而复杂冗长的句子常常增加读者的理解负担，令人生厌，难以达到广告效应。省略句对读者起着心理暗示的作用，省略的内容可以引出潜在的广告主题，比如省略主语、谓语或其他成分，很多情况下甚至以词代句：因而在广告用语中采用省略句，容易激起人们的反应，引起思考，起到欲擒故纵的效果。

例 1. I love this game.（美国 NBA 广告）

例 2. Eat & Eat & Eat & Eat & Not Feel the Least Bit Guilty.（爆米花广告）

例 3. Good to the last drop.（滴滴香浓，意犹未尽——麦斯威尔咖啡）

例 4. Kodak Moment.（就在柯达一刻——柯达）。

② 频繁使用祈使句。

祈使句本身有请求、号召人们做某事的作用，往往短小精悍，鼓动性强。而这正使广告能说服、敦促人们采取某种行为或接受某种观点。所以有时在广告英语中使用简短、有力度甚至是口号式的祈使句，能有效提高其说服力和感染力。

例 1.Get Met（Metropolitan Life Insurance）. It pays.（人寿保险广告）

例 2.So come into McDonald and enjoy. Big Mac Sandwich.（麦当劳广告）

例 3.Let' s make things better .Take time to indulge.（尽情享受——雀巢冰激凌广告）

例 4.Make yourself heard.（理解就是沟通——爱立信广告）

③ 使用第一、第二人称，拉近与读者的距离。

例 .Just because you brush your teeth doesn' t mean you do it right！（电动牙刷广告）

本广告使用第二人称 you，将原文的口语风格准确地传达了出来，营造了一种亲切的气氛，仿佛是商家在以充满自信的口吻来与顾客交流，增强了广告的感染力。

④ 大量使用疑问句。

疑问句能制造悬念，启发读者，充分调动读者的好奇心，为下文的引出做好铺垫，引起共鸣，激发他们的好奇心，从而引诱消费，非常具有鼓动性和说服力。

例 1.Have you ever dreamed of ascending the steps of great temple built to the God?（旅行社广告）

例 2. 家庭健身房锐步健骑机

您是否考虑过一种更健康的生活方式？为什么不从舒适的家中开始？

马上行动——在线订购价值 150 英镑以上我们就将免费为您送货上门。

Complete home gym Reebok power bike

Thinking of adopting a healthier lifestyle? Why not do it from the comfort of your own home. Get started now—order on line and have it all delivered straight to your door for free if your order is over ￡150.

（3）修辞方面

① 反复（repetition）。

反复，是为了突出、强调某个意思或某种情感特意将表达那个意思、那种情感的词语或句子有规律地多次重复使用的修辞方法。广告文案中，为了突出某种产品或信息，常常运用反复的手法增强受众印象并加强受众的记忆。例如：Johnson' s Extra Care Body Wash&Lotion Extra relief for extra dry skin.（强生沐浴露广告）"Extra"就是一组强调句式，这句广告可翻译为"强生特效沐浴乳，特别的滋润给特别干燥的肌肤。"通过反复强调了商品的特性。

② 双关（pun）。

双关语是广告词中运用最多的修辞手段。双关是利用词语的语音和语义，使某些句子在特定的语境中具有表面和内涵的双重意义，不仅能使广告引起消费者的联想，又能使广告语言简洁、风趣。例如：The offspring of Spring.（皮瑞尔矿泉水广告）里的 Spring 很关键，有“春天”与“泉水”双关语义，意境优美。而 offspring 则有“后代”的意思。整句可译为“掬自春泉”，使人联想到矿泉水的清纯、洁净，富于春天的气息。

③ 比喻（simile）。

比喻是商业广告英语中常用的一种修辞手法，它将抽象枯燥的事物与生动具体的事物进行类比，能极大地渲染语言的具体性和形象性，形成鲜明生动的意象，唤起消费者对产品美好的心理联想，进而引起情感上的共鸣。例如：A computer that understands you is like your mother. 这是一则带有比喻的广告。该广告把电脑对人的理解比作母亲对孩子的理解，显得非常形象而又生动。

④ 夸张（hyperbole）。

英语广告常用夸张，故意言过其实地渲染修饰所推销的商品，但又在情理之中，使广告的形象更加突出，给人以深刻的印象。比如：We’ve hidden a garden full of vegetables where you’d never expect in a pie. 这则广告运用夸张的手法反衬出馅饼里蔬菜品种丰富，其品种之多，就像一个蔬菜园。

⑤ 押韵（rhyming）。

英语广告也常借用押韵，其运用语言的声音规律，使用由相同或相近的重读或非重读音节组成的韵脚，或由行末相同的重读元音构成节奏使广告读起来抑扬顿挫，流畅回环，朗朗上口，便于吟唱，成为形式与内涵、视觉与听觉的美妙组合。如：save on LABOUR, save on COST（节约劳力，节约开支），全句共六个词，用逗号前后分开，押头韵 save on, LABOUR 和 COST 用大写起到了强调的作用。再如：My goodness！ My Guinness！这则啤酒广告从结构上看感叹词 goodness 与品牌名 Guinness 排列整齐又相似，且两词既押头韵又押尾韵，使广告的内容与语言的韵律达到完美统一。

7.1.3 广告英语翻译的原则

从英语广告的特点来看，英语广告语言富有创意、具有语言魅力和活力。从广告的宣传效果来看，在对外经济活动中，广告必须能有效地传播信息、激发兴趣、诱导消费。广告翻译要充分体现广告的信息功能和劝说功能，用词需要精练易懂、生动形象、唤起兴趣、激发欲望、易读易记。因此，在进行英汉广告翻译过程中应该遵循以下基本原则。

（1）自然准确原则

自然是指用流畅的译入语和读者能够接受的表达法来传达原文信息，使读者不至于产生太多的语言陌生感。衡量译文优劣的关键在于译入语言接受者的反应。只有当广告译入语读者心目中的反应与源语读者心目中的反应在效果上相似时，译文才能算达到目的。而要达到这个目的，关键就是要能从原文自然地转换到译文上来。准确是指译文应当准确无误地传达原文的广告信息，这是广告的功能所要求的。如果广告原文的信息在译文中变了样就会误导读者，错误的信息必然带来错误的广告效果。所以说译文准确是广告翻译的生命。自然准确原则还体现在译者要尽可能体现原文的文体特点，用相应的文体体现原文语言感染力；译者在广告英语的翻译中要秉承自然准确的原则，不能偏离以下五个方面：

① 广告翻译是翻译，在一定程度上也是一种创作。但译本一定要尽量保持与原文本在句子上或语篇的对应，在文体上一般不作重大改变。

② 译本主题思想应与原文本保持一致。有时会有超额现象，其中包含的“点子”或构思一般具有明显的创意。

③ 译文如果运用了原文没有用的修辞手段，其目的只能是使译文语言彰显个性，增强广告的震撼力和说服力。

④ 译文不仅可以起到有力促销商品的功能，还可以因为其语言形式或内容的新颖创意起到推广品牌、树立企业形象的作用。

⑤ 译文可以给消费者以美的感受，比较容易融入译入语的文化和人文环境。

（2）简洁生动原则

简洁是指译文应尽可能用简练的文字传达原文尽可能多的信息。对原文中的非信息成分和不符合译入语表达习惯的成分应该大胆省译，同时可利用各种固定词组、结构、短语和无动词分句等构成不同的意象，唤起读者丰富的联想，力求做到言简意“繁”。比如“体积虽小，颇具功效”，这是一则旅行箱的广告，译者在充分领会中文广告语写意性较强，婉转含蓄的特点将这则广告语简洁生动地翻译为“Compact and Impact”，如此翻译，不仅合理利用了英语的韵律美、准确地传播了原中文广告的信息，还创造出英语译文直观生动的效果，顺应了目的语文化的习惯和人文环境，达到引起目的语读者兴趣的目的。译者在进行大胆创造性翻译的同时，还应当时刻遵循创造性翻译原则的基本特点。

（3）文化适宜性原则

译者要准确把握不同文化之间的异同，遵循社会文化习惯，注意大众的心理接受程度，进行适当的文化转化，最大限度地实现广告的功能。柯达胶卷在美国的广告词是“My son killed his last dragon”，画面是一个小男孩手执宝剑，面带满足的笑容，这在美国人看来是成功的标志。但是，考虑到中国的文化，对等翻译必然遇到和“white elephant”一样的遭遇，因此，柯达公司把它在中国的广告词改变成了“享受这一刻”，更能迎合中国人崇尚大家庭和大团圆的心理。可见，不同民族对同一事物的思维推理方式不尽一致。忽视这一文化差异，交际双方就会发生信息交流障碍，造成相互间的信息传递不畅。正是语言文化差异的存在才使广告翻译成为一个再创造过程。要维护商品的良好形象，广告翻译必须考虑到不同文化背景下购买者的心理因素，把握好词的联想意义。

（4）易读易记原则

易读是指译文应当朴实、简洁、易于上口，译者在深刻体会原文信息实质的基础上，运用翻译技巧，译出原文中的拟声和韵律，使译文产生音乐美感；易记是指地道的译文应当能够在读者心目中激起丰富的联想，同时借助鲜明的形象让人过目不忘。广告翻译是使广告译文对读者产生与原文同样的感染力，同时符合读者所在国家的风俗，被读者接受并喜欢，易读易记是使广告深入人心的前提，也是广告翻译成功的前提。

7.1.4 课后练习

（1）请将下列句子翻译成汉语。

① Let’s make things better.

② Good to the last drop!

③ Feel the new space.

④ You’re worth it!

⑤ Impossible is nothing.

（2）请试将下面两段英语翻译成汉语，翻译时注意广告英语的语言特点。

① What’s in a name?

It sounds ordinary on paper. A white shirt with a blue check. In fact if you asked most men if they had a white shirt with a blue check, they’d say yes. But the shirt illustrated on the opposite page is an adventurous white and blue shirt. Yet it would fit beautifully into your wardrobe. And no one would accuse you of looking less than a gentleman. Predictably, the different white and blue check shirt has a different name “Viyella House”. It’s tailored in crisp cool cotton and perfectly cut out for city life, Remember our name next time you are hunting for a shirt to give you more than just a background for your tie. On women and children’s wear as well as on men’s shirts, our label says quietly but persuasively all there is to say about our good quality and your good taste. Our label is our promise.

② “Snow Lotus” Cashmere Sweaters

“Snow Lotus” Cashmere Sweaters from Beijing are made from superior Chinese Cashmere fibre. They are lustrous in color, supple (soft), light, warm and comfortable to wear. Owing to their fine quality, excellent workmanship, novel designs and styles, and complete size range, they have gained popularity from consumers abroad.

7.2 译技讲解

7.2.1 广告英语的翻译难点

从一种语言到另一种语言的转换，翻译有它的基本原则，但广告的翻译在遵循这些基本原则的同时，更要强调译文的效果。广告翻译不仅要提供明白易懂的商品信息，而且还要具有原文“切肤之感”的感染力，让译文读者也能获得同样的感受。为了保证译文与原文具有同等的表现力与感染力，广告翻译应允许因语言文化的差异而对原文所涉及的有关语篇功能方面的词句、修辞手法进行“有意识的语义变动”。但无论如何变动，广告的功能与目的还是决定了这种侧重于读者感受的等效标准。翻译时还要具有艺术性同时兼顾商品特性，注意做到朗朗上口，形象生动。可见要做好广告翻译，“戴着双重枷锁跳舞”非常不容易。纵观广告英语翻译，有两个方面的问题是值得译者注意的，这也是广告英语翻译的难点：

（1）跨语言因素

① 语音差异。

广告翻译的特殊性，要求译文具有音美的特质。译文应顺口、好听，给人以听觉上美的享受。不同语言的发音能引起不同的听觉效果，在心理上激发不同的反应，但是中西语音、拟声或用韵有所不同，这给译者带来不少困扰。尤其是在广告商标词的翻译中，应避免读音拗口或音韵不雅的字词，尽量使用节奏感强、富有音韵美的词，这就要求译名在字数、音调、平仄、押韵等方面都有所讲究。如 Sheraton Crest（佳洁士）、Casio（卡西欧）等商标译名，读起来朗朗上口，韵律和谐，富有乐感。但在实际的广告翻译中要在目标语译文中保留这种音韵美是很难做到的，特别是某些广告词语的读音可能会在另外的语言中引起不良的引申或联想，这就要求译者在翻译时注重语音差异，寻求恰当的契合点进行翻译。

② 语义差异。

译者对广告词语的理解与翻译不能只限于字面意义，还应了解它的引申意义和丰富的文化内涵，依葫芦画瓢地直译不但不一定能达到原来的效果，甚至适得其反，在翻译选词时，应注意语义的差异，尽量使用具有优美意蕴又能传递商品神韵的词语。例如将“玉兔”这一商标，英译成“Moon Rabbit”而不是“Jade Rabbit”，是因为“玉兔”乃我国神话中在月宫桂花树下的兔子，因此，它又成为月的代称。此外，翻译女性用品的商标时，应尽量多使用美好的词语，例如 Arche Pantene（潘婷）、Vichy（薇姿）、Avon（雅芳）、Maybelline（美宝莲）等，都是好看好写，符合中国大众欣赏品位的译名。还有，汉语中多是两个字组成的词语，这就要求译名也应尽量翻译成 2~3 个字的词，以适应中国消费者的阅读习惯。例如德国名车 Mercedes-Benz 开始被译成“莫塞得斯 • 本茨”，后译为“奔驰”，简明易记，将其风驰电掣的速度表达得淋漓尽致。译者要充分重视广告翻译的语义差异，从语言规律中寻找与原文“对等”的契合，处理好语义差异所带来的理解上的差异，同时要考虑原文的词汇、句法及修辞的特点。

③ 修辞差异。

修辞是为了获得语言的修饰效果、更好地完成表达任务而调动语言诸因素的种种手段。在广告语言中采用反复、押韵、拟人、比喻、双关、对比等修辞手法，使原本定位的语意出现新的意境而显得极具张力，激发人们丰富的想象，吸引人们顺着语言的表述过程走进广告语言营造的氛围之中，不知不觉被感化、牵引、俘虏，最终达到广告诉求的目的。但是，中西某些修辞的差异会给翻译带来很大的困扰，体现在比喻、象征、对偶、双关等修辞上。

（2）跨文化因素

广告词作为语言的一部分也要受到文化的反映。译者要深知英汉两种语言文化的差异，注重适当的文化转换和顾客的心理适应性。中国文化深受儒家思想的影响，蕴藏着深厚的人文主义精神，形成中国人特有的以“吉庆”“仁爱”为基本内容的内倾向文化心理。而西方人是以“务实”“人本”为基本内容的外倾向心理。由于语言文化上的差异，一国优秀广告对另一国语言文化背景下的读者来说未必就是成功的。广告文化具有明显的大众性、商业性、民族性和时代性的特点。一定的文化传统、信仰和价值观在很大程度上左右着商业经营者以及消费者的心理、行为，从而影响各国的广告活动。译文既要跨越文化障碍，避免文化冲突，又要充分体现广告的宗旨，符合消费者的心理，用原语读者和目标语读者都能接受的惯用法来传达原文信息，尽量做到译文在目的语读者心目中引起的反应和原文在读者心目中的反应相似或吻合，避免歪曲和误导。比如在译界，最“家喻户晓”的例子莫过于“白象”直译成“White Elephant”,“扑克”音译成“Puke”,“金鸡”译成“Golden Cock”之类的笑话了。汉语广告词中多引用成语、谚语或名人名句，往往构成翻译时在目标语中的语义空缺或抵触，给翻译工作带来困难。国际广告与国内广告相比要面临更多的风俗传统、审美习惯、法律法规、宗教政治差异等问题。总之，跨文化因素是广告英语翻译的又一难点，这就要求译者在翻译过程中能够娴熟地运用语言、营销以及文化等方面的综合知识，根据广告的特点，选用适当的表达方法使译文在表达出原文全部信息的基础上，充分体现原文风格和表现形式，再现原文风貌。

7.2.2 广告英语的翻译策略

（1）直译策略

直译又称语义翻译，是以词为单位将源语中的某一词汇机械地翻译成目的语中对应词汇的方法，即不考虑上下文的逐词对译。直译方法是广告翻译的基本方法。直译策略旨在尽量保留原文的句子结构和修辞，努力再现原文的形式、内容和风格，把原文的语法结构转换为译文语言中最接近的对应结构，并做到词汇对应。采用直译方法的译文往往更能够体现忠实和对等原则，在不违背目的语语言规范、不引起目的语读者错误联想的前提下，直译可以在译文中既保留原文内容又保留原文的形式。例如，“中国的，世界的”“For China For the World（CIFIT）”；“与您同行，齐握未来。——太平人寿”“Hand in Hand, Future in your Hand—Taiping Life Insurance”；信息技术公司广告“No problem too large No business too small”“没有解决不了的大问题，没有不做的小生意”；“Great rewards come from harmonious cooperation. With our wealth management service, you can maximize your wealth potential. —Bank of China”“丰厚收获，来自无间合作。中银理财服务与您一起，成就更多的财富良机。——中国银行”。以上例句都采用了直译的策略，无论原中文广告词还是英语译文广告词都非常清晰易懂。直译策略使广告翻译忠实于原文，只要译者认真琢磨，仔细推敲，就可以完成翻译任务，但这样广告翻译往往趋于平淡，煽动性和诱惑性相对较弱。

（2）意译策略

意译又叫“灵活对等”“ 动态对等”“ 功能对等”翻译，是一种经过消化后的“语内翻译”。如果采用直译策略翻译出的译文难以为目标读者所接受，那么译者需要放弃或改变原文的形式或修辞，使用符合译文习惯的表达法，或运用译文读者易懂的词语，并选用恰当的句式来传达原文的含义和精神。意译策略通常取原文之内容而舍其形式，允许译者采用一定程度的创造性，但会保留原文的基本信息。例如：“We care to provide service above and beyond the call of duty.”“殷勤有加，风雨不改。”（UPS 快递广告语）此句广告如果直译成“我们愿意提供高于或超出责任的服务”，虽然在语义、词义甚至句式上遵从“忠实对等”的翻译，但是过于直白，没有任何情感因素。对于一家快递公司而言，“殷勤有加，风雨不改”正是“高于或超出责任感的服务”的写照，这种意译的方式在合理表达原义的同时，易与读者产生心灵上的共鸣，更有煽情的效力。再如：“Everything is extraordinary Everything tempts. ”“件件超凡脱俗，样样新颖诱人。”这是卡迪亚的饰品广告词，其基本意思就是强调每一件饰品都是精品。按照汉语讲究对偶，忌字面重复的习惯，本译文词句优美，且准确地表达了饰品精美的品质。译者从目的语读者的立场出发，考虑到了译文的可接受性和可读性，经过反复构思，精确加工，高度提炼和灵感的碰撞，做到译文的语言意义与原文广告的深层含义和主题思想并存。

（3）增译策略

增译策略是指对原文进行意义的挖掘、引申和扩充，将原文的深层意思加以发挥，使译文的意义明显超出原文，凸显其隐含意义。例如：我们实行“三包”：包修，包退，包换。可以译为：We offer 3R guarantee, namely guarantee repair, replacement and refund. 再如，某白酒广告词“爽口顺喉，和醇耐味，名贵高尚。”其英语译文是：“Sensually Smooth; Mysteriously Mellow; Gloriously Golden.”英语译文中增加了原中文广告文本中没有的押头韵修辞手法，增加了阅读时听觉上的节奏感和美感，更能吸引目的语读者的注意力。而且寓意优美，能带来心灵上的震撼。中文广告翻译的特点就是言简意赅，增译策略能够充分发挥原广告文本中的深层含义并使译文更符合市场营销的习惯表达。

（4）套译策略

套译策略是指在中文商业广告英译时，既可以模仿英语成功的广告范例，也可以套用英美等国脍炙人口的名言佳句。这种方法可以成为汉语广告翻译的一条捷径，但并不等同于随意模仿、生搬硬套，而是译者要严格遵守广告创意的原则，在充分理解汉语广告的表层含义、深层含义和产品形象的基础之上，将要套用的英文广告或名言佳句的语言特色、艺术效果和深刻哲理，灵活地套用原文，改编成符合自己需要的形式，借以表达产品信息，树立产品形象。例如，药品速效救心丸的广告词："随身携带，有备无患，有惊无险。"其英语译文是："A friend in need is a friend indeed!"此译文套用了英语谚语，运用反复和拟人手法，赋予产品以新的生命力、人情味和可信度。广告英语翻译时，巧妙的套译很容易激起目的语读者的美好联想，产生非常有效的广告宣传效果。

（5）创译策略

创译是一种具有创造性的翻译，但并非纯粹意义的创作。创译策略要求译者掌握丰富的知识，拥有大胆的想象和拓展性的思维方式。译者无须局限于字面意思，而是善于挖掘深层含义，同时大胆地融入个人的创造性，创译是再现原广告文本精神实质和魅力的创作。例如，现代汽车的广告：Prepare to want one.（众望所归，翘首以待），这则广告语表面上的意思是"想要得到"，但考虑到中文表达习惯多用四字格，在原意上增加一个四字成语，使之成为对偶形式。再如，摩托罗拉移动通信的广告：Motorola wings.（摩托罗拉，飞跃无限），"wings"原意是"翼、翅膀"，这则广告语将"wings"的意思进行引申、扩充，使之成为对偶形式。此外还有，国产"实达"电脑与"瑞星"杀毒软件分别被十分有创意地通过音意相结合的方式译为"Star"与"Rising"，既保留了原文的发音，译名又新颖生动，表明该产品将成为同行业中一颗冉冉升起的新星。如果采用原音直译，或谐音取义，都无法传神地体现出商品的特色和与众不同。创译策略，使译者打破原广告文本的各种束缚，仔细推敲，另辟蹊径，顺应译入语的文化，大胆创新，赋予商品美好的联想意义，这样才能让商品迅速打开国际市场，吸引更多国际消费者的目光。

7.2.3 双关语的翻译

（1）广告中的双关语

双关语是有意识地利用语言中的同音异义或一词多义现象使一句话产生两层不同的意思，或使一句话涉及两件事，做到一明一暗、一真一假，既可引人注意，又能引起联想，加深记忆。根据不同的语言特性，双关主要分为谐音双关（homophonic puns）和语义双关（homographic puns）。两者在广告语中的使用都很广泛，广告英语中这样的例子也比比皆是。

谐音双关是用拼写相似、发音相同或相近的词构成的，利用单词读音相同或相近所产生的歧义达到由此及彼、幽默新奇、吸引读者注意力的目的，从而增强广告的说服力和感染力，给消费者留下深刻的印象。如国内产的“双象牌洗衣机”与“双向”谐音，“蜜蜂牌缝纫机”与“密缝”谐音。再如夏普的广告语“夏普产品，来自智慧的结晶。”From Sharp minds, come sharp products. 在这则著名的“夏普”产品广告中就运用了双关修辞。“夏普”是一种高科技产品而 sharp 一词既是产品的品牌，又含有“精明的，敏捷的，智慧的”的意义。这句话巧妙表达了“夏普”产品是由智慧的头脑所创造，强调了它的高科技含量，这样就很容易取得消费者的好感与信任。

语义双关是利用词语或句子的多义性在特定环境下形成的双关。语义双关是英语双关中最为常见的一类，英语中有许多词在不同的语境和不同的搭配下，意思会发生变化，当听众按照其本意理解时就会产生幽默。如广告语:“足下生辉（皮鞋）”“生活从头开始（理发店）”“上上下下的享受（电梯）”“不打不相识（打字机）”。看到这些利用多义词创造出来的双关语句，不用多解释，读者一定会心领神会。这种修辞手段如果运用得当，能使广告达到意想不到的效果。

（2）广告中双关语的翻译方法

① 契合译法。

一般认为，双关语由音、形、义等手段构成了可译性障碍，存在不可译性。契合译法在双语偶合的基础上，兼顾了广告双关语的形式和内容，是广告双关语翻译的最高境界。例如：Easier dusting by a stretch!

译文：拉拉拉长，除尘力强。

② 分别表意法。

分别表意法指采取变通手法，将双关语义剥开，拆成两层来表达。例如：The Unique Spirit of Canada. 译为“别具风味的加拿大酒，独特的加拿大精神。”

③ 套译法。

有些广告双关语的产生是建立在一定的文化背景之上的。英语语言、文化在汉语中的传播形成了双语翻译之间的桥梁。套译法就是套用英语在汉语中已经沉积下来的固有模式，对英语广告进行翻译。例如：“Better late than the late.”“迟到总比丧命好。”高速公路上的安全宣传标语，巧妙地修改了英语谚语 Better late than never. We take no pride in prejudice.“对于您的偏见，我们没有傲慢。”

④ 侧重译法。

广告中别具匠心的双关表现手法有时“难以表述于译文中，结果只好牺牲形式意义、谐音寓意及暗含情态”，尤其是有些广告含有多组双关和一语多关，只好采取侧重译法，守住概念意义。

例 1.The driver is safer when the road is dry; The road is safer when the driver is dry.

路面干燥，司机安全；司机清醒，道路安全。

例 2. Butlin’s—the right choice.

Don’t labor the point, or be conservative in your choice, or liberal with your money. Come to Butlin’s for the real party. Great party ahead!

布特林旅游公司——您的正确选择。

不要劳烦讲个没完，不要保守，也别犹豫，不要放任自由地乱花钱。到布特林旅游公司，参加实实在在的聚会吧。盛大的聚会正等着你！

⑤ 补偿译法。

大多数的广告双关语都能通过侧重译法译出。但是有时双关语的一层意义译出后，另外一层意义也很重要，但却无法同时译出，这时，可采用一些补偿手段加以弥补。对于广告来说，这些补偿手段主要指承载广告的媒体，如电视的图像、广播的声音及报纸的版式设计等。

例，OIC—“哇！我看见了。”（Oh, I see.）

7.2.4 课后练习

（1）完成下面的句子翻译。

① For next generation.

② Prepare to want one.

③ Where there is a way for car, there is a Toyata.

④ Think different.

⑤ Buick — your key to a better life and a better world.

（2）请将下面的这段话翻译成英语。

《中国民航》——中国民航总局航机杂志

中国首家机上杂志！

1994年共有机舱座位近60000个，乘客超过40000名。每两月一期，每期发行2000份。

独一无二的刊物，拥有广泛的固定读者。从商界巨擘、政界名流，到一般乘客、平民百姓。覆盖中国所有航线，广告投入少，收效显著。

与我们一起奔向中国市场的广阔天地！

7.3　译例评析与举隅

7.3.1 译例评析

“老西来顺”饭庄

原“西来顺”饭庄创建于 1931 年，由著名清真烹饪大师褚连祥创立。现“老西来顺”饭庄由原“西来顺”饭庄的几位老师傅组成技术班底，褚连祥唯一健在的第一代传人宋恩志老师傅任首席掌灶。

清真西派菜系是中华民族古老文化的组成部分。为弘扬民族文化，挖掘清真菜珍品，挽救濒临失传的北京西派菜系，“老西来顺”饭庄在保持原有风味的基础上，发扬清真菜肴选料广泛、制作精良的特点，为宾客提供四季菜肴、烤涮、甜食面点，大宴小酌，任君随意。竭诚欢迎各界朋友光临品鉴。

Laoxilaishun—Traditional, Muslim Restaurant

Laoxilaishun Restaurant was originally named Xilaishun Restaurant, which was founded in 1931 by Chu Lianxiang, a well-known chef of Muslim food. Now Song Enzhi, Chu Lianxiang's only successor, serves as the chef at Laoxilaishun Restaurant, under whom are a team of veteran chefs.

Laoxilaishun Restaurant has maintained and developed Muslim food of western style, which is part of traditional Chinese culture, by keeping original cuisine techniques and using choicest fresh food and ingredients. Laoxilaishun Restaurant is an ideal place for you to hold banquets, entertain friends, or have informal dinners. It enjoys great reputation for its good service and well prepared dishes for all seasons, including roast food, hot-pot as well traditional light refreshments.

Customers old and new are sincerely welcome to Laoxilaishun Restaurant and we are sure you can enjoy yourselves!

译例分析：

上面这则广告的标题译为 Laoxilaishun—Traditional，Muslim Restaurant，这个标题很好地突出了信息的内容，同时又吸引了读者的注意力。

语篇的视角也是问题的另一个视角。语篇视角的中心既可以是发话者，也可以是受话者，还可以是局外者。它们强调的主体不同，分别是“发话者所做的产品和服务”“对受话者的劝说”和“对产品、服务的客观描写”，但是视角在第二人称和第一人称互动的语篇中具有极强的说服力，是广告常用的方法之一。

相类似的在英文饭店广告中，有很多看起来是只谈“事”不谈“人”的语篇，但事实上绝大多数语篇中都暗含有以 we，you 作主语或包含 our，your 的句子。这样的语篇在表现力上能很好地体现出语篇生产者友好、热情的一面，体现出语篇生产者的亲和力。这样的语篇比“整篇广告正文只谈产品要多吸引 75% 的读者”。文案为了拉近“老西来顺”饭庄（发话者）与消费者（受话者）的心理距离，体现“老西来顺”饭庄的热情好客及其为消费者提供优质服务的理念，译文使用了含有 we，you 作主语或包含 our，your 的句子。例如将“为宾客提供四季菜肴、精制烤涮、甜食面点，大宴小酌”译为“Laoxilaishun Restaurant is an ideal place for you to hold banquets, entertain friends, or have informal dinners”，将“竭诚欢迎各界朋友光临品鉴译为“Welcome to Laoxilaishun Restaurant and we are sure you can enjoy yourselves!”广告正文侧重点是对产品的性能特点较为具体的介绍，目的在于进一步打动消费者，拉近和消费之间的心理距离，促使其做出购买行为。英译广告正文应该力求体现出文案的简洁明了，避免大话、套话、空话，同时也需要照顾到文案的行文通顺流畅，在语言特色和篇章模式上要符合英文广告的习惯。东西方之间由于审美习惯不同以及历史文化上的差异，汉语广告文本中往往有着一些在英语广告中很少使用的宣传套话。本着广告文本简洁为贵的原则，在广告翻译中这些冗余信息应予以恰当的删减，有一些甚至可以省略不译。因此，本译文从行文简洁的原则考虑，把“弘扬……挖掘……挽救……”简化合并为“Laoxilaishun Restaurant has maintained and developed Muslim food of western style, which is part of traditional Chinese culture by keeping original cuisine techniques and using choicest fresh food and ingredients. ”

7.3.2 译例举隅

Ugly Is only Skin-deep

It may not be much to look at. But beneath that humble exterior beats an air-cooled engine. It won't boil over and rub your piston rings. It wont freeze over and ruin your life. It's in the back of the car for better traction in snow and sand. And it will give you about 29 miles to a gallon of gas.

After a while you get to like so much about the Volkswagen, you even get to like what it looks like.

You find that there's enough legroom for almost anybody's legs, enough headroom for almost anybody's head, with a hat on it, sung fitting bucket seats. Doors that close so well you can hardly close them. They' re so airtight, it's better to open the window a crack first.

Those plain, unglamorous wheels are each suspended independently. So when a bump makes one wheel bounce, the bounce doesn't make the other wheel bump. It's things like that you pay the $ 1,585 for it, when you buy a Volkswagen.

其貌不扬

“大众”或许不中看，但在简陋的外表下跳动的却是一台心脏部件——气冷式发动机。它不会因沸溢而毁坏活塞环，也不会因结冰而误了您的事。它位于车的后部，以增大雪地、沙土上行驶的牵引力。约 29 英里，仅耗 1 加仑汽油。

待你喜爱上“大众”，你甚至对其丑貌也会情有独钟。

你会发现其足够的伸腿空间，再长的腿也得以舒展；绰绰有余的头部空间，再高的个子戴上帽子也可昂首挺胸；凹背单人座椅，舒适贴身；关闭得再好不过的车门是如此密不透风，你最好先把车窗留条缝。

其朴实无华、不显魅力的车轮各自独立悬挂，当颠簸使一轮跳起时，弹跳不会涉及其他车轮。只要支付 1585 美元，它就归您了。

7.3.3 课后练习

（1）请将下面两段英语翻译成汉语，注意用词和表达。

① Surrounded by gorgeous landscaping, relax on the covered patio, take a dip in a sparkling resort style pool or dine al fresco at the outdoor lounge/kitchen with stainless steel appliances, refrigeration, & built-in Green Egg Grill. Everything you ever wished for in a home.

② Bask in the Warmth of the Philippines

Bask... indulge... luxuriate... in beautiful whites and beaches...Breathtaking scenic wonders...world-class facilities and efficient service.

But, best of all, bask in the special warmth and comfort that is uniquely, wonderfully Filipino.

（2）请将下面的汉语翻译成英语。

① “长城号”游轮设施豪华舒适，除室内观景塔、露天观景塔、游泳池、酒吧间、日光浴室外，佳肴美点，中西皆备，并有宽敞的游步甲板，供游客饱览沿途风光。华丽而舒适的客房均有空调设备，令您有宾至如归的感觉。

② 出租或出售

Argyle 街 426 号爱丁堡公园大厦三楼全层，面积 1550 平方英尺，4 间卧室并带有客厅及饭厅，并配私人车房。售价 130000 美元，月租价 1400 美元。请于办公时间拨打电话 38954 或 823784。

★ 跨文化小贴士 ★

英汉语中的颜色词汇

因为环境、社会、文化背景等诸多因素的不同，所以造成各种语言的词汇内涵也不相同。这一点在英汉基本颜色词中表现得尤其突出，都有本民族的显著特征。英汉两种语言对同一颜色词产生的联想，就会有很大的差异性，所表示的语义是明显不同的，其本身意义和外延意思等大不相同。英汉颜色词语的理解错误，主要有文化错误和见文生义两个方面，我们在翻译时一定要考虑其历史因素和词汇的社会背景含义，从而更好地实现跨文化交际。比如：white feather 胆怯、懦弱（而不是：白毛）；white-handed 无罪的（而不是：白手）；black diamond 煤（而不是：黑钻石）；black dog 不开心（而不是：黑狗）；red-tape 繁文缛节、官样文章（而不是：红带子）；yellow book 黄皮书（而不是：黄色书籍）；blue video 黄色录像（而不是：蓝色视频）；blue talk 下流的言论（而不是：蓝色的谈话）。

第8章　小说翻译

8.1　概述

8.1.1 小说文体

小说属于文学文体中的一种。除小说外，文学文体还包括散文、戏剧和诗歌等。作为文学文体，在语言的使用上，它们均具有注重形象性、抒情性、含蓄性和象征性的特点。就小说这种散文体叙事文学样式而言，其完整的“世界”由人物、情节、视角、环境、主题、基调等六个要素构成。正是这样的“世界”，使得小说能够充分展现出丰富多彩的旨趣、情境、人物性格、生活状况及至整个世界的广阔背景。

小说文体的主要功能在于通过独特的叙事手法来获得某种特定的审美效果。小说文体的语言风格主要表现在人物性格刻画等方面，其中包括肖像描绘、行为描写、心理展示等。此外还有人物的对话，凭借独特的文学手段，作者常常无须多费笔墨，借助个人的言语特征，寥寥数语便能使读者如闻其声，如见其人。比如《红楼梦》第三回中王熙凤一句“我来迟了，不曾迎接远客”，便足以令读者同林黛玉一样甚为纳罕：“这些人个个皆敛声屏气，恭肃严整如此，这来者系谁，这样放诞无礼？”而从这一刻起，在《红楼梦》一书中，但凡敢于在贾母面前如此“放诞无礼”者，十有八九便是“凤辣子”了。当然，某一特定人物的语言在不同场合也可能会出现变异现象，这种变异现象也是小说中主要人物性格刻画的重要文学手段。除人物刻画以外，故事情节叙述与场景等描写也是小说语言的重要组成部分，而这两者一般又都服务于人物心理与性格的刻画。

总之，作为文学文体的重要体裁之一，小说文体自然也不乏文字文体的一般特征，需要凭借各种语言技巧、修饰或修辞手段以及种种文学手法将丰富深邃的意义巧妙地融入独特的表达形式之中。鉴于此，小说文体的翻译首先也在于传神，在于寻求和传达独特语言表达形式所蕴含的深层审美意义，小说翻译也同样是一种再创造的艺术，要求译者必须依照一定的翻译标准灵活处理译文语言，在“不逾矩”的前提下求得与原文一致或相似的表现效果。

8.1.2 小说翻译及其表达

小说中所使用的语言丰富多彩。小说可以说是其他多种文学体裁话语形式的综合，小说中有诗歌，有书信，有口语体的对话，有书面体的散文式表达，有典雅华美之词，也有粗俗龌龊之语。因此，小说的翻译对译者提出了极高要求。

翻译中的表达指的是在准确理解原文的基础上以通顺地道的译文再现原作内容与风格的过程。通常情况下，表达最基本的要求是“通顺”，但在小说翻译中，仅仅是通顺的表达还远未达到文学翻译标准的要求，文学翻译标准要求译文在语言风格上必须符合得体或恰如其分，或者说应达到“传神”乃至“化境”的标准。换句话说，在文学翻译中，一般意义上的通顺还远远不够，除此之外，文学翻译尚需有“雅”的成分，它至少应具备选词用字的准确性、句式结构的合理性和音韵节奏的和谐性，具备了这样的标准，译文才有可能臻于完美，通过寻求和传达原文独特语言表达形式所蕴含的深层审美意义，译文才有可能产生应有的审美愉悦或感受。

（1）词语的翻译

作诗讲究炼字，所谓“诗要炼字，字者眼也”。“炼字”指的是诗人从大量的词语中提炼出最精确、最简练、最形象的文字来描述某一特定的对象，从而以有限的文字来表达广博深邃的思想内容。然而“炼字”又不单单是诗人的本事，古往今来，许多小说家也常将炼字的功夫运用到自己的创作中来，以使小说的语言凝练生动，字字生辉。《红楼梦》即堪称这方面的一个典范。在曹雪芹、高鹗笔下，俗字常会变活，凡字亦能生辉。某些极平凡的词语，一经到了他们手中，通过融化组合，即会变得栩栩如生，实可谓“平字见奇，常字见险，陈字见新，朴字见色”。在翻译中，所有这些经过千锤百炼的文字也最能见出译者的功夫。例如：

例．宝玉道：“好妹妹，等我下了学再吃饭。和胭脂膏子也等我来再制。”唠叨了半日，方撤身去了。

译文 1：“Don’t have supper till I’m back, dear cousin,” he begged.

“And wait for me to mix your rouge.”

After chatting for a while he turned to leave.

（杨宪益、戴乃迭译）

译文 2：“Wait till I get back and have had my supper, cousin,” said Bao-yu, “and I will give you a hand with that rouge.”

He chatted with her for quite a bit longer before finally tearing himself away.

（David Hawkes 译）

在小说创作中，动词的运用可谓最见功力，锤炼到一定火候，动词常能曲尽“神”、“理”之妙，成为点睛之笔，从而以渲染的手法为描写人物的动作神态、刻画人物性格及心理平添艺术光彩。比如在本例中，“撤”字的运用即把宝玉不喜读书及其对林黛玉恋恋不舍的心情写活了，如将其改为“抽”字等，便索然无味了。译文 1 中的 turned 过于平淡，没有表现出原文中眷恋或依依不舍的画面；译文 2 中用了 tearing away 一语表达才算到位，真实地再现了原文的韵味：仿佛有人硬将宝玉拖走了似的。在《红楼梦》中，类似的场景曾一再出现，这不啻为最终的悲剧埋下了一个个伏笔，因此，此类动词所表现的细节是不可以置之不理的。

（2）个性语言的翻译

在现实生活中，人们的日常语言总是千差万别的，所谓千人千腔，这在小说创作中也应该具有统一的真实性。所不同的是，小说人物语言是经过了艺术处理的，在小说中，只有那种鲜活且恰如其分的性格化语言才能显示出人物的个性特征，才能使一个个栩栩如生的艺术形象跃然纸上。同现实生活一样，在小说作品中，由于地位、经历、素养、癖性等方面的差异，人物的语言在内容、选词、方式、口吻、腔调等方面也会显得纷繁多姿，各具特色，而这些因素都是译者应充分考虑的。

例 . 一语未了，只听后院中有人笑声，说："我来迟了，不曾迎接远客！"黛玉纳罕道："这些人个个皆敛声屏气，恭肃严整如此，这来者系谁，这样放诞无礼？"

译文 1：Just then they heard peals of laughter from the back courtyard and a voice cried：

"I' m late in greeting our guest from afar!"

Daiyu thought with surprise, "The people here are so respectful and solemn; they all seem to be holding their breath. Who can this be, so boisterous and pert?"

（杨宪益、戴乃迭译）

译文 2：She had scarcely finished speaking when someone could be heard talking and laughing in a very loud voice in the inner courtyard behind them.

"Oh dear! I' m late," said the voice. "I' ve missed the arrival of our guest."

"Everyone else around here seems to go about with bated breath," thought Dai-yu. "Who can this new arrival be who is so brash and unmannerly?"

（David Hawkes 译）

这是第三回林黛玉进贾府一节中最精彩的一幕。这里作者仅仅用了一句话，就把王熙凤的气势、派头召唤出来了，也许只有这样的语言才算真正达到了未见其人、先闻其声的高度。关于"我来迟了，不曾迎接远客！"一语的翻译，比较而言，译文 1 只用一个感叹号来表达语气似乎还不足以把来人张扬的叫声表现得淋漓尽致；译文 2 添加了"Oh dear"一语，这一声可以将嗓门调得更高，因而更容易给人一种未见其人、先闻其声的感觉。

（3）景物描写的翻译

自然景物的描写也是小说创作中不可或缺的组成部分，成功的写景就像是一幅幅清丽而富有诗意的画卷，常令人不期然地陶醉于风物美景之中。除本身的审美功能外，成功的景物描写还具有烘托艺术氛围、推动情节发展变化、表现人物心境及传达人物特殊情绪等方面的作用。就此而言，在翻译过程中，写景语言独特艺术魅力的传达也应该成为译者认真应对的问题之一。

例．便倚着房门出了一回神，信步出来，看阶下新迸出的稚笋，不觉出了院门。一望园中，四顾无人，惟见花光柳影，鸟语溪声。

译文1：So she stood for a while leaning against the doorway in a brown study, before stepping out to look at the bamboo shoots sprouting below the steps. And then hardly knowing what she did, she stepped out of the courtyard. There was no one in sight in the Garden, nothing to be seen but the brightness of flowers and the shadows of willows, nothing to be heard but birdsong and gurgling streams.

（杨宪益、戴乃迭译）

译文2：...she stood for a while leaning against the doorway, vacantly looking out. The young bamboo shoots were just breaking through in the forecourt, and after inspecting them, she drifted out into the Garden. Everywhere the flowers were blooming, the birds were singing, and the water splashed and tinkled, but not a human soul was to be seen.

（David Hawkes 译）

在本例中，景物描写虽然只用了“花光柳影，鸟语溪声”八个字，却展现了一幅多彩的画面，其中不仅有花、树、鸟、泉，而且使人蓦然从“花光”“柳影”中进入群芳吐蕊、百花争妍，柳荫森森、柳丝摇曳的佳境，所有这一切，再加上溪声鸟鸣这一动景，一切都显得那么情趣盎然。译文1将原文中静态的“花光”“柳影”和动态的“鸟语”“溪声”一一译出，并试图运用 seen 与 heard 两个词语来再现视觉与听觉上的效果，应该说无法过多挑剔了；此外译者在句式上还运用了排比结构，目的在于通过增强音韵效果来表现原文的意境。译文2中不见了静态的描写，柳影隐去了踪迹，花儿变成了盛开，而动态的再现也似乎过了一些：小溪至多也只是发出一种潺潺的流水声，splashed 和 tinkled 要么太过嘈余，要么太过清脆，这样会破坏园中动静有致的景象。

8.1.3 小说翻译的欣赏技巧

作为译者，要善于体味小说的艺术技巧，如人物塑造、情节设计、叙述角度、话语模式等。

（1）人物语言个性的翻译

语言是揭示人物性格特征的重要手段，不同性格特征的人物都有自己独特的语言习惯。满口“之乎者也”，对小孩子也来两句“不多不多！多乎哉？不多也”的孔乙己的语言特征，摹写出了他的迂腐酸气。《红楼梦》中王熙凤的泼辣尖利、薛宝钗的典雅平和、林黛玉的犀利含蓄、晴雯的锋芒毕露、贾政的装腔作势、薛蟠的满嘴秽语，都活灵活现，跃然纸上。小说中往往充满了对话，小说作者也是通过对话来揭示各个人物形象的。俗话说：言为心声，言如其人。作为译者，就是要善于品味原作字里行间的信息，最大限度地再现小说人物各自独特的说话方式，从而将人物的性格和本质充分地揭示出来。

（2）人物形象塑造的翻译

小说是综合运用各种表现手法来塑造人物形象的。它可以运用肖像描写、动作描写、心理描写，也可以通过人物的对话、独白，从各个侧面来塑造人物形象；可以通过情节、事件的发展来展现人物形象，也可以借助各种场面和环境来烘托人物形象。小说一般篇幅较长，信息量较大，可以深入、细致地描绘社会生活的方方面面，表现各种复杂的矛盾冲突，这是其他体裁文学作品所不能比拟的。由于小说不受时空的限制，因此它能够对人物生活和活动的历史背景、社会状况和自然环境进行深入具体的描写，这就为塑造人物性格提供了广阔的舞台。小说往往会塑造大量栩栩如生、风姿各异的人物形象。人物塑造包括肖像描写、行动描写和心理描写等方式。而这些人物形象的塑造，是通过最为灵动的文学语言来呈现的，小说也正是因为这些灵动的文学语言而魅力无穷。作为译者，就是要把握原文作者的意图，领会原文作者在进行人物塑造时所使用语言的各种意义，并进行充分传达，以便成功实现人物形象塑造的翻译。

（3）小说文体风格的翻译

奈达曾将翻译定义为“在译语当中使用最贴近的自然对应语来再现原语信息，首先是在意义方面，其次是在风格方面”。我们认为，对小说风格的翻译要高于意义层面的翻译。恩格斯曾提出，文学作品应当塑造“典型环境中的典型人物”，而小说的艺术特征，就是塑造有血有肉、生动感人的人物形象。因此，小说所塑造的艺术典型，往往表现一定时代、一定阶级、一定思想倾向，要在译文当中保留原作的风格是非常不易的，但作为译者，首先应该吃透原作的风格，进而在译文当中努力再现出小说的文体风格。

（4）把握小说环境描写的翻译

文学作品中所描写的环境应该是作品中人物生活着的、形成其性格特点并能体现一定历史时代特征的特定环境。任何人都不能脱离社会而单独存在。典型环境是人物成长的土壤，是人物性格形成和发展的依据。环境包括自然环境和社会环境两个方面。社会环境往往是时代社会的缩影，展现了时代特征及社会风貌。《阿 Q 正传》中的未庄、《祝福》中的鲁镇、《药》中的茶馆，都是一定时代、一定人际关系的代表。自然环境指的是人物活动的时间、地点、时令、气候、地理风貌等。自然环境描写常常是为制造气氛、衬托人物的情趣心境、表现人物的心理而安排的。因此，小说的人物分析离不开环境分析。《水浒》中统治者对林冲的步步紧逼，最后在走投无路的情况下，林冲才走上了反叛的道路，完成了性格的转变。环境描写对展现人物性格、突出主题起了非常重要的作用。因此，在小说翻译中 译者绝不能忽略环境描写的翻译，用译语塑造环境，反映小说的事态风情、时代风貌，使译文与原作神韵皆备、形神毕肖。

8.1.4 课后练习

请将下列这段小说翻译成汉语，翻译时注意小说的语言特点。

The catastrophe came, and she was brought to the Mall as to her home. The rigid formality of the place suffocated her: the prayers and the meals, the lessons and the walks, which were arranged with a conventional regularity, oppressed her almost beyond endurance; and she looked back to the freedom and the beggary of the old studio in Soho with so much regret, that everybody, herself included, fancied she was consumed with grief for her father. She had a little room in the garret, where the maids heard her walking and sobbing at night; but it was with rage, and not with grief. She had not been much of a dissembler, until now her loneliness taught her to feign. She had never mingled in the society of women: her father, reprobate as he was, was a man of talent; his conversation was a thousand times more agreeable to her than the talk of such of her own sex as she now encountered.

8.2 译技讲解

8.2.1 小说的翻译策略

小说翻译时应充分考虑文体特征，不仅要实现英汉语言的意义对等，而且要力争重现原作的意境和表达意图，同样在译入语中实现小说的“文学性”“创造性”和“形象性”。就小说的翻译策略而言，可以从以下几个方面阐释：

（1）人物个性语言的翻译

小说对话是作者为了塑造人物形象，传达某种意义而设计出来的。对话在大多数小说中占有非常重要的地位，作者通过对话展开情节，塑造人物，制造矛盾，激起高潮。言为心声，人物的语言对话无疑是对其自身形象最佳的诠释。小说对话的翻译对译本的输出可谓举足轻重，可以说，译不好小说中的对话，也就译不好这部小说，例如：

So you needs a spang new pretty dress ter borry money wid. Dat doan lissen jes’ right er me. An’ you ain’ sayin’ whar de money ter come frum.

译文:原来你要新衣服去借钱用，我觉得不太对头，而且你也不讲这钱是从哪儿来的啊？

分析：此例选自小说《飘》(*Gone with the Wind*) 中黑人姆妈的一段话，这部小说中有大量美国南方黑人英语，黑人英语是英语社会方言的变体，讹读、省音、不合语法规范、用词不妥的情况比较多（如：spang=spank，ter=to，de=the，ain’ =ain’ t)。译者在翻译时准确传神地翻译出黑人所特有的口吻并不容易。“new pretty dress”如果按一般翻译习惯，译成“崭新”“簇新”不免过于正式，因此处理成了“新衣服”。除了避免一些书面味比较浓重的词，译者还将其处理成几个短句，虽是不太标准的表达，但短促的话语更符合黑人姆妈的人物特点。

（2）人物形象塑造的翻译

① 肖像描写。

小说中人物形象塑造最常用的写作手法便是肖像描写，即通过描写人物的容貌、衣饰及姿态等外部特征来刻画人物形象，形神兼备地表现人物的思想性格。翻译时要特别注意这些起关键作用的细节描写，运用不同的翻译策略，精确再现人物形象。例如：

Miss Ophelia, as you now beloved her, stands before you, in a very shinning brown linen traveling-dress, tall, square-formed and angular. Her face was thin, and rather sharp in its outlines.

译文：你眼前的奥菲利亚小姐，身穿崭新的黄色亚麻旅行服，身材高挑，体态瘦削，方方正正，脸型清瘦，眉目分明。

分析：此段文字选自美国小说家斯托夫人的小说《汤姆叔叔的小屋》（*Uncle Toms Cabin*）。这是一段典型的肖像描写，作者运用优美的语言刻画了奥菲利亚小姐，译文通过汉语的对应词极力展现原文的人物形象，如“tall”“square-formed”“ angular”，分别被译成了“身材高挑”“体态瘦削”“方方正正”等四字短语，“ was thin and rather sharp in its outlines”同样用四字短语准确贴切地译成了“脸型清瘦，眉目分明”，使原文中一个干练果断、容貌姣好的女子跃然纸上。

② 心理描写。

心理描写是作者通过对所塑造的人物的内心世界的描述，来表达人物的情感起伏 、心灵和性格特征。心理描写对人物形象的塑造有着重要的影响。在翻译过程中，译者要注意叙述主体的身份与个性，以适当的语气、语调来传递人物的心理状况。例如：

I didn’t give a damn how I looked Nobody was around anyway. Everybody was in the sack... If I am on a train at night I can usually even read one of those dumb stories in a magazine without. You know. One of those stories with a lot of phony lean-jawed guys named Linda or Marcia that are always lighting all the goddam David’s pipes for them.

译文：我才不在乎什么不好看哩。可是路上没有一个人。谁都上床啦……我要在晚上乘火车，通常还能看完杂志里某个无聊的故事而不至于不呕。你知道那种故事，里面有一大堆叫大卫的瘦下巴的假惺惺的家伙，还有一大堆叫林达或玛莎的假惺惺的姑娘，老是给大卫们点混账的烟斗。（施威荣译）

分析：本段文字选自美国作家塞林格唯一的一部长篇小说《麦田里的守望者》（*The Catcher in the Rye*），这段是主人公 Holden 的一段内心独白，在这部小说中，Holden 是一个自嘲自讽、满口脏话的中学生，一个不满现实的小痞子。译文保留了俗语的情趣，再现了 Holden 的真实心理，符合主人公的身份特点。

③ 行动描写。

人物形象的刻画离不开对行动的描写，该写作手法一般依靠人物的一系列动作行为来完成，因此，翻译时需在译入语中找到等值的富有表现力的动词。例如：

Tom raved like a madman, beat his breast, tore his hair, stamped on the ground, and vowed the utmost vengeance on all who had been concerned.

译文：汤姆像个疯子一样，咆哮叫骂，捶胸薅发，顿足震地，起誓呼天，要对所有一切参与其事的人，都极尽报仇雪恨之能事。（张谷若译）

分析：此段文字选自英国作家亨利·菲尔丁的小说《汤姆琼斯》（*Tom Jones*）。对于主人公汤姆“raved”“beat”“tore”“stamped”“vowed”这些动词，张谷若将其形象地处理为“咆哮叫骂，捶胸薅发，顿足震地，起誓呼天”，将汤姆当时怒气冲天的咆哮传神地表达出来，形象地再现了当时的场景。

（3）修辞格的翻译

小说通过修辞格，使文章内容形式新颖独特、形象生动，功能丰富鲜明，微言中有大义。然而，这使得译者的翻译变得分外棘手。在翻译的过程中，译者要尽力保证译文内容准确，效果及表达形式妥当。

① 小说中的象征。

象征是通过某一具体形象来表达更为深远的意蕴，让读者意会，从而获得美的享受，一般用象征手法来表现抽象的概念或思想感情。试看以下几例体会翻译中如何通过这种含蓄的写作手法使读者产生愉悦的美感。例如：

The pair were in truth, but the ashes of their former fires. It seemed as if nothing could kindle either of them to fervor of sensation anymore.

译文：说实在的，他们两个人先前像一团烈火，现在只剩下一堆灰烬了……他们两个人的热烈感情似乎再也没有什么东西能够把它们重新点燃了。

分析：这段话选自英国小说家托马斯·哈代的《德伯家的苔丝》（*Tess of the D'Urbervilles*）这段话中作者用“灰烬”和“火”的意象表达小说中人物的感情变化，象征着主人公内心情感的变化过程，译文准确、贴切、传神。

② 小说中的典故。

典故是一种有着丰富的文化内涵的修辞技巧，其特点是含蓄、洗练、深邃、联想丰富，与各类文学作品混为一体，血肉相连。要对其进行恰当的翻译，必须精确把握其传统历史文化，并运用恰当的翻译方法和策略。例如：

...this hopeful young person soared into so pleasing a Cupid as to constitute the chief delight of the maternal part of the spectators.

译文：……这个很有希望的年轻人就扮成讨人喜欢的手挽金弓金箭、插着双翅的爱神丘比特。

分析：此句选自英国作家狄更斯的《艰难时世》（ *Hard Times* ）。丘比特是我们较为熟知的神话典故，他是一个手挽金弓金箭、插有双翅的美貌男青年，是爱神。如果只译出他的名字而不加解释，那么译文就会显得有些枯燥。故译文中添加了“手挽金弓金箭、插着双翅”这几个解释性词语，这位爱神的形象便显得具体，意象也丰富饱满了。

8.2.2 状语从句翻译

英语中的状语从句内容丰富，用法复杂，可以表示地点、时间、条件、原因、让步、比较、目的、结果等意义。英语状语从句通常可以直译，但在汉语译文中，由于英汉语言表达上的差异，状语从句的安排存在着明显的差异。要将状语从句置于恰当位置，按汉语的习惯表达，将主从之间自然连贯地连接起来，需要译者对句子类型进行相应的变化，翻译时，根据汉语需要习惯灵活翻译。

（1）时间状语从句

在英语中，时间状语从句的连接词常常有：when，whenever，as，since，until，till，before，after，as soon as，once，the moment 等。翻译的时候，一般将时间状语从句翻译放在主句的前面。

① 按照原文的顺序译出状语从句。

例 .While she spoke，the tears were running down.

译文：她说话时，泪水直流。

② 译成“一（刚、每）……就”的结构。

例 .Directly he uttered these words there was a dead silence.

译文：他刚说出这些话，大家就沉默下来。

③ 译成条件句。

由于时间状语的引导词除了显示时间关系之外，有时候可以表示条件关系，可以翻译为条件句。

例 .Turn off the switch when anything goes wrong with the machine.

译文：如果机器发生故障，就把电门关上。

（2）原因状语从句

英语中，原因状语从句的连接词常常是：because，now that，as，since，seeing that，in that。翻译时，大多数原因状语从句可以放在主句之前翻译。

① 译成表示“原因”的分句，显示“前因后果”的关系。

例 .She is sure to come unless she has some urgent business.

译文：除非有急事，否则她一定会来的。

② 灵活放置，翻译成“之所以……是因为……”的结构。在翻译由 because 引导的具有否定意义的原因状语从句时，则要翻译成“并不是因为……”。

例 .Theory is valuable because it can provide a direction for practice.

译文：理论之所以有价值，是因为它能给实践指出方向。

（3）条件状语从句

英语中，连接条件状语从句的连接词常常有：if，unless，so long as，suppose that，in case，only if，if only 等。翻译时，从句可以译在主句的前面或后面，有时候还可以根据上下文省略连接词。

① 翻译在主句前面。

例 .If you tell me about it, then I shall be able to decide.

译文：假如你把一切都告诉我，那么我就能够做出决定。

② 翻译在主句后面，用来补充说明条件。

“如果”“要是”“假如”等都是汉语中用来表示“假设”的常用关联词。汉语中表示“假设”的分句一般前置，但作为补充说明情况的分句则往往后置。

例 .No doubt I could earned something if I had really meant to.

译文：毫无疑问，我本来是可以赚到一点的，如果我真有那样打算的话。

（4）让步状语从句

英语中，表示让步关系的连接词主要有：though，although，even if，while，whatever，however，no matter 等。翻译的时候，通常把这些让步状语从句翻译在主句前面。

例 .No matter what I say or how I say it, he always thinks I’m wrong.

译文：不管我说什么，也不管我怎么说，他就是认为我错了。

（5）结果状语从句

① 连接英语中结果状语从句的连词常常有：so that, such...that, to such a degree 等，通常可以直接翻译为“结果，如此……以至于……”。

例 .He made a wrong decision, so that half of his lifetime was wasted.

译文：他做了错误的决定，结果浪费了自己半生的时间。

② 如果在主句中含有“never, never so, not so, not such”等否定词，“but that 和 but what”也可以连接结果状语从句，构成双重否定。翻译的时候，可以翻译为“没有，不”。

例 .She is not so old but that she can read.

译文：她并没有老到不能读书。

（6）比较状语从句

比较状语从句通常由 as 或 than 引导，其中 as 表示同级比较，than 表示不同程度比较。翻译时，首先确定进行比较的两个对象，同级比较的 as 通常译为“像”，不同程度比较的 than 通常译为“比”或“比较”。

例 .The more you learn, the more knowledge you can get.

译文：你学得越多，你的知识越丰富。

8.2.3 小说中被动语态的翻译

语态是表明句子中谓语与主语之间关系的一种语法手段。相比汉语，英语中的被动句型被广泛使用。由于被动句型的感情色彩少于主动句型，凡是不需要或者不便于说出动作的执行者，或是无从说出动作的执行者，或是为了上下文的连贯以及使句子得到更好的安排时，英语都要采用被动句型。汉语中，被动语态通常通过“把”或“被”等词体现出来，但由于汉语拥有英语中所没有的无主句，因此英语中的被动句型可以译成汉语的主动语态，也可以把它译成汉语的被动语态，而且译法灵活多样。

（1）译成汉语主动句

英语和汉语都有被动语态，但两种文字对被动语态的运用却不尽相同。同一个意思，英语习惯用被动语态表达，汉语却往往用主动语态表达。例如，We are kept strong and well by clean air. 如译成“我们被清洁的空气保持得健壮”显然不符合汉语习惯，应译成“空气清洁能促使我们身体健壮”。

① 原文中的主语在译文中仍作主语。

例 .The old woman’s body was found at the end of the alley.

译文：老妇人的尸体在小巷尽头发现了。

② 可译成带表语的主动句。

例 .In the old society, women were looked down upon.

译文：在旧社会，妇女是受歧视的。

③ 原文中的主语在译文中作宾语。

例 .By the end of the war, 800 people had been saved by the organization, but at a cost of 200 Belgian and French lives.

译文：大战结束时，这个组织拯救了 800 人，但那是以 200 多比利时人和法国人的生命为代价的。

（2）译成被动句

英语被动句是由“助动词 be + 过去分词”构成，为了强调被动动作或突出施动者，译成带有被动标记的汉语被动句并保留原文主语。英语中有些被动句译成汉语被动句时，往往可以借助于汉语中用来表达被动意义的词如“受”“遭”“让”“给”“由”“把”“让”“为……所”“加以”“予以”等。

① 译成“被”字句。当句中不出现行为主体时，有时可以在谓语前使用“被”字来表示被动意义。

例 .They are deprived of their rights.

译文：他们被剥夺了权利。

② 译成“挨”字句。

例 .This time he was tipped over by his buddies.

译文：这次他挨了哥儿们一顿揍。

③ 译成“给、叫、让、由、受、遭到、受到、予以、加以、为……所”等。

例 .We were given a warm welcome.

译文：我们受到了热烈欢迎。

（3）译成汉语无主句

原文没有体现行为主体时，可以把英语的被动句译成汉语的无主句。原文中的主语译成汉语的宾语，有时还可以将英语中的主语和谓语合并译成汉语无主句的谓语。例如：

例 1.Life cannot be understood without much charity.

译文：没有善心，就无法理解人生。

例 2.The decision to attack was not taken lightly.

译文：进攻的决定不是轻易做出的。

（4）译成成语的四字词组

例 1.Imagination is not to be divorced from facts.

译文：想象不是空穴来风。

例 2.In a few moments that whole dragon had simply been swallowed up in the landscape.

译文：几分钟之内，整条长龙就在草原上销声匿迹了。

（5）常用被动句型“It+ 被动语态 +that”的翻译

在这种句型中，it 是形式主语，that 引导出的是主语从句，翻译时常要转为主动形式，有时可加上“有人”“大家”“我们”等不确定主语，有时也可译成无主语的汉语句子，并酌情加上汉语“根据”或“据”。

例 .It is suggested that the meeting be put off till next Monday.

译文：有人建议会议推迟到下星期一举行。

8.2.4 课后练习

请用合适的翻译策略，完成下面语段的翻译。

That night I never thought to sleep; but a slumber fell on me as soon as I lay down in bed. I was transported in thought to the scenes of childhood: I dreamt I lay in the red-room at Gateshead; that the night was dark, and my mind impressed with strange fears. The light that long ago had struck me into syncope. recalled in this vision, seemed glidingly to mount the wall, and tremblingly to pause in the centre of the obscured ceiling. I lifted up my head to look: the roof resolved to clouds, high and dim; the gleam was such as the moon imparts to various she is about to sever. I watched her come—watched with the strangest anticipation; as though some word of doom were to be written on her disk. She broke forth as never moon yet burst from cloud: a hand first penetrated the sable folds and waved them away; then, not a moon, but a white human form shone in the azure, inclining a glorious brow earthward. It gazed and gazed on me. It spoke to my spirit: immeasurably distant was the tone, yet so near, it whispered in my heart— "My daughter, flee temptation." "Mother will." (An excerpt from *Jane Eyre*, by Charlotte Bronte)

8.3　译例评析与举隅

8.3.1 译例举隅

The Killers

Ernest Hemingway

The door of Henry' s lunchroom opened and two men came in. They sat down at the counter.

"What' s yours?" George asked them.

"I don' t know," one of the men said. " What do you want to eat, AI?"

"I don' t know, " said AI." " I don' t know what I want to eat."

Outside it was getting dark. The streetlight came on outside the window. The two men at the counter read the menu. From the other end of the counter Nick Adams watched them. He had been talking to George when they came in.

"I' ll have a roast pork tenderloin with apple sauce and mashed potatoes," the first man said.

"It isn' t ready yet."

"What the hell do you put it on the card for?"

"That' s the dinner," George explained. "You can get that at six o' clock."

George looked at the clock on the wall behind the counter.

"It' s five o'clock."

"The clock says twenty minutes past five," the second man said.

"It's twenty minutes fast."

"Oh, to hell with the clock," the first man said. "What have you got to eat?"

"I can give you any kind of sandwiches," George said. " You can have ham and eggs, bacon and eggs, liver and bacon, or a steak."

"Give me chicken croquettes with green peas and cream sauce and mashed potatoes."

"That's the dinner."

"Everything we want' s the dinner,eh?That' s the way you work it."

“I can give you ham and eggs, bacon and eggs, liver —”

“I’ ll take ham and eggs,” the man called AI said. He wore a derby hat and a black overcoat buttoned across the chest. His face was small and white and he had tight lips. He wore a silk muffler and gloves.

“Give me bacon and eggs,” said the other man. He was about the same size as AI. Their faces were different, but they were dressed like twins. Both wore overcoats too tight for them. They sat leaning forward, their elbows on the counter.

“Got anything to drink?” AI asked.

“Silver beer, bevo, gingerale,” George said.

“I mean you got anything to drink?”

“Just those I said.”

“This is a hot town,” said the other. “ What do they call it?”

“Summit.”

“Ever hear of it?” AI asked his friend.

“No,” said the friend.

“What do they do here nights?” AI asked.

“They eat the dinner,” his friend said. “ They all come here and eat the big dinner.”

“That’ s right,” George said.

“So you think that’ s right?” AI asked George.

“Sure.”

“You’ re a pretty bright boy, aren’ t you?”

“Sure,” said George.

“Well, you’ re not,” said the other little man. “ Is he, AI?”

“He’ s dumb,” said AI. He turned to Nick. “ What’ s your name?”

“Adams.”

“Another bright boy,” AI said. “Ain’t he a bright boy, Max?”

“The town’ s full of bright boys,” Max said.

George put the two platters, one of ham and eggs, the other of bacon and eggs, on the counter. He set down two side dishes of fried potatoes and closed the wicket into the kitchen.

“Which is yours?” he asked AI.

“Don’ t you remember?”

“Ham and eggs.”

“Just a bright boy,” Max said. He leaned forward and took the ham and eggs. Both men ate with their gloves on. George watched them eat.

"What are you looking at?" Max looked at George.

"Nothing."

"The hell you were. You were looking at me."

"Maybe the boy meant it for a joke, Max," AI said.

George laughed.

"You don't have to laugh," Max said to him.

"You don't have to laugh at all, see?'

"All right," said George.

"So he thinks it's all right." Max turned to AI. " He thinks it' s all right. That's a good one."

"Oh, he's a thinker," AI said. They went on eating.

"What's the bright boy's name down the counter?" AI asked Max.

"Hey, bright boy," Max said to Nick. " You go around on the other side of the counter with your boy friend."

"What's the idea?" Nick asked.

"There isn't any idea."

"You better go around, bright boy," AI said. Nick went around behind the counter.

"What's the idea?" George asked.

"None of your damned business," AI said. " Who's out in the kitchen?"

"The nigger."

"What do you mean the nigger?"

"The nigger that cooks"

"Tell him to come in."

"What's the idea?"

"Tell him to come in."

"Where do you think you are?"

"We know damn well where we are," the man called Max said. " Do we look silly?"

"You talk silly," AI said to him. " What the hell do you argue with this kid for? Listen," he said to George, " tell the nigger to come out here."

"What are you going to do to him?"

"Nothing. Use your head, bright boy. What would we do to a nigger?"

George opened the slit that opened back into the kitchen. "Sam," he called. "Come in here a minute."

The door to the kitchen opened and the nigger came in. "What was it?" he asked. The two men at the counter took a look at him.

"All right, nigger. You stand right there," AI said.

Sam, the nigger, standing in his apron, looked at the two men sitting at the counter. "Yes, sir," he said. AI got down from his stool.

"I' m going back to the kitchen with the nigger and bright boy," he said. " Go on back to the kitchen, nigger. You go with him, bright boy." The little man walked after Nick and Sam, the cook, back into the kitchen. The door shut after them. The man called Max sat at the counter opposite George. He didn' t look at George but looked in the mirror that ran along back of the counter. Henry' s had been made over from a saloon into a lunch counter.

"Well, bright boy," Max said, looking into the mirror, " why don' t you say something?"

"What' s it all about?"

"Hey ,AI," Max called , " bright boy wants to know what it' s all about."

"Why don' t you tell him?" AI' s voice came from the kitchen.

"What do you think it's all about?"

"I don't know."

"What do you think?"

Max looked into the mirror all the time he was talking.

"I wouldn' t say."

"Hey, AI, bright boy says he wouldn' t say what he thinks it' s all about."

"I can hear you, all right," AI said from the kitchen. He had propped open the slit that dishes passed through into the kitchen with a catsup bottle. " Listen,bright boy," he said from the kitchen to George. " Stand a little further along the bar. You move a little to the left, Max."

He was like a photographer arranging for a group picture.

"Talk to me, bright boy," Max said. " What do you think' s going to happen?"

George did not say anything.

"I' ll tell you," Max said. "We're going to kill a Swede. Do you know a big Swede named Ole Anderson?"

"Yes."

"He comes here to cat every night, don't he?"

"Sometimes he comes here."

"He comes here at six o' clock, don't he?"

“If he comes.”

“We know all that, bright boy,” Max said. “Talk about something else. Ever go to the movies?”

“Once in a while.”

“You ought to go to the movies more. The movies are fine for a bright boy like you.”

“What are you going to kill Ole Anderson for?What did he ever do to you?”

“He never had a chance to do anything to us, He never even seen us.”

“And he’s only going to see us once,” AI said from the kitchen.

“What are you going to kill him for, then?” George asked.

“We’re killing him for a friend. Just to oblige a friend, bright boy.”

“Shut up,” said Al from the kitchen. “You talk too goddamn much.”

“Well, I got to keep bright boy amused. Don’t I, bright boy?”

“You talk too damn much,” AI said. “ The nigger and my bright boy are amused by themselves. I got them tied up like a couple of girl friends in the convent.”

“I suppose you were in a convent.”

“You never know.”

“You were in a kosher convent. That’s where you were.”

George looked up at the clock.

“If anybody comes in you tell them the cook is off, and if they keep after it, you tell them you’ll go back and cook yourself. Do you get that, bright boy?”

“All right,” George said. “ What you going to do with us afterward?”

“That’ll depend,” Max said. “That’s one of those things you never know at the time.”

George looked up at the dock. It was a quarter past six. The door from the street opened. A streetcar motorman came in.

“Hello,George,” he said. “ Can I get supper?”

“Sam’s gone out,” George said. “He’ll be back in about half an hour.”

“I’d better go up the street,” the motorman said. George looked at the dock. It was twenty minute, past six. “That was nice, bright boy,” Max said. “You’re a regular little gentleman.”

“He knew I’d blow his head off,” AI said from the kitchen.

“No,” said Max. “ It ain’t that. Bright boy is nice. He’s a nice boy. I like him.”

At six fifty-five George said: “He’s not coming.”

Two other people had been in the lunchroom. Once George had gone out to the kitchen and made a ham-and-egg sandwich “to go” that a man wanted to take with him. Inside the kitchen he saw AI, his derby hat tipped back, sitting on a stool beside the wicket with the muzzle of a sawed-off shotgun resting on the ledge. Nick and the cook were back to back in the corner, a towel tied in each of their mouths. George had cooked the sandwich, wrapped it up in oiled paper, put it in a bag, brought it in, and the man had paid for it and gone out.

"Bright boy can do everything," Max said. " He can cook and everything. You'd make some girl a nice wife, bright boy."

"Yes?" George said, " Your friend, Ole Anderson, isn' t going to come."

"We' ll give him ten minutes," Max said.

Max watched the mirror and the dock. The hands of the dock marked seven o' clock, and then five minutes past seven.

"Come on, Al," said Max. "We better go. He' s not coming."

"Better give him five minutes," AI said. from the kitchen.

In the five minutes a man came in, and George explained that the cook was sick.

"Why the hell don' t you get another cook?" the man asked. " Aren' t you running a lunch-counter?" He went out.

"Come on, AI," Max said.

"What about the two bright boys and the nigger?"

"They' re all right."

"You think so?"

"Sure.We' re through with it."

"I don' t like it," said AI. " It' s sloppy. You talk too much."

"Oh, what the hell," said Max. "We got to keep amused, haven' t we?"

"You talk too much, all the same," AI said. He came out from the kitchen. The cut-off barrels of the shotgun made a slight bulge under the waist of his too tight-fitting overcoat. He straightened his coat with his gloved hands.

"So long, bright boy, " he said to George. " You got a lot of luck."

"That' s the truth," Max said. "You ought to play the races, bright boy."

The two of them went out the door. George watched them, through the window, pass under the arc-light and across the street. In their tight overcoats and derby hats they looked like a vaudeville team. George went back through the swinging door into the kitchen and untied Nick and the cook.

"I don' t want any more of that," said Sam, the cook. "I don' t want any more of that."

Nick stood up. He had never had a towel in his mouth before. "Say," he said. "What the hell?” He was trying to swagger it off.

“They were going to kill Ole Anderson,” George said. “They were going to shoot him when he came in to eat.”

“Ole Anderson?”

“Sure.”

The cook felt the corners of his mouth with his thumbs.

“They all gone?” he asked.

“Yeah,” said George. “They’ re gone now.”

“I don’ t like it,” said the cook. “I don’ t like any of it at all”

“Listen,” George said to Nick. “You better go see Ole Anderson.”

“All right.”

“You better not have anything to do with it at all,” Sam, the cook, said. “You better stay way out of it.”

“Don’ t go if you don’ t want to,” George said.

“Mixing up in this ain’ t going to get you anywhere,” the cook said. “You stay out of it.”

“I’ ll go see him,” Nick said to George. “ Where does he live?” The cook turned away.

“Little boys always know what they want to do,” he said.

“He lives up at Hirsch’ s rooming-house,” George said to Nick.

“I’ ll go up there.”

Outside the arc-light shone through the bare branches of a tree. Nick walked up the street beside the car-tracks and turned at the next arc-light down a side-street. Three houses up the street was Hirsch’ s rooming-house.

杀人者

欧内斯特•海明威

亨利那家供应快餐的小饭馆的门一开，就进来了两个人，他们挨着柜台坐下。

“你们要吃什么？”乔治问他们。

“我不知道，”其中一个人说，“你要吃什么，艾尔？”

“我不知道，”艾尔说，“我不知道我要吃什么。”

外边，天快黑了，街灯光打窗外漏进来。坐在柜台边那两个人在看菜单。尼克•亚当斯打柜台另一端瞅着他们。刚才他们两人进来的时候，尼克正在同乔治谈天。

“我要一个烤猪里脊加苹果酱和马铃薯泥。”头一个人说。

“烤猪里脊还没准备好。”

“那你干吗把它写上菜单呢？”

“那是晚餐的菜，”乔治解释说，“六点钟有得吃。”

乔治瞄一眼挂在柜台后面墙上的那只钟。

“五点啦。”

“钟面上是五点二十分。”第二个人说。

“它快二十分钟。”

“浑蛋钟，”头一个人说。“那么，你们有些什么吃的？”

“我可以供应你们随便哪一种三明治，”乔治说，“你们可以要火腿蛋、熏肉蛋、肝加熏肉，或者牛排。”

“给我来个炸仔鸡饼，配上青豆、奶油生菜和马铃薯泥。”

“那是晚餐的菜。”

“我们要的，样样都是晚餐的菜，是吗？你们就是这么做生意的。”

“我可以供应你们火腿蛋、熏肉蛋、肝——”

“我要火腿蛋。”那个叫作艾尔的人说。他戴顶常礼帽，穿一件横排纽扣的黑大衣。他那张脸又小又白，绷紧着嘴，围一条丝围巾，戴着手套。

“给我熏肉蛋。”另一个人说。他身材同艾尔差不多。他们的面孔不一样，穿得却像是一对双胞胎。两人都穿着绷得紧紧的大衣，他们坐在那儿，身子前倾，胳膊肘搁在柜台上。

“有啥可喝的？”艾尔问道。

“啤酒、葡萄酒、姜汁酒。”乔治说。

“我是说你有啥好喝的？”

“就是我刚才说的那些。”

“这个小城可呱呱叫啊，”另一个人说，“人们管它叫什么来着？”

“顶峰。”

“听说过吗？”艾尔问他的朋友。

“没有。”那个朋友说。

“你们这儿晚上干什么？”艾尔问道。

“人们来吃晚饭，”他的朋友说，“人们全都到这里来吃正餐。”

“对。”乔治说。

“你也认为对吗？”艾尔问乔治。

“当然。”

“你是个相当聪明的小伙子，可不是吗？”

“当然。”乔治说。

“唔，你不是，”另一个小个子说，“他是吗，艾尔？”

“他是个哑巴。”艾尔说。他转身向尼克说：“你叫什么名字？”

“亚当斯。”

“又是个聪明小伙子，”艾尔说，“难道他不是个聪明小伙子吗，麦克斯？”

“这个城尽是些聪明小伙子。”麦克斯说。

乔治把两盆东西放在柜台上，一盆是火腿蛋，另一盆是熏肉蛋，他又放下两碟装着炸马铃薯的添菜，然后关上通向厨房那扇便门。

“哪一盆是你的？”他问艾尔。

“你不记得吗？”

“火腿蛋。”

“真是个聪明小伙子。”麦克斯说，他探身向前拿了火腿蛋，两个人都戴着手套吃饭。乔治在一旁瞅着他们吃。

“你在看什么？”麦克斯望着乔治说。

“不看什么。”

“浑蛋，你是在看我。”

“也许这小伙子是闹着玩的，麦克斯。”艾尔说。

乔治哈哈一笑。

“你不用笑，”麦克斯对他说，“你根本就不用笑，懂吗？”

“懂，懂。”乔治说。

“他认为懂了，”麦克斯对艾尔说，“他认为懂了。好样的。”

“啊，他是个思想家。”艾尔说。他们继续在吃。

“柜台那头那个聪明的小伙子叫什么名字？”艾尔问麦克斯。

“嗨，聪明小伙子，”麦克斯对尼克说，“你同你那个朋友一起到柜台另一边去。”

“什么意思？”尼克说。

“没啥意思。”

“你还是过去吧，聪明小伙子。”艾尔说。尼克走到柜台后面去。

“什么意思？”乔治问道。

“别管闲事，”艾尔说，“谁在厨房里头？”

“一个黑鬼。”

“黑鬼是干什么的？”

“那个黑鬼是厨子。”

“要他进来。”

“什么意思？”

“要他进来。”

“你们以为你们是在哪儿呀？”

“我们在哪儿，我们最清楚不过，”那个叫作麦克斯的人说，“我们看来像傻瓜蛋吗？”

“你说傻话，”艾尔对他说，“你干吗要同这小子争辩？听着，”他对乔治说，“要那个黑鬼出来，到这里来。”

“你们打算要怎么对待他？”

“没事儿。聪明小伙子，你想一想。我们会怎么对待一个黑鬼？”

乔治打开通向后边厨房的小门。“萨姆，”他叫道，“进来一会儿。”

通向厨房那扇门一开，那个黑鬼进来了。“什么事？”他问道。柜台边那两个人朝他一看。

“好，黑鬼。你就站在那儿。”艾尔说。

那个黑鬼萨姆，没有解掉围裙就站在那里，眼睛盯着坐在柜台边那两个人看。“是，先生。”他说。艾尔从凳子上下来。

“我同这黑鬼和聪明小伙子一起回到厨房里去，”他说，“回厨房里去，黑鬼。你同他一起走，聪明小伙子。”那个小个子走在尼克和厨子萨姆后面，回到厨房里去。他随手关上门。那个叫作麦克斯的人则和乔治隔着柜台面对面坐在那儿。他眼睛并不看着乔治，而是对着镶在柜台后面那排镜子看。亨利这家快餐小饭馆是由一间酒吧改装起来的。

“唔，聪明小伙子，”麦克斯一边说，一边眼睛望着镜子，“你为什么不开口？”

“这究竟是怎么回事？”

“嗨，艾尔，”麦克斯高声说，“聪明小伙子要知道究竟是怎么回事。”

“你干吗不告诉他？”艾尔的声音打厨房里传来。

“你认为这是怎么回事？”

“我不知道。”

“你觉得怎样？”

麦克斯在说话的时候，一直望着镜子。

“我说不上来。”

“嗨，艾尔，聪明小伙子说他说不上来究竟是怎么回事。”

“我听到了，行，”艾尔从厨房里说。他用一只番茄汁瓶子把那个小洞口撑开，这个小洞洞是用来递盆子进厨房的。“听着，聪明小伙子，”他打厨房里对乔治说，“站过去点儿，站到卖酒柜台那边去。你往左边移一移，麦克斯。”他像个摄影师在准备拍团体照那样。“同我谈谈呀，聪明小伙子，”麦克斯说，“你以为将要发生什么事情啦？”

乔治一言不发。

“我来告诉你，”麦克斯说，“我们准备杀一个瑞典佬。你可认识一个大个子瑞典佬，叫作奥利·安德烈森的？”

“认识。”

“他每天晚上都到这儿来吃晚饭，是不是？”

“他有时候到这儿来。”

“他是在六点钟到这儿来的，是不是？”

“如果他来的话，是这时间。”

“我们全都知道，聪明小伙子，”麦克斯说，“谈点别的事儿吧。去看过电影吗？”

“偶尔去一趟。”

“你应该多去看看电影。对像你这样一个聪明小伙子来说，看电影真快活。”

“你们干吗要杀奥利•安德烈森？他有什么对不起你们的地方？”

“他从来没有机会对我们怎样过。他连见也从来没有见到过我们。”

“他只是要和我们见一次面。”艾尔从厨房里说。

“那你们为什么要杀他呢？”乔治问道。

“我们是替一个朋友杀他的。只是受一个朋友之托，聪明小伙子。”

“住口，”艾尔从厨房里说，“你他妈的话太多了。”

“唔，我得教聪明小伙子乐一乐。可不是吗，聪明小伙子？”

“你他妈的话太多啦，”艾尔说，“这个黑鬼和我这个聪明小伙子就会自得其乐。我把他们捆得像修道院里一对女朋友那样。”

“我还以为你真是在修道院里呢。”

“你懂个屁。”

“你是在一个清静的修道院里，你就是待在那儿。”

乔治抬头看看时钟。

“如果有什么人进来，你就对他们说，厨子出去啦，如果他们还是赖着不走，你就告诉他们，你可以进去亲自烧给他们吃。懂吗，聪明小伙子？”

“懂，”乔治说，“那么，过后你打算怎么处置我们呢？”

“那得看情况喽，”麦克斯说，“这是你们一时间绝不会知道的许多事情之一。”

乔治抬头看看时钟。六点一刻。临街那扇门开了，一个市内电车司机走进来。“喂，乔治，”他说，“有晚饭吃吗？”

“萨姆出去啦，”乔治说，“他大约要半个钟头才回来。”

“那我还是上别的地方去吧。”那个司机说。乔治看看时钟：六点二十分。

“真是个呱呱叫的聪明小伙子，”麦克斯说，“你真是个地道的小绅士。”

“他知道我会要他的脑袋瓜子。”艾尔从厨房里说。

“不，”麦克斯说，“不是这么回事。聪明小伙子呱呱叫。他是个呱呱叫的小伙子。我喜欢他。”

到了六点五十五分的时候，乔治说：“他不会来了。”

这期间，小饭馆里已经来过另外两个人。其中一个人要买一个“袋装”的火腿蛋三明治随手带走，乔治曾到厨房里去了一会儿，为他准备。他在厨房里看到把常礼帽戴在后脑勺的艾尔坐在便门旁边一个凳子上，一支锯断了的散弹枪枪口搁在架子上。尼克和那厨子背靠背待在角落里，嘴里各塞着一条毛巾。乔治做好了三明治，用油纸包好，放进一个纸袋里，拿了进来，那人付了钱后就走了。

“聪明小伙子样样事情都会做，”麦克斯说，“他能烧能煮，样样都行。你一定会使一个姑娘变成个贤妻良母，聪明小伙子。”

“是吗？”乔治说，“你们那个朋友奥利·安德烈森不打算来了。”

“我们再等他十分钟。”麦克斯说。

麦克斯看看镜子，又看看时钟。钟面是七点钟，接着是七点零五分。

“出来，艾尔，”麦克斯说，“我们还是走吧。他不来了。”

“还是再等他五分钟吧。”艾尔打厨房里说。

到了五分钟的时候，有个人进来，乔治说，厨子生病了。

“那你干吗不另找一个厨子？”那人问道，“你不是在开快餐小饭馆吗？”他走了出去。

“出来，艾尔。”麦克斯说。

“这两个聪明的小伙子和这个黑鬼怎么样啦？”

“他们没问题。”

“是吗？”

“当然。咱们这就好啦。”

“我不喜欢这玩意儿，”艾尔说，“不干脆。你话太多了。”

“啊，有啥道理，”麦克斯说，“我们总得乐一乐嘛，可不是吗？”

“总之，你话太多了。”艾尔说。他打厨房里出来。那支锯掉了枪筒的散弹枪在他那件太紧的大衣腰部显得有点鼓鼓囊囊的。他用套着手套的手把上衣拉了拉。

“再见，聪明小伙子，”他对乔治说，“你运气大大的好。”

“这倒是实话，”麦克斯说，“你应该去赌赌赛马，聪明小伙子。”

他们俩走出门去。乔治透过窗门瞅着他们从弧光灯下面走过去，穿过大街。他们穿着包紧的大衣，戴着常礼帽，样子真像两个要杂技的。乔治回身穿过转门，走进厨房，为尼克和那个厨子解绑。

“我可再也不要这玩意儿了，”厨子萨姆说，“我可再也不要这玩意儿了。”

尼克站了起来，他以前嘴里从来没有塞进过毛巾。

“哼，”他说，“啥个道理？”他正想把这事情用豪言壮语打发了。

“他们打算杀死奥利·安德烈森，”乔治说，“他们准备趁他进来吃饭的时候，把他枪杀了。”

“奥利·安德烈森？”

“当然。”

那个厨子用两个拇指摸摸嘴角。

“他们都走啦？”他问道。

“走啦，”乔治说，“他们这会儿都走啦。”

“我可不喜欢这事儿，”那个厨子说，“我可完全不喜欢这事儿。”

“你听好，”乔治对尼克说，“你最好还是去看一下奥利•安德烈森吧。”

“行。”

“你对这事情还是一点儿也别去插手为好。”

“你最好还是别卷进去。”

“如果你不想去，就别去。”乔治说。

“同这种事情搅在一起，对你并没有什么好处，”那个厨子说，“你别卷进去。”

“我去看他。”尼克对乔治说。“他住在哪儿？”那个厨子转身就走。

“小孩子也总会知道自己要干什么。”他说。

“他住在赫希的小公寓里。”乔治对尼克说。

“我上他那儿去。”

外面的弧光灯透过光秃秃的树枝。尼克沿着车轨向街上走去，在另一支弧光灯下拐弯，向一条小街走去。走到街上的第三幢房子就是赫希的小公寓。（曹庸 译）

译例分析：

①对话双方是小镇上餐厅的伙计和受雇于人的职业杀手，他们说话不加修饰，喜用俚语和俗语，完全符合他们的身份及所受的教育程度，简直可以说是活生生的人物对话。从译文上看，曹译此处用了口语化用语，用了“干吗”一词，虽然忠实原意却没有原作的风味。对于这类语言的翻译，译者的做法基本上是选择了不译，省略后的译文有些文绉绉的，没能体现出杀手的嚣张。服务员乔治面临的是邪恶的暴徒，他们是血腥和暴力的制造者，杀人放火、无所不为，说话不会慢条斯理，不会给人好脸色看，自然要流露出一些匪气，根据说话人的身份——暴徒，所以他们应该有自己的语言特点，骂骂咧咧，脾气暴躁，不会与服务员乔治和声和气地说话。在此，采用汉语中的粗俗语与之相对应，将“the hell”和“damn”的内涵再现，翻译为“他妈的”能更为准确地反映原文的意境，语言符合暴徒的身份特征，传神地表达了原作的信息。

在小说《杀人者》的具体翻译过程中，必须时刻把握人物的心理特征、身份特征，使人物的语言与他们的心理、身份和谐一致，这样才能再现原作的韵味。例如对话中的译语：“那你他妈的干吗要写在菜单上？”可译为：“你他妈的别管闲事，”这不仅符合中国人的语言习惯，而且真切地体现了小说中杀人者的粗俗形象。以下译文均可酌情改善：

原文：“I’ll have a roast pork tenderloin with apple sauce and mashed potatoes” the first man said.

"It isn't ready yet."

"What the hell do you put it on the card for?"

译文："我要一个烤猪里脊加苹果酱和马铃薯泥。"头一个人说。

"烤猪里脊还没准备好。"

"那你干吗把它写上菜单呢？"

原文："None of your damn business." AI said. "Who's out in the kitchen?"

译文："别管闲事，"艾尔说，"谁在厨房里头？"

②海明威的小说《杀人者》几乎没有使用书卷词语（literary words），读者见到的都是口语词语（colloquialism）。作者用近似一种白描的手法，语言通俗明了，因此，小说读来特别流畅。而正是这种仿佛随随便便、信手写来的风格，造就了似乎不讲究什么风格的特色，恰恰形成了它的艺术魅力。译者的翻译通俗、简洁，丝毫不加任何修饰和矫揉造作的成分，给读者强烈的真实感。例如：

原文：Outside it was getting dark. The streetlight came on outside the window. The two men at the counter read the menu. From the other end of the counter Nick Adams watched them. He had been talking to George when they came in.

译文：外边，天快黑了。街灯光打窗外漏进来。坐在柜台边那两个人在看菜单。尼克•亚当斯打柜台另一端瞅着他们。刚才他们两人进来的时候，尼克正在同乔治谈天。

③在《杀人者》中，海明威描绘了一个令人毛骨悚然的暴力世界，在这个世界，凶手残暴，受害人却听天由命、不知所措，目击者淳朴善良、胆战心惊，整个小镇都笼罩在阴森恐怖的气氛中。以下例句是作者对两个杀手的外表进行的描写，着墨不多，却形象鲜明。几个最简单的形容词："black""small""white""tight""different"等与前后反复出现的"dark""bare"等词语结合，传神的动词给小说营造了一种杀气腾腾的氛围。译者的译文忠实原文，运用直译的方法把原文重现在读者面前，语言简练。从对他们的外表描述中，读者脑海里随即会浮现出电影画面里常出现的黑社会的杀人者的形象：他们戴着圆顶礼帽，穿着绷得紧紧的黑大衣，戴着手套，给人一种飞扬跋扈、不可一世的感觉，让人产生来者不善的印象。

原文：He（AI）wore a derby hat and a black overcoat buttoned across the chest. His face was small and white and he had tight lips. He wore a silk muffler and gloves.

译文：他（艾尔）戴顶常礼帽，穿一件横排纽扣的黑大衣。他那张脸又小又白，绷紧着嘴，围一条丝围巾，戴着手套。

原文：He（Max）was about the same size as AI. Their faces were different，but they were dressed like twins. Both wore overcoats too tight for them.

译文：他（麦克斯）身材同艾尔差不多，他们的面孔不一样，穿得却像是双胞胎。两人都穿着绷得紧紧的大衣。

④海明威在短篇小说《杀人者》中运用了较多的重复手段，“What’s the idea?”重复多次，形象地写出乔治了的恐惧，而“Tell him to come in.”则生动地勾勒出杀手的冷酷与无情。译者在翻译此类句子时采取了与原文呼应的策略，采用直译，较好地传达了原作的原汁原味。

原文：“He knew I’d blow his head off,” AI said from the kitchen.

“No,” said Max. “It ain’t that. Bright boy is nice. He’s a nice boy. I like him.”

译文：“他知道我会要他的脑袋瓜子。”艾尔从厨房里说。

“不，”麦克斯说，“不是这么回事。聪明小伙子呱呱叫。他是个呱呱叫的小伙子。我喜欢他。”

“nice”译者曹庸先生将其译为“呱呱叫”，比较符合汉语的表达特点。“呱呱叫”是两个杀手在戏弄、讽刺乔治时用的词语，形象地传达了杀手的冷酷和无情。

⑤尼克是《杀人者》的焦点，他是一个心地善良、乐于助人的男孩，单纯、涉世不深，作者通过他的亲身感受揭露了当时美国社会的黑暗和残暴。海明威的语言风格是很少描写，最擅长使用动词，尤其是动态动词（dynamic verb），用动词所表述的动作展示人物的内心活动和人物性格特征。海明威把这一连串的动作：“cook”“wrap”“put”“bring”等放在一起，一气呵成，点明此刻乔治紧张的心情，他动作飞快，无疑是想让顾客赶紧离开是非之地，免遭不测。无须多写，让读者从这一系列的动作中去揣摩人物当时的心理和情境，乔治善良的性格品质和此刻的心情生动地呈现出来，也符合海明威创作的“冰山原则”。曹庸先生采用直译，用一系列动词“做”“包”“放”“拿”来对照翻译，与海明威的“电报体”风格如出一辙。

原文：George had cooked the sandwich，wrapped it up in oiled paper，put it in a bag，brought it in，and the man had paid for it and gone out.

译文：乔治做好了三明治，用油纸包好，放进一个纸袋里，拿了进来，那人付了钱后就走了。

⑥“化境”“神似”是文学翻译的最高境界。因此译者必须从整体上把握原作的语言风格，熟悉原作人物的语言特征和心理特点，根据这些再充分发挥译语的优势和译者的主体意识来进行翻译，以保证原作的主要精神、意境与风格特点很好地再现，以达到“忠实”标准。海明威以他的“冰山原则”为宗旨进行创作，所以翻译他的文学作品时必须把握他的语言特色才能在翻译中确保译作不走样。

《杀人者》描绘的两个杀手有着迥然不同的人物个性，麦克斯性格外露，多嘴多言，比较莽撞，竟然毫无顾忌地泄露他们的行动计划，甚至告诉乔治他们是受人委托来杀安德烈森的。而艾尔话少，比较谨慎小心和老道。“sloppy”一词的本意是“溅污的”，让人想到不小心的泼溅、污点，含有懈怠、不整洁的意思。译者这里将其翻译成“不干脆”，恰如其分地表现了艾尔对麦克斯话多的不满，也恰当地形容了麦克斯的性格。

原文："I don't like it," said AI. "It's sloppy, you talk too much."

译文："我不喜欢这玩意儿，"艾尔说，"不干脆，你话太多了。"

⑦彼特•纽马克在提到翻译是艺术时，曾指出，译者要顺利地把理解到的东西表达出来，表达时可能需要再创造。所以作为一名翻译者，在翻译文学作品时，在保证"信""达""雅"的基础上要有创造意识，这实际上也是一种译者的主体意识，这种主体意识的存在与否、强与弱，直接影响着整个翻译过程，并影响着翻译的最终结果，即译文的价值。

小说《杀人者》技巧独特，体现了海明威的"冰山原则"，"作品结构巧妙，写作手法精细含蓄，下面两个译例曹译本均选择了直译，把字面意思表达了出来。并将暴徒取笑、逗乐、找茬的韵味都包含在内了，效果较好，充分体现了在文学翻译中译者的主体创造意识，使译文增色。

原文：He had propped open the slit that dishes passed through into the kitchen with a catsup bottle.

译文：他用一只番茄汁瓶子把那个小洞口撑开，这个小洞洞是用来递盆子进厨房的。

原文："Got anything to drink？" AI asked. "Silver beer, bevo, ginger ale," Gorge said. "I mean you got anything to drink？" "Just those I said."

译文："有啥可喝的？"艾尔问道。"啤酒、葡萄酒、姜汁酒。"乔治说。"我是说你有啥好喝的？""就是我刚才说的那些。"

⑧杀手离开后，乔治马上要尼克去通知安德烈森。尼克年轻单纯、正直善良、乐于助人，觉得很有必要去告诉拳击师，他的回答干脆利落。厨师萨姆胆小怕事、冷漠，生怕惹祸上身。当尼克决心要去拳击师家时，萨姆"转身就走"这一翻译很好地表明了厨师害怕把自己卷进去，怕惹麻烦的心理。海明威不直接吐露人物的思想情绪，而是通过细致的动作描写透露人物的心情。

原文："You better not have anything to do with it at all," Sam, the cook said. "You better stay way out of it."

"I'll go see him," Nick said to George. "Where does he live?" The cook turned away.

译文："你对这事情还是一点儿也别去插手为好，"厨子萨姆说，"你最好还是别卷进去。"

"我去看他，"尼克对乔治说，"他住在哪儿？"那个厨子转身就走。

8.3.2 译例评析

Robinson Crusoe

（An excerpt from Chapter IV）

My thoughts were now wholly employed about securing myself against either savages, if any should appear, or wild beasts, if any were in the island; and I had many thoughts of the method how to do this,and what kind of dwelling to make, whether I should make me a cave in the earth, or a tent upon the earth. And, in short. I resolved upon both, the manner and description of which it may not be improper to gave an account of.

I soon found the place I was in was not fit for my settlement, particularly because it was upon a low moorish ground near the sea, and I believed it would not be wholesome, and more particularly because there was no fresh water near it, so I resolved to find a more healthy and more convenient spot of ground.

I consulted several things in my situation, which I found would be proper for me: first, health and fresh water, I just now mentioned; secondly, shelter from the heat of the sun; thirdly, security from ravenous creatures, whether man or beast ; fourthly, a view to the sea, that if God sent any ship in sight, I might not lose any advantage for my deliverance, of which I was not willing to banish all my expectation yet.

In search of a place proper for this, I found a little plain on the side of a rising hill, whose front towards this little plain was steep as a house-side, so that nothing could come down upon me from the top ; On the one side of the rock there was a hollow place worn a little way in like the entrance or door of a cave, but there was not really any cave, or way into the rock at all.

On the flat of the green, just before this hollow place, I resolved to pitch my tent. This plain was not above a hundred yards broad and about twice as long, and lay like a green before my door and at the end of it descended irregularly every way down into the low ground by the seaside. It was on the north-northwest side of the hill, so that it was sheltered from the heat every day, till it came to a west, and by south sun, or thereabouts, which in those countries is near the setting.

Before I set up my tent, I drew a half circle before the hollow place, which took in about ten yards in its semidiameter from the rock, and twenty yards in its diameter, from its beginning and ending.

In this half circle I pitched two rows of strong stakes, driving them into the ground till they stood very firm like piles, the biggest end being out of the ground above five feet and a half and sharpened on the top. The two rows did not stand above six inches from one another.

Then I took the pieces of cable which I had cut in the ship, and laid them in rows one upon another. within the circle, between these two rows of stakes, up to the top, placing other stakes in the inside, leaning against them, about two foot and a half high, like a spur to a post; and this fence was so strong, that neither man nor beast could get into it or over it. This cost me a great deal of time and labour, especially to cut the piles in the woods, bring them to the place and drive them into the earth.

The entrance into this place I made to be not by a door, but by a short ladder to go over the top, which ladder, when I was in, I lifted over after me, and so I was completely fenced in, and fortified, as I thought, from all the world, and consequently slept secure in the night, which otherwise I could not have done, though, as it appeared afterward, there was no need of all this caution from the enemies that I apprehended danger from.

Into this fence or fortress, with infinite labour, I carried all my riches, all my provisions, ammunition, and stores, of which you have the account above ; and I made a large tent, which to preserve me from the rains that in one part of the year are very violent there, I made double, viz, one smaller tent within, and one larger tent above it, and covered the uppermost with a large tarpaulin, which I had saved among the sails.

And now I lay no more for a while in the bed which I had brought on shore, but in a hammock which was indeed a very good one and belonged to the mate of the ship.

Into this tent I brought all my provisions and everything that would spoil by the wet, and having thus enclosed all my goods, I made up the entrance, which till now I had left open, and so passed and repassed, as I said, by a short ladder.

When I had done this, I began to work my way into the rock, and bringing all the earth and stones that I dug down out through my tent, I laid'em up within my fence in the nature of a terrace, that so it raised the ground within about a foot and a half, and thus I made me a cave just behind my tent, which served me like a cellar to my house.

It cost me much labour and many days before all these things were brought to perfection, and therefore I must go back to some other things which took up some of my thoughts. At the same time it happened, after I had laid my scheme for the setting up my tent, and making the cave, that a storm of rain falling from a thick, dark cloud, a sudden flash of lightning happened and after that a great clap of thunder, as is naturally the effect of it ; I was not so much surprised with the lightning as I was with a thought which darted into my mind as swift as the lightning itself : Oh, my powder! My very heart sank within me when I thought that at one blast all my powder might be destroyed, on which, not my defence only, but the providing me food , as I thought, entirely depended ; I was nothing near so anxious about my own danger, though, had the powder took fire, I had never known who had hurt me.

Such impression did this make upon me that after the storm was over, I laid aside all my works, my building and fortifying, and applied myself to make bags and boxes to separate the powder, and keep it a little and a little in a parcel, in hope that whatever might come it might not all take fire at once, and to keep it so apart that it should not be possible to make one part fire another, I finished this work in about a fortnight, and I think my powder, which in all was about 240 pounds' weight, was divided in not less than a hundred parcels; as to the barrel that had been wet, I did not apprehend any danger from that, so I placed it in my new cave, which in my fancy I called my kitchen, and the rest I hid up and down in holes among the rocks, so that no wet might come to it, marking very carefully where I laid it.

鲁滨孙漂流记

（第四章节选）

当时，我的思想完全集中在如何保护自己，防备野人或野兽的袭击，假如岛上有野人或野兽的话。我想了许多办法，考虑造什么样的住所：是在地上掘个洞呢，还是搭个帐篷。最后，我决定两样都要。至于建成什么样子，怎样去做，不妨在这里详细谈谈。

首先，我感到目前居住的地方不太合适。一则因离海太近，地势低湿，不卫生；二则附近没有淡水。我得找一个比较卫生、比较方便的地方建造自己的住所。

我根据自己的情况，拟定了选择住所的几个条件：第一，必须如我上面所说的，要卫生，要有淡水；第二，要能遮阴；第三，要能避免猛兽或人类的突然袭击；第四，要能看到大海，万一上帝让什么船只经过，我就不至于失去脱险的机会，因为我始终存有一线希望，迟早能摆脱目前的困境。

我按上述条件去寻找一个合适的地点，发现在一个小山坡旁，有一片平地。小山靠平地的一边又陡又直，像一堵墙，不论人或野兽都无法从上面下来袭击我。在山岩上，有一块凹进去的地方，看上去好像是一个山洞的进口，但实际上里面并没有山洞。

在这山岩凹进去的地方，前面是一片平坦的草地，我决定就在此搭个帐篷。这块平地宽不过一百码，长不到二百码。若把住所搭好，这块平坦的草地犹如一块草皮，从门前起伏连绵向外伸展形成一个缓坡，直至海边的那块低地。这儿正处小山西北偏北处，日间小山正好挡住阳光，当太阳转向西南方向照到这儿时，也就快要落下去了。

搭帐篷前，我先在石壁前面划了一个半圆形，半径约十码，直径有二十码。沿这个半圆形，我插了两排结实的木桩；木桩打入泥土，仿佛木橛子，大头朝下，高约五尺半，顶上都削得尖尖的。两排木桩之间的距离不到六英寸。

然后，我用从船上截下来的那些缆索，沿着半圆形，一层一层地堆放在两排木桩之间，一直堆到顶上，再用一些两英尺半高的木桩插进去支撑住缆索，仿佛柱子上的横条。这个篱笆十分结实牢固，不管是人还是野兽，都无法冲进来或攀越篱笆爬进来。这项工程，花了我不少时间和劳力，尤其是我得从树林里砍下粗枝做木桩，再运到草地上，又一一把它们打入泥土，这工作尤其费力费时。

至于住所的进出口，我没有在篱笆上做门，而是用一个短梯从篱笆顶上翻进来，进入里面后再收好梯子。这样，我四面都受保护，完全与外界隔绝，夜里就可高枕无忧了。不过，我后来发现，对我所担心的敌人，根本不必如此戒备森严。

我又花了极大的力气，把前面讲到的我的全部财产、全部粮食、弹药武器和补给品，一一搬到篱笆里面，或者可以说搬到这个堡垒里来。我又给自己搭了一个大帐篷用来防雨，因为这儿一年中有一个时期常下倾盆大雨。我把帐篷做成双层的，也就是说，里面一个小的，外面再罩一个大的，大帐篷上面又盖上一大块油布。那油布当然也是我在船上搜集帆布时一起拿下来的。

现在我不再睡在搬上岸的那张床上了，而是睡在一张吊床上，这吊床原是船上大副所有，质地很好。

我把粮食和一切可能受潮损坏的东西都搬进了帐篷。完成这工作后，就把篱笆的出入口堵起来。此后，我就像上面所说，用一个短梯翻越篱笆进出。

做完这些工作后，我又开始在岩壁上打洞，把挖出来的土石方从帐篷里运到外面，沿篱笆堆成一个平台，约一英尺高。这样，帐篷算是我的住房，房后的山洞就成了我的地窖。

这些工作既费时又费力，但总算一一完成了。现在，我再回头追述一下其他几件使我煞费苦心的事情。在我计划搭帐篷打岩洞的同时，突然乌云密布，暴雨如注，雷电交加。在电光一闪，霹雳突至时，一个思想也像闪电一样掠过我的头脑，使我比对闪电本身更吃惊："哎哟，我的火药啊！"想到一个霹雳就会把我的火药全部炸毁时，我几乎完全绝望了。因为我不仅要靠火药自卫，还得靠其猎取食物为生。当时，我只想到火药，而没有想到火药一旦爆炸自己也就完了。假如火药真的爆炸，我自己都不知道死在谁的手里呢。

这场暴风雨使我心有余悸。因此，我把所有其他工作，包括搭帐篷、筑篱笆等都先丢在一边。等雨一停，我立刻着手做一些小袋子和匣子，把火药分成许许多多小包。这样，万一发生什么情况，也不致全部炸毁。我把一包包的火药分开储藏起来，免得一包着火危及另一包。这件工作我足足费了两个星期的时间。火药大约有二百四十磅，我把它们分成一百多包。至于那桶受潮的火药，我倒并不担心会发生什么危险，所以我就把它放到新开的山洞里；我把这山洞戏称为我的厨房，其余的火药我都藏在石头缝里，以免受潮，并在储藏的地方小心地做上记号。

（郭建中译）

8.3.3 课后练习

请用合适的翻译策略，完成下面两个语段的翻译。

（1）At the pawnbrokers' shop, too, I began to be very well known. The principal gentleman who officiated behind the counter, took a good deal of notice of me; and often got me, I recollect, to decline a Latin noun or adjective, or to conjugate a Latin verb, in his ear, while he transacted my business. After all these occasions, Mrs. Micawber made a little treat, which was generally a supper; and there was a peculiar relish in these meals which I well remember.

At last Mr. Micawber' s difficulties came to a crisis, and he was arrested early one morning, and carried over to the King' s Bench Prison in the Borough. He told me, as he went out of the house, that the God of day had now gone down upon him and I really thought his heart was broken and mine too. But I heard, afterwards, that he was seen to play a lively game at skittles before noon.

(2)The young lady had been Maxwell' s stenographer for a year. She was beautiful in a way that was decidedly unstenographic. She forewent the pomp of the alluring pompadour. She wore no chains, bracelets or lockets. She had not the air of being about to accept an invitation to luncheon. Her dress was grey and plain, but it fitted her figure with fidelity and discretion. In her neat black turban hat was the gold-green wing of a macaw. On this morning she was softly and shyly radiant. Her eyes were dreamily bright, her cheeks genuine peachblow, her expression a happy one, tinged with reminiscence.

★ 跨文化小贴士 ★

历史典故的差异与翻译

英汉两种语言中有大量由历史事件转化成的习语，这些习语结构简单、意义深远，往往是不能单从字面意义去理解和翻译的。汉语中的习语主要来源于浩如烟海的中国经传典籍、寓言故事和神话传说，例如“破釜沉舟”源自《史记·项羽本纪》，“守株待兔”“叶公好龙”等源于寓言故事，“夸父逐日”“嫦娥奔月”等出自神话传说。这充分体现了中华民族独特的古代文化，很难在英语中找到对等的习语和典故。

英语中的典故多来自《圣经》和希腊罗马神话，如英语中 cross the Rubicon(孤注一掷)源于罗马历史故事；castle in the air(空中楼阁)源于神话传说；hang by a thread(千钧一发)则源于希腊故事；cat' s paw 直译为猫爪子，源于《伊索寓言》，用来比喻“被人当作工具使用的人”或“受人愚弄的人”；如 Achilles' heel(唯一致命弱点), meet ones Waterloo(一败涂地), a Pandora' s box(潘多拉之盒，形容灾难、麻烦、祸害的根源)等源自希腊神话。

第9章 散文翻译

9.1 概述

9.1.1 散文的特点

散文是指以文字为创作、审美对象的文学艺术体裁，是文学中的一种体裁形式。广义而言，凡是不属于韵文的文章都可称为散文。西方人甚至把小说也包括在散文之内；我国有些现代叙事性文章名为散文，但称为小说也无不可。严格说来，我们说的散文应相当于英文的 Essay, 与诗歌（poem）、小说（novel）、戏剧（drama）并称，文字一般都比较短小精炼，如随笔、小品文、杂感、游记、日记、书信、回忆录、通讯报道等。散文常有叙事散文、抒情散文、哲理散文之分。散文具有形散神不散、意境深邃、语言优美等特点。

"形散"主要是说散文取材十分广泛自由，不受时间和空间的限制，表现手法不拘一格：可以叙述事件的发展，可以描写人物形象，可以托物抒情，可以发表议论，而且作者可以根据内容需要自由调整、随意变化。"神不散"主要是从散文的立意方面说的，即散文所要表达的主题必须明确而集中，无论散文的内容多么广泛，表现手法多么灵活，无不为更好地表达主题服务。

意境深邃指散文注重表现作者的生活感受，抒情性强，情感真挚。作者借助想象与联想，由此及彼，由浅入深，由实而虚的依次写来，可以融情于景、寄情于事、寓情于物、托物言志，表达作者的真情实感，实现物我的统一，展现出更深远的思想，使读者领会更深的道理。无论是抒情散文还是叙事散文，都有真情的渗入，蕴含动人的力量。

语言优美主要体现在韵味和意境上，是指散文的语言清新明丽，生动活泼，富于音乐感，行文如涓涓流水，叮咚有声，如娓娓而谈，情真意切。散文的语言质朴、平实、流畅、自然，寥寥数语就可以描绘出生动的形象，勾勒出动人的场景，显示出深远的意境。散文力求写景如在眼前，写情沁人心脾，在平淡中显出品位。

9.1.2 散文翻译的标准与原则

翻译的标准是衡量翻译质量的尺度。一篇好的译文，必须是正确而又流畅地表达了原文的意思。关于翻译标准，从 19 世纪末的翻译家严复提出的"信、达、雅"，到鲁迅先生的“信”与“顺”，一直到目前翻译界所普遍接受的“忠实”与“通顺”，观点大体上是一脉相承的。散文的翻译，不单单是将散文翻译成不同文字的文本，更要再现原作的风格。再现原散文的韵味，要以识别原作的风格特征、领悟原作的精神风貌、行文气势和神韵等为基础，不单局限在文字层面，还涉及原作所表现的精神追求和艺术追求。林语堂对翻译提出了“忠实标准，通顺标准，美的标准”正适用于对散文翻译的要求。译者在散文翻译的时候大致需遵循以下三种原则：

（1）真实再现散文的意义

散文的核心在于传情达意，状物叙事和说理真切、直接，故而准确再现散文之意是散文翻译的前提。这要求译文在意义、形式、趣味、格调等方面力求与原文等质等量。要做到这一点，首先需要对散文进行充分、细致的解读。对散文的解读不仅要落实到单个字词的意义、语音、拼写等微妙的细节上，也要涉及对词语的内涵和外延意义、比喻意义和象征意义，再到句子、语篇的主题意义等的理解。再现散文之意要兼顾散文的内容和形式。从语言层次上说，译文由微观到宏观，从字、词、句、篇到修辞、逻辑、文体、主题仔细把握，使用精确、恰当的词句来再现原意。从文化层次上说，译文必须结合原作的社会、历史、文化和文学背景，准确地体现原作的意义。

（2）恰当保存散文的形式

散文的选材自由，形式开放，但并不意味着散文就不注重形式。 它只是不像诗歌讲究音韵格律，也不像小说虚构情节。散文的美除了体现在意境和情趣上，也体现在散文的形式上，包括散文的音韵节奏、遣词造句、修辞手段等。如果在翻译散文时忽略原作的形式，那必定会失去原作的美。散文最显著的表现形式就是通过散文的词句体现出鲜明的个性和风格。

（3）消除原文和译文之间的文化差异

语言是文化的载体。我们只有消除文化上的隔阂，才能使读者在两种语言之间没有理解的鸿沟。要清除这些隔阂，并不是将所有的文化因素都抛弃掉，而是要想办法译得准确，基本的原则是：原文的意味和意境不能改变，另外还可以利用注释和说明来完整传递原文的意趣。

9.1.3 翻译的风格表现

风格是作家或译者的个性特征，是个人创作特色的集合体。在翻译中如何再现原文的风格至关重要。由于文化背景、个人创作特色、思维方式、审美取向等方面的差异，若想完全再现原文风格并非易事。刘宓庆是我国著名的翻译理论家，他认为风格在大多数情况下是可译的，并系统提出翻译风格论。该理论强调分析作品的风格主要从两方面着手，即探讨其形式标记和非形式标记，其中形式标记包括音系标记、语域标记、词语标记、句法标记、章法标记、修辞标记等；非形式标记主要是指作家的行文气质。此外，刘宓庆也系统指出与原文风格保持一致的翻译策略，主要包括对应式风格转换（corresponding）、重建式风格转换（recasting）和淡化式风格转换（decolouring）。

对应式转换又称为“模仿（imitation）”，模仿在风格的翻译中具有最广泛、最切实可行的意义。最广泛，是因为对大多数作品来说，以模仿来传译原文的风格是完全可能办到的；最切实可行，是因为对大多数译者来说，尽力模仿原作风格并不是很难办到的。换言之，对应式转换是风格标记体系的对应转换。如果这一对应转换是恰到好处的，那么，以模仿来传译原文风格的努力，就从结构上保证了译文风格对原文风格的适应性。

重建式风格转换的实质是风格意义的再创造。一般来说，重建式换码属于最高层次的风格转换。风格意义再创造的依据通常是：

①目的语缺乏与原语相对应的风格符号系统，首先是形式标记中的音系标记、结构性变异的词语标记以及若干修辞标记。

②原作与目的语的时空差。由于时序变迁，原作的风格早已演变蜕化，这时如果按对应式转换将目的语以模仿原语风格方式复制就很难为当代的读者所接受。

③从交际功能与效用出发，必须对原语风格加以改造。任何有意义的语际转换活动都具有社会性，因此，风格设计应该考虑到交际目的。

④语言—文化差异所导致的表达法和习惯用法的差异以及更深层的思维方式、思维特征和思维风格的差异。思维支配着表达法，而悠久的民族文化历史传统、哲学观和民族心理及意识过程又经常作用于思维方式、思维特征及思维风格，后三者与语言风格的关系则是不言而喻的。

淡化式风格转换是一种权宜性对策，“淡化”的实质是在确保概念意义的前提下不得已放弃（或部分放弃）风格意义。译者之所以不得不诉诸“淡化”的根据，与重建式相同，但更重要的原因是难以逾越的语言—文化障碍，其中包括：表达法、惯用法；历史及典籍典故、民间传奇及传说；有典型的民族性含义的体语；方言词语及表达法（特别是语序）、惯用法；语言文字结构等。

9.1.4 课后练习

（1）请将下面短文翻译成汉语。

In the first place it is a perennial—if not in actual fact, at least in the greengrocer’s shop. On the days when dessert is a name given to a handful of chocolates and a little preserved ginger, when macedoine de fruits is the title bestowed on two prunes and a piece of rhubarbs, then the orange, however sour, comes nobly to the rescue; and on those other days of plenty when cherries and strawberries and raspberries and gooseberries riot together upon the table, the orange, sweeter than ever, is still there to hold its own. Bread and butter, beef and mutton, eggs and bacon, are not more necessary to an ordered existence than the orange.

（2）请将下面短文翻译成英语。

真正的朋友，恐怕要算“总角之交”或“竹马之交”了。在小学和中学的时代容易结成真实的友谊，那时彼此尚不感到生活的压迫，入世未深，打算计较的念头也少，朋友的结成全由于志趣相近或性情适合，差不多可以说是“无所为”的，性质比较纯粹。二十岁以后结成的友谊，大概已不免掺有各种各样的颜色分子在内；至于三十岁四十岁以后的朋友中间，颜色分子越多，友谊的真实成分也就不免因而越少了。这并不一定是“人心不古”，实可以说是人生的悲剧。人到了成年以后，彼此都有生活的重担须负，入世既深，顾忌的方面也自然加多起来，在交际上不许你不计较，不许你不打算，结果彼此都“钩心斗角”，像七巧板似地只选定了某一方面和对方去接合。这样的接合当然是很不坚固的，尤其是现代这样什么都到了尖锐化的时代。

9.2 译技讲解

9.2.1 翻译风格

风格是文学作品的灵魂，风格也是可译的，更是优秀的翻译作品之共性。谈到风格翻译就避不开翻译中风格的两端，一端是作者风格，另一端是译者风格。传统译论中，译者是被要求“隐身”的，译者传达的只是原作者的风格，无所谓译者风格的存在。但实际上，翻译要做到完全透明则是不可能的。翻译是一种再创作，这已成为译界共识。辩证的看法是作者风格 / 原作风格和译者风格 / 译作风格具有矛盾的辩证统一性。同时按照翻译的客观规律，译作要体现原作的风格，不论从思想层面上，还是语言层面上，原作的风格都要在译作上得以体现。译文与原文风格尽可能一致，可采用对应式风格转换、重建式风格转换、淡化式风格转换等翻译策略。

（1）对应式风格转换

例．春天像刚落地的娃娃，从头到脚都是新的，它生长着。

译文：Spring is like a newborn child, brand new from head to toe, starting out in life.

分析：原文运用拟人修辞手法，将“春天”比拟成新生的“娃娃”，生动形象。译文运用对应式风格转换策略，力图模仿原文风格，也采用拟人手法，并且保留原文意象，描绘了一幅清新迷人的画面。

（2）淡化式风格转换

例．坐着，躺着，打两个滚，踢几脚球，赛几趟跑，捉几回迷藏。

译文：Some people are seated, some are lying down, and others are turning somersaults; then there are games of ball, footraces, and hide-and-seek.

分析:原文是典型的中文表达,主语省略、短句多、运用“动词+数量词”的动补结构。译文在处理该句时,还原句子主语“People”,采用“some... some... others...”结构,使句子更加连贯;此外,在翻译“踢几脚球,赛几趟跑,捉几回迷藏”时,作者并没拘泥原文句式,照搬原文结构,而是合译成“there be”句式。虽然译文没有出现“踢”“赛”“捉”这三个动词,但汉语多用动词,英语多用名词,作者将三个动词灵活合译成名词“games”,后接“ball”“footraces”“ hide-and-seek”等宾语,符合英语表达习惯,灵活完整保留原文内涵,再现春日里轻松游乐的惬意画面。

(3)重建式风格转换

例.于时妖童媛女,荡舟心许;鹢首徐回,兼传羽杯;櫂将移而藻挂,船欲动而萍开。

译文:

Princely lads and alluring maidens,
Adrift in a boat, their hearts in accord;
The boat’s prow describes a slow turn,
As they exchange wine cups;
The oars become intertwined,
And the boat moves across the floating duckweed.

分析:原语引自梁元帝《采莲赋》,摘自《荷塘月色》。其体裁是赋,是中国古代一种特殊文体,介于诗和散文之间,类似于后世的散文诗。此外,原文还运用繁体字和古文常用词,如“鹢”“櫂”“羽杯”等,创造一种古色古香的意境,富有古典美感。然而使译文重现原文风格并非易事,一方面,目标语中不存在“赋”这种文体;另一方面,原作与目的语存在时空差,在翻译“鹢”“櫂”“羽杯”等古文常用词时须谨慎,即尽可能保留原文意象,又达到交际功能,被当代读者所接受。在翻译原文时,摒弃了“赋”的文体束缚,以“诗”为载体,将“鹢”“櫂”“羽杯”通俗化,分译为“boat”,“oar”和“wine cups”,此外,译文也运用第三人称“they”等作主语,简洁易懂。通篇译文既保留原文含义,又融入个人风格,用词简洁准确,表达多口语化,完美再现原文意境。

9.2.2 词语选择

由于生活方式、风俗习惯、历史背景等差异,词汇在每个民族中都有其特有的文化特点。对于一些文化独有的词汇与词义,若没有详细信息解释,由于语义上的缺位,外国读者很难理解。例如,“顿首”(做一个隆重的点头)和“百拜”(一百个问候)与礼貌有关,这是中国传统的问候方式。这种行为在西方国家甚至不存在。在翻译时若只是直译,虽然西方读者获得了意义,但他们可能仍然对译文感到困惑。所以在翻译时须解释这些词的深刻内涵。此时可以使用释义法或意译法等技巧来对原文特有词汇进行解释翻译。

（1）释义法

例 1. 它可能是一条现代的乌衣巷，家家有自己的一本哀乐账，一部兴衰史，可是重门叠户，讳莫如深，夕阳影里，野花闲草，燕子低飞，寻觅归家。

译文：It may be a modern version of Wu Yi Xiang, a special residential area of nobility in the Jin dynasty southeast of today’s Nanjing, where each family, secluded behind closed doors, has its own covered-up story of joys and sorrows, and rise and decline.When the sun is setting,swallows will fly low over wild flowers and grass on their way to their nests.

分析：由于地理位置和生活环境的不同，不同国家的人们对生态文化的认识是不同的，它涉及气候、山脉、植物、动物和其他类似因素。因为中国是一个大国，大陆和复杂的生态环境，有着丰富的生态文化负载表达，具有中国的生态特征。本例中的乌衣巷在今南京市东南，东晋时为望族居住的地方，现采取释义法，把它译为 Wu Yi Xiang, a special residential area of nobility in the Jin dynasty southeast of today’s Nanjing. 相似的例子还有“胡同”，是中国苏州、北京流行的一种传统而独特的街道。但它只是从古代中国人的角度来描述，而这在外国文化中是空白的。

例 2. 其实，古人早就以鸡喻人了，《尚书・牧誓》里就有“牝鸡无晨”之句。

译 文：As a matter of fact, our forefathers long ago already drew an analogy between hen and men, as witness the Chinese idiom “No hen crows at dawn”（meaning “No woman is to usurp man’s power”）in the Book of History: Mu Shi.

分析：本例中的“牝鸡无晨”本是一句成语，除字面含义外还有特定的内涵，译文在字面翻译为“No hen crows at dawn”的基础上，用括号增添（meaning “No woman is to usurp man’s power”）的成分做注释，有助于译文读者对原文成语的理解。

（2）意译法

例 1. 和尚最大的努力，是否认现世而求未来的涅槃，但他若不曾了解现世，他又怎能勘破现世，而跳出三界外呢？

译文：Buddhist monks exert every effort to renounce this life in favour of future nirvana. But, without a full knowledge of this life, how could they see through the vanity of human society and make a clean break with this mortal world?

分析：宗教元素随着历史和文明的发展而渗透到语言中。某一群体拥有自己的特定信仰，但信仰并不完全为一个国家所独有。因此，了解宗教背景是翻译这些词之前的先决条件，因为不同各国受到不同宗教的影响。本例中，“勘破现世”可直译为“看透了现在这个世界”，译文把“世界”意译为“人类社会”，增加“虚荣”这个意象，译为 see through the vanity of human society ;“跳出三界”中的“三界”是佛教用语，指“众生所住的世界”，译文按照“与现世一刀两断”的意思把“跳出三界”译为 make a clean break with this mortal world。

例2. 这是个乐趣，摸住门道，花草养活了，而且三年五载老活着、开花，多么有意思呀！

译文：How interesting it is to be able to keep my flowers and plants alive and watch them thrive and bloom year in year out!

分析：在汉语中，四字短语是一种典型的中式表达。像“三年五载”和“东奔西走”这样的词不能简单地字面翻译。“三年五载”指几年，而非特别指三年或五年。如果把“东奔西走”（过着不安的生活）直译，读者会对其内涵产生混淆和误解。语言文化中的表达方式四字短语、典故、谚语具有丰富的联想意义。本例中，“三年五载”以灵活的办法译为 year in year out。同样的例子有：

例 3. 一来二去，我摸着一些门道。

译文：Thus, in the course of time, I’ve somehow got the hang of flower cultivation.

分析：“一来二去”的意思是“经过一定的时间”，故译为 in the course of time。

（3）增译法

例 . 我看见他戴着黑布小帽，穿着黑布大马褂深青布棉袍，蹒跚地走到铁道边，慢慢探身下去，尚不大难。

译文：I watched him hobble towards the railway track in his black skullcap, black cloth mandarin jacket and dark blue cotton-padded cloth long gown.

分析：由于生活文化背景的差异，也许有些材料在中国和英国都很常见，但它们有不同的联想意义；或某些材料，出现在一个国家，而在另一个国家没有参考。本例中 skullcap 多指犹太男子或天主教主教所戴的无檐便帽，与原文中的小帽相似，故选此词；“马褂”为旧时男子穿在长袍外的对襟短褂，在英语文化中没有对应的实物，于是译者采用英式常见的 jacket 加 mandarin 修饰，译为 mandarin jacket。

（4）合译法

例 1. 作八股文，作试帖诗，莫非也是趣味么？我想未必。

译文：Was he motivated by his personal inclination while learning to write stereotyped essays and poems prescribed for the imperial civil service examinations? No, I think not.

“试帖诗”为中国古代科举考试所采用的诗体，其格式限制比一般诗严格，和“八股文”均指代中国古代官员选拔考试，故在译文中合一，并以释义法译为 stereotyped essays and poems prescribed for the imperial civil service examination。

例 2. 真正的朋友，恐怕要算“总角之交”或“竹马之交”了。

译文：Real friendship between two persons originates perhaps from the time of life when they were children playing innocently together.

分析：“总角之交”与“竹马之交”均为成语，意思相近，与各自的字面含义（总角指古代男孩九到十三四岁时，头发要梳成两个兽角的样子，称总角）差别很大，译文中首先将两词合一，避免重复，同时用意译法处理。

9.2.3 英汉句法差异及翻译

英汉语言在句法建构上存在显著差异：英语重形合、主语多物称、句型多被动、呈现“静态”、信息焦点多位于句首；汉语则重意合、主语多人称、句型多主动、呈现“动态”。从词形与句子结构上而言，汉语是孤立语，其语法关系的实现通过词序和虚词，而不通过词形的变化。英语是屈折语，词汇具有性、数、格的形式变化，故其语法关系的实现既依靠词序和虚词，又依靠词形的变化。两种语言的语法有相似之处也有相异之处，体现在句法上，有以下区别：

① 英语偏重形合，汉语偏重意合。英美民族在思维方式上注重逻辑，表现在句子建构上为偏重形合，即句子中词与词之间，分句与分句之间的连接主要通过形式手段，如连接词、形态变化来完成。而汉民族思维上注重全局性和辩证性，表现在句子建构上为偏重意合，即句子中成分之间或句与句之间结构较松散，不求严谨，通过意念，即词语或句子间的内在逻辑关系来连接。

② 英语主语多物称、句型多被动、句型多呈现“静态”；汉语主语多人称、句型多主动、句型多呈现“动态”。英美民族在哲学传统上多强调物我二体，主客分明，即人与自然泾渭分明，处于对立矛盾之中，着重个体特性，崇尚个体思维。而中国自古以来就有“天人合一”的思想传统，人是自然万物之一，强调人与自然的和谐，“万物皆备于我”。这种典型差异导致了英语在句法上注重逻辑分析，强调客观事物，而汉语在句法上强调人对客观世界的认识、主观感受和情绪宣泄。所以，英语句型中往往物称主语多，汉语人称主语多。英语被动句多，汉语主动句型多。英语多使用名词，汉语多使用动词。

③ 英语信息中心靠前，汉语信息中心靠后。英语句型是主谓结构，汉语是主题—评述型的句型结构。英美民族表达讲究直截了当，在句法上呈现出直线型方式，即把要强调的信息、判断或者结论放在句首，然后再进行描写或事实陈述。汉语民族在表达上讲究委婉含蓄，铺排伏笔，在句法上呈现出曲线型，即先阐述原因、侧面环境、事实描写、假设等，然后才得出结论或给出结果。这种差异使得英语句子中信息中心靠前，汉语句子中信息中心靠后。

形式上看，这些特点使得汉语句子短小，在一般情况下，在表达同样意思的时候，一个完整的英语句子要长于一个完整的中文句子，而且中文句子的数量要多于英文句子。因此，在翻译中经常需要将几个中文句子译成一个枝繁叶茂的英文句子。基于英汉差异，在汉译英时常运用英语伴随短语、定语修饰语、定语从句、状语从句等手段将汉语的几个小句处理成一个结构紧凑、逻辑严谨、形式完整的英文句子。反之，英译汉的时候，则需将枝繁叶茂的英文句子处理成一节节少枝丫似竹子的多个短小的汉语句子。

（1）汉语句子的英译

① 汉语意合短句译为英语形合长句。

汉语重意合的特征表现为汉语中存在着大量的短句，句子之间靠意念统摄，鲜有连词。在翻译成英语时，应分析句子间的内在逻辑关系，通过英语中必要的连词、形态变化再现原文的逻辑关系、意义。

例 1. 有时流到很逼狭的境界，两岸崇山叠岭，绝壁断崖，江河流于其间，回环曲折，极其险峻。

译文：Sometimes it comes up against a narrow section flanked by high mountains and steep cliffs，winding through a course with many a perilous twist and turn.

分析：原文由几个简短小句组成，译文用了一个完整的英文句子将其译出。如果将原文按照汉语流水式的行文习惯译出将是："Sometimes it comes up against a narrow section，its two banks are flanked by high mountains and steeps，rivers run through them，and there are lots of twists and perils." 这样的翻译是典型的中式英语。译文将"两岸崇山叠岭"处理成过去分词短语。"flanked by high mountains and steep cliffs"修饰"a narrow section"，"江河流于其间"译成现在分词短语"winding through a course"，"回环曲折"用了名词"twist and turn"，"极其险峻"译成形容词"perilous"。

译文按照英语行文习惯将多个中文短小精悍的句子译成一个相对而言较长的英语句子之后，更加符合英语的表达习惯。

例 2. 山外有山，景外有景，无限风光，摄人心魂。

译文：You will be fascinated by the overpowering endless vistas of mountains beyond mountains and scenery beyond scenery.

分析：原文由多个小句构成，译文只用了一个长句子处理。以"摄人心魂"为主句，中文句子习惯没有主语，本句增添 you 作为主句的主语。其余短句以状语、定语的形式并入主句。译文的翻译处理得合理得当，符合英语的行文习惯。从句子长度进行比较，原文意思与语法独立的单个句子比较多，且句子都比较短，译文只有一个较长的语法完整独立句。

② 汉语英译句子的衔接。

汉语对语言的外在形式及逻辑相对英语而言要求不高，其衔接手段一般不用或用得很少，衔接手段种类和数量没有英语多。很多时候，汉语添加显示逻辑关系的词语是画蛇添足，多此一举。因此，汉语的外在形式显得松散，衔接用得并不多，常常单个小句松散地排列。相反，英语是一种形合语言，大部分时候英语需要借助外在的语言形式实现句子的连接，注重形式和逻辑，句子结构紧凑，衔接手段多样化，使用非常频繁。一个英语句子中常出现一个 SV 主干结构，其他部分以修饰或从属关系枝藤叶绕地依附在这个主干结构上，形成结构紧凑、逻辑严谨的句子。

例 1. 所以每每在大雪中的黄昏里，围着暖炉，围着祖父，听着祖父读着诗篇，看着祖父读着诗篇时微红的嘴唇。

译文：Often of a snowy evening，we children would hang about grandpa by a heating stove，listening to him reading poems aloud and meanwhile watching his busy ruddy lips.

分析：译文将原文的“围着祖父”处理成了主句（we children would hang about grandpa），将围着暖炉处理成介词短语（by a heating stove），将“听着祖父读着诗篇，看着祖父读着诗篇时微红的嘴唇”处理成了现在分词短语作伴随状语。译文巧妙地将中文原文零散的几个小句处理成了一个结构紧凑、逻辑条理清晰、符合英语行文习惯的句子。

例 2. 我就在祖父的房里，一直面向着窗子，从黄昏到深夜——窗外的白雪，好像白棉花一样飘着；而暖炉上水壶的盖子，则像伴奏的乐器似的振动着。

译文：I would seek solace in grandpa’s room where I would stay gazing out of the window from dusk till late into the night while snowflakes were flying like cotton and the lid of the kettle over the heating stove rattling like a music instrument playing an accompaniment.

分析：译文将原文几个语法完整独立的中文短句处理成一个英文复合句，“我就在祖父的房里”译成主句“I would seek solace in grandpa’s room”，“一直面向着窗子”译成定语从句。译文采用定语从句、连接词及作伴随状语的现在分词短语将原文松散的几个句子译成英语复合句，使得英文译文行文紧凑而流畅，符合英语的行为习惯。

③“人称”转“物称”，“主动”转“被动”，“动态”转“静态”。

汉语着重突出人对客观世界的认识以及由此产生的感触情绪，表达主观、具体、朦胧。在汉译英时，我们要注意这种差异，将一些特殊的以人称作主语的句型转化为英语以客观事物为主语的句型，主动句变为被动句，汉语的一些动词转化为英语的名词，以便使译文更符合英语句型客观、务实、抽象、精确、逻辑的表达方式。

例 1. 不逢北国之秋，已将近十余年了。

译文：It is more than a decade since I last saw autumn in the North.

分析：原句属于汉语省略主语句型，翻译为英语时，采取物称主语句型，符合英语表达方式，忠实、贴切。

例 2. 二十年来，我生活费中至少有十分之一二是消耗在书上的。

译文：For twenty years past, books have eaten into at least 10-20 percent of my pocket.

分析：译文使用了物称“书”作为主语，并用了动态表达方式，突出了英语客观、务实的表达风格。

例 3. 生活的经验固然会叫人忘记许多事情。

译文：Lots of things are apt to fade from memory as one’s life experiences accumulate.

分析：原文翻译为英语后，采用被动手法，将主语换为“许多事情”，表意更为妥帖、忠实。

（2）汉语主题——评述型句型转化为英语主谓结构句型

汉语委婉、曲线的表达方式导致其句型采用流水句的组合方式，往往是提出一个话题，然后再展开陈述，天马行空，以神驭形，承载的信息焦点多数位于句尾。译为英语时，要将汉语的信息焦点提前，采用英语主谓结构句型，利用英语词语的形态变化、关系从句等再现原文的信息。

例 1. 还有盗匪——实在是最可怜的同胞，他们种地没得吃，有力气没处出卖，当了兵经常饿肚皮，无奈只好出此下策。

译文：To complicate matters, there are bandits lurking around—those pitiful fellow countrymen who, unable to ward off starvation by farming or soldiering or whatnot, have been reduced to the disreputable business as a last resort.

分析：原句靠各分句内在含义聚合，对“盗匪”这个主题进行评述，语意连贯，表达简洁。译为英语时，通过“there be”句型提挈全句，将句子的各个成分通过连词、从句连接起来。语法结构完整、逻辑清晰，符合地道的英语表达。

例 2. 也许是我的精、气、神都不足吧，不但自己写不出长的东西，我读一本刊物，也总是先挑短的看，不论是小说、散文或是其他的文学形式，最后才看长的。

译文：Perhaps due to my failing energies, not only have I refrained from writing anything long, but also, in reading a magazine, for example, I usually finish its shorter pieces of writing first, be they fiction, prose or any other forms of literature, before going on to the longer ones.

分析：原文由 6 个分句构成，分句间彼此松散，细如流水，但语意连贯，表达流畅。译为英语时，译者选择 I 作为主语，通过两个并列句贯穿全局，将剩余分句译为状语成分，使用 not only, but also, for example, before 等连接词将各个成分连一起，语法结构严谨，以形显义，再现了原句的逻辑关系。

例 3. 我的不远千里，要从杭州赶上青岛，更要从青岛赶上北平来的理由，也不过想饱尝一尝这“秋”，这故都的秋味。

译文：To enjoy its atmosphere to the fall in the onetime capital, I have, therefore, made light of travelling a long distance from Hangzhou to Qingdao, and thence to Peiping.

原句信息焦点位于句尾，以意驭形，符合汉语表达方式。译为英语时，通过英语主谓句型，将信息焦点通过状语形态提前，语法结构严谨，表达地道。

（3）英语句子的汉译

英汉语在句式特点上有很大不同。英语中绝大部分句子都以主谓结构为主，而汉语中则以主谓结构与话题说明结构为主。在句式结构方面，中文译文要忠于英文原文，句式简单明了。尽可能将源语和译语有机结合起来，一方面能保留原文形式的语式，另一方面也能充分发挥译语的优势，以便增加汉语语言的空灵美和意象美。

例 1. I made myself familiar with all its places famous in history or fable. I knew every spot where a murder or robbery had been committed, or a ghost seen. I visited the neighboring villages and added greatly to my stock of knowledge, by noting their habits and customs and conversing with their sages and great men. I even journeyed one long summers day to the summit of the most distant hill, from whence I stretched my eye over many a mile of terra incognita, and was astonished to find how vast a globe I inhabited.

译文：那里一切在历史上或传说上有名的地方，我无不十分熟悉。我知道那里的每一处杀人越货之所与鬼魂出显之地。我继而访问了许多邻村，观察其地的风俗习惯，并与当地的圣贤与伟人接谈，因而极大增加了我的原有见闻。一次，在一个漫长的夏日天气，我竟漫游到了一座远山之巅，登临纵目，望见了数不尽的无名广土，因而惊悟所居天地之宽。

分析：原文以四个清晰的主谓结构描述“我”的见闻，译文灵活地将段首主题句处理为话题说明句，而将其余各句仍然保留为主谓结构，使整个自然段呈现出清晰的总分结构，从而准确无误地将原作者的意图传递给了译文读者。

例 2. The little plum tree outside, with the faintly flushed snow lining its boughs and artfully disposed along its trunk, stood in full sunlight.

译文：窗外幼小的梅树一株，正粲粲于满眼晴光之下，枝柯覆雪，素裹红装，风致绝佳。

分析：观察原文和译文，不难看出，译文和原句是十分贴合的，几乎贴近原文的直译。但是，在保留原文句式的同时，单纯地直译只会使汉语句子不符合中国人的表达习惯，为了避免这个问题的出现，译者将原文的主定谓状的结构，译成中文的主谓状结构，并且原句和译句的谓语动词也不再相同：原文的“stood”在译句中消失，取而代之的是“正粲粲于”。

9.2.4 课后练习

（1）请将下面短文翻译成汉语。

Among the mind’s powers is one that comes of itself to many children and artists. It need not be lost, to the end of his days, by any one who has ever had it. This is the power of taking delight in a thing, or rather in anything, everything, not as a means to some other end, but just because it is what it is, as the lover dotes on whatever may be the traits of the beloved object. A child in the full health of his mind will put his hand flat on the summer turf, feel it, and give a little shiver of private glee at the elastic firmness of the globe. He is not thinking how well it will do for some game or to feed sheep upon. That would be the way of the wooer whose mind runs on his mistress’s money. The child’s is sheer affection, the true ecstatic sense of the thing’s inherent characteristics. No matter what the things may be, no matter what they are good or no good for, there they are, each with a thrilling unique look and feel of its own, like a face; the iron astringently cool under its paint, the painted wood familiarly warmer, the clod crumbling enchantingly down in the hands, with its little dry smell of the sun and of hot nettles; each common thing a personality marked by delicious differences.

（2）请将下面短文翻译成英语。

究竟是结婚的好呢，还是不结婚的好？这问题似乎同先有鸡呢还是先有鸡蛋一样，常常有人提起，而也常常没有人解决过的问题。照大体看来，想租房子的时候，是无眷莫问的，想做官的时候，又是朝里无裙莫做官的，想写文章的时候，是独身者不能写我的妻的，凡此种种似乎都是结婚的好。可是要想结婚，第一要有钱，第二要有闲，第三要有职，这潘驴（“潘驴”源自《金瓶梅》第三回，指“潘安的貌”和“驴大行货”，在文中分别指第四、第五两个条件。）……的五个条件，却也很不容易办到。更何况结婚之后，“儿子自己要来”，在这世界人口过剩，经济恐慌，教育破产，世风不古的时候，万一不慎，同兰姆所说的一样，儿子们去上了断头台，那真是连祖宗三代的楣都要倒尽，那里还有什么“官人请！娘子请！”的唱随之乐可说呢？

9.3 译例评析与举隅

9.3.1 译例评析

A School Portrait

Robert Bridges

I had not visited Eton for many years, when one day passing from the Fellows' Library into the Gallery I caught sight of the portrait of my school-friend Digby Dolben hanging just without the door among our most distinguished contemporaries. I was wholly arrested, and as I stood gazing on it, my companion asked me if I knew who it was. I was thinking that, beyond a few whom I could name, I must be almost the only person who would know. Far memories of my boyhood were crowding freshly upon me: he was standing again beside me in the eager promise of his youth; I could hear his voice, nothing of him was changed; while I, wrapt from him in a confused mist of time, was wondering what he would think, could he know that at this actual moment he would have been dead thirty years, and that his memory would be thus preserved and honoured in the beloved school, where his delicate spirit had been so strangely troubled.

This portrait-gallery of old Etonians is very select: preeminent distinction of birth or merit may win you a place there, or again official connection with the school, which rightly loves to keep up an unbroken panorama of its teachers, and to vivify its annals with the faces and figures of the personalities who carried on its traditions. But how came Dolben there? It was because he was a poet,- that I knew;—and yet his poems were not known; they were jealously guarded by his family and a few friends: indeed such of his poems as could have come to the eyes of the authorities who sanctioned this memorial would not justify it. There was another reason; and the portrait bears its own credentials; for though you might not perhaps divine the poet in it, you can see the saint, the soul rapt in contemplation, the habit of stainless life, of devotion, of enthusiasm for high ideals. Such a being must have stood out conspicuously among his fellows; the facts of his life would have been the ground of the faith in his genius; and when his early death endeared and sanctified his memory, loving grief would generously grant him the laurels which he had never worn.

一张肖像[1]

罗伯特•布里吉斯

我多年没回伊顿了。一天，在从研究员图书馆去画廊的路上，我看见学生时代的朋友迪格比•多尔宾的肖像和当代杰出名人肖像一起挂在门外。我被吸引住了。正在我停下来盯着画像出神的时候，我的同伴问我是否知道那是谁。我在想，除了几个我可以叫出名字的人以外，我差不多是唯一认识他的人了。遥远童年时代的记忆鲜活地涌进我的脑海：他又重新站在我的身边，焕发着青春的风采。我能听见他说话的声音，他没有一点变化。同时我在寻思着，因为与他之间相隔一段宛若迷雾的年月，假如他知道在这一时刻他已经死了三十年，他可爱的母校在以这样的方式纪念他，给他这样高的荣誉，而他上学时，他脆弱的心灵曾经莫名其妙地烦恼过，他会作怎样的感想呢？

这个为昔日的伊顿校友建立的肖像画廊在决定入选的人选时是很慎重的：出身显赫或表现突出有可能得到一个位置，或者与校方有正式的联系，而校方也希望完整地再现教师队伍的全貌，使那些保持了学校传统的名人形象构成的校史有生气，学校这样做是完全正确的。但是，多尔宾是怎么来到这里的呢？因为他是一个诗人——这我很清楚；然而，他的诗并不为人所知，他的诗是由他的家人和几个朋友悉心保管着；要说只凭学校当局见到的几首诗就同意以这种方式纪念他，理由还不太充分。还有另外一个理由，他的肖像本身就是证明：虽然你也许不能从肖像里看出他是诗人，但你看见的是圣人，是沉浸在沉思默想之中的灵魂，是一生无瑕的，执着和热烈地追求崇高理想的气质。这样的人在他的同时代人当中一定是出类拔萃的；他生活的现实与经历足以使我们相信他是天才；当他的英年

[1] 本文选自刘士聪编著《英汉汉英美文翻译与鉴赏》。原文标题为《一张肖像》，school 未直译。

早逝使我们对他的怀念变得亲切而神圣时，出于对他的爱而产生的悲哀便赋予了他生前未曾享受过的诗人的桂冠。

译例分析：

这篇文章的一个特点是："文笔简练，既不修饰，也不用典。用朴实的文字表达真挚的感情。"在叙事风格上是直叙的语气，这就为译文的风格定了调子，即译文也应该是直叙的语气。运用直叙的语气来翻译比较短、结构比校简单的句子还好处理；翻译比较长、结构比较复杂的句子时，则需要先理顺原文句子里各个部分和成分之间的关系，在译文句子里做相应的安排。翻译好这样的句子对保持和再现文章风格的统一至关重要。如：

... while I, wrapt from him in a confused mist of time, was wondering what he would think, could he know that at this actual moment he would have been dead thirty years, and that his memory would be thus preserved and honoured in the beloved school, where his delicate spirit had been so strangely troubled.

这个句子比较长。结构也比较复杂，如何用朴实的文字和直叙的语气将这句话翻译出来，以保持文章整体风格的统一，这一点需要译者认真考虑，谨慎处理。首先，这不是一个独立完整的句子，而是一个长分句里的半句话，因此，译文要考虑与前半句的衔接。译文是这样的：

"……同时我在寻思着，因为与他之间相隔一段宛若迷雾的年月。假如他知道在这一时刻他已经死了三十年，他可爱的母校在以这样的方式纪念他，给他这样高的荣誉，而他上学时，他脆弱的心灵曾经莫名其妙地烦恼过，他会作怎样的感想呢？"

因为原文里有连接词 while。译文便以"同时"开始，一方面与前半句联系起来，一方面引导出下面的文字。原文中，I... was wondering 和它的宾语从句 what he would think 是连在一起的，后面的（虚拟）条件从句很长，但这是英语的表达习惯，即使条件从句很长，句子的意思也清楚。汉语多是把谓语动词和宾语从句分开的，前者放在句首，后者放在句尾，其间插进条件从句，这符合汉语的表达习惯。再如：

There was another reason; and the portrait bears its own credentials; for though you might not perhaps divine the poet in it, you can see the saint, the soul rapt in contemplation, the habit of stainless life, of devotion, of enthusiasm for high ideals.

翻译这句话时，要确定什么是 you can see 的宾语。宾语有三个：the saint, the soul 和 the habit。habit 译成"习性"或"气质"符合这句话的含义。三个宾语若直译成汉语的三个宾语也不太好安排，这里做变通。原文如下：

还有另外一个理由，他的肖像本身就是证明：虽然你也许不能从肖像里看出他是诗人，但你看见的是圣人，是沉浸在沉思默想之中的灵魂，是一生无瑕的，执着和热烈地追求崇高理想的气质。

9.3.2 译例举隅

The Clipper

John Mayfield

When l saw her first there was a smoke of mist about her as high as her foreyard. Her topsails and flying kites had a faint glow upon them where the dawn caught them. Then the mist rolled away from her, so that we could see her hull and the glimmer of the red sidelight as it was hoisted inboard. She was rolling slightly, tracing an arc against the heaven, and as I watched her the glow upon her deepened, till every sail she wore burned rosily like an opal turned to the sun, like a fiery jewel. She was radiant, she was of an immortal beauty, that swaying, delicate clipper. Coming as she came, out of the mist into the dawn, she was like a spirit, like an intellectual presence. Her hull glowed, her rails glowed; there was colour upon the boats and tackling. She was a lofty ship（with skysails and royal staysails）, and it was wonderful to watch her, blushing in the sun, swaying and curveting. She was alive with a more than mortal life. One thought that she would speak in some strange language or break out into a music which would express the sea and that great flower in the sky. She came trembling down to us, rising up high and plunging; showing the red lead below her water-line; then diving down till the smother bubled over her hawseholes. She bowed and curveted; the light caught the skylights on the poop; she gleamed and sparkled; she shook the sea from her as she rose. There was no man aboard of us but was filled with the beauty of that ship. I think they would have cheered her had she been a little nearer to us; but, as it was, we ran up our flags in answer to her, adding our position and comparing our chronometers, then dipping our ensigns and standing away. For some minutes I watched her, as I made up the flags before putting them back in their cupboard. The old mate limped up to me, and spat, and swore. “That’s one of the beautiful sights of the world,” he said. “That, and a cornfield, and a woman with her child. It’s beauty and strength. How would you like to have one of them skysails round your neck?” I gave him some answer. and continued to watch her, till the beautiful, precise hull, with all its lovely detail, had became blurred to leeward, where the sun was now marching in triumph, the helm of a golden warrior plumed in cirrus.

快帆船

约翰•梅菲尔德

我初看见她时，她前帆下桁以下的部分全笼罩在大雾里。上桅帆和迎风飘动的轻帆映着晨曦的微光。然后雾霭从她身边慢慢弥散开去。我们这才看见船身和刚刚挂起的舱内红色的舷灯发出的微弱的光。她轻轻地起伏着，在天穹之下画着一个个的弧。我看着她，船身上晨光的颜色渐渐加深，直到船上的风帆好像面向阳光的蛋白石一样透着玫瑰色，像火红的宝石。她灿烂绚丽，美若天仙。那只款款而动，体态轻盈的快帆船呀！她一路驶来，出迷雾，入熹微。她好像一个魂灵，一个智慧女神。她浑身泛着光，船帆泛着光：她携带的小船及索具都染上了颜色。她亭亭而立（张着天帆和豪华的索帆）。看着她在阳光里泛若红晕，轻轻摆动着，上下颠浮着，令人心旷神怡。她是一只有生命的活船，比世间的生命更具生命力的活船。人们以为，她就要用一种陌生的语言开口说话，或演奏一首乐曲来抒发对大海的依恋，歌唱太阳的温情。她飘然而至，时而随浪涌起，时而随汩而下，一会儿露出吃水线下面的测深铅锤，然后又潜入水中，让水雾淹没锚链孔。她俯首前行，接着又昂然跳跃；阳光照进船楼的天井；船身闪烁着光芒；当她涌起的时候，便抖掉全身的海水。船上的人们没有一个不为快帆船的美而感慨。我想，假如快帆船距离再近一点，他们一定会为她而欢呼；可是，事实上，我们升起船旗来对她做出回应，我们确定了位置，核准经纬仪，降下各色彩旗，然后站开。有好几分钟的时间，我一边整理着降下的旗子，准备把它们放回旗柜，一边看着她。这时老水手一瘸一拐地走过来，吐了一口唾沫，斩钉截铁地说："这真是世上美景之一。那个，还有玉米地，还有抱着孩子的女人。这是'美'和'力'的化身。摘下一个天帆扎在你的脖子上，怎么样？"我好歹应了一声，继续看着她，直至她那美丽的，棱角分明的船身，连同她精美的细部变得模糊时，太阳正照着她的下风处。从那里凯旋而上，身披金甲的勇士般的舵轮拨打起羽状的水云。

9.3.3 课后练习

（1）请将下面短文翻译成汉语。

Nature contains the elements, in colour and form, of all pictures, as the keyboard contains the notes of all music.

The artist is born to pick, and choose, and group with science, these elements, that the result may be beautiful—as the musician gathers his notes, and forms his chords, until he brings forth from chaos glorious harmony.

To say to the painter, that Nature is to be taken as she is, is to say to the player, that he may sit on the piano ...

...

And when the evening mist clothes the riverside with poetry, as with a veil, and the poor buildings lose themselves in the dim sky, and the tall chimneys become campanili, and the warehouses are palaces in the night, and the whole city hangs in the heavens, and fairy-land is before us—then the wayfarer hastens home; the working man and the cultured one, the wise man and the one of pleasure, cease to understand, as they have ceased to see, and Nature, who, for once, has sung in tune, sings her exquisite song to the artist alone, her son and her master—her son in that he loves her, her master in that he knows her.

（2）请将下面短文翻译成英语。

我在故乡走的地方不多，但古迹、侨乡，到处可见，福建华侨，遍于天下。我所到过的亚、非、欧、美各国都见到辛苦创业的福建侨民，握手之余，情溢言表。在他们家里、店里，吃着福州菜，喝着茉莉花茶，使我觉得作为一个福建人是四海都有家的。我的父母之乡是可爱的。有人从故乡来或是有朋友新近到福建去过，我都向他们问起福建的近况。他们说：福建比起二十多年前来，进步得不可辨认了。最近呢，农业科学化了，又在植树造林，山岭田地更加郁郁葱葱了。他们都动员我回去看看，我何尝不想呢？不但我想，在全世界的天涯海角，更不知有多少人在想！我愿和故乡的人，以及普天下的福建侨民，一同在精神和物质文明方面，把故乡建设得更美好！

★ 跨文化小贴士 ★

英语的由来

公元 43 年，罗马人占领不列颠（拉丁写法为 Britannia，英语拼写为 Britain）。现在已知的不列颠最早居民是凯尔特人（Celts），而罗马人称这些被征服的居民为不列颠人（Britons）。从公元 43 年至公元 410 年，不列颠由罗马人统治，但罗马人始终没有使当地居民放弃他们的母语（凯尔特语），而罗马人的母语（拉丁语）仅是不列颠一小部分人的语言。在罗马军队撤离不列颠之后，为免遭北方的苏格兰人和皮克人（Piets）的蹂躏，南方的不列颠人从与北海相隔的欧洲大陆请来了雇佣军。这些雇佣军就是后来被历史学家统称的盎格鲁—撒克逊人（Anglo-Saxon）。随后便有大批的盎格鲁人（Angles）、撒克逊人（Saxons）和朱特人（Jutes）不请自来，强行登陆不列颠，并开始在那里定居繁衍。

入侵者盎格鲁—撒克逊人把当地人称为 weahlas（意思是外国人；现代英语中指代“威尔士”和“威尔士人”的 Wales 和 Welsh 都源于 weahlas），而当地人则把入侵者统称为撒克逊人。公元 7 世纪时的拉丁文本又将这些入侵者称为 Angli（即英语的 Angles），把他们定居的地方称作 Anglia（英语的 England）。盎格鲁—撒克逊人在不列颠所使用的各种方言被后人统称为英语。单词 English（英语）是公元 9 世纪才出现的；而 England（英格兰）一词的出现则更晚，大约在公元 1000 年前后人们才逐渐开始用 England 统称盎格鲁—撒克逊人占领的地方。

第10章　诗歌翻译

10.1　概述

10.1.1 诗歌的特点

诗歌是一种主情的文学体裁，它以抒情方式高度凝练、集中反映社会生活，用丰富的想象，富有节奏感韵律美的语言和分行排列的形式来抒发诗人的思想情感。它是世界上最古老最基本的文学形式，是语言艺术最高的表现形式。有学者收集了欧美诗人对诗的看法，整理出如下十条定义：①约翰逊博士说："诗是把乐趣和真理融合为一的艺术。"②华兹华斯说："好诗是强烈的感情自然的流露。"③科尔律治说："诗是绝妙好词的绝妙安排。"④雪莱说："诗记录了最美好、最幸福的心灵度过的最美好、最幸福的时光。"⑤卡奈尔说："诗是音乐性的思想。"⑥亚诺德说："诗是对生活的批判。"⑦布朗宁说："诗用有限显示无限。"⑧弗洛斯说："诗说一指二。"⑨叶芝说："诗是心血、想象、智慧的交流。"⑩瓦雷里说："散文诗走路，诗是跳舞。"这些有关诗歌的定义反映了一个共同的观点：诗歌是一种表达诗人内心情感和内在思想的音乐。它在文化交流中起着重要的作用，帮助人们更深入地了解某一种文化。

诗歌作为一种高级的文学艺术形式，它是否可译，现在翻译界都没能达成一致。有人认为诗人和本民族的语言结合得最紧密，诗人帮助本民族完善它的语言，使之更准确，更淳美。诗歌属于感觉和情绪，对语言的依赖感极强，语言在转述的过程中，必然丧失掉它的部分微妙和韵味，而这些却关系着诗歌是否成立的根本。例如，中国古体诗就不可能完完全全地被译成英语诗。因为文化的关系，类汉诗歌之间存在着不可跨越的差别，它们的韵律、形式意象、用法都不相同。虽然诗歌翻译有着各种各样的困难，但翻译的历史和实践证明诗歌翻译并没有因为这些困难停滞不前，反而是不断向前发展，诗歌翻译理论也日渐完善。只要翻译方法得当，诗歌的美可以在另一和语言文化中再现。

10.1.2 诗歌翻译的基本原则

自古以来诗歌都有着它独特的美，正因为这样一种形韵兼备的美感，所以在翻译时极考验译者的能力。文化适应性原则是文化翻译的一个很重的概念，文化适应性原则在诗歌的翻译中占据着重要的地位并起着积极的作用。不同的语言，因其不同的语言习惯、文化差异因素，在翻译过程中必须充分考虑其中。诗歌具有三美：音律美、形式美和意向美。诗歌的神韵需要一定的形式来表现，甚至一些诗，其形式的表现力可以超过内容的表现力。所以英诗翻译应该在恰如其分地传达原诗神韵的同时，尽可能地忠于原诗的形式。中国当代译诗的大家许渊冲先生提出的“译诗六论”对英诗翻译很有借鉴意义。它们是：

①译者异也（Innovation）。诗歌翻译可以有所创新，但创新就难免会标新立异。有时立异是必需的，特别是对年代久远的诗，可能在原语中的理解都已经不能确定了，不立异就不能翻译。

②译者艺也（Re-creation）。文学翻译是艺术，诗歌翻译更是艺术。英语是形合的语言，往往表意比较精确；中文是意合的语言，比较模糊，说一指二，两种语言互译时，常常难以统一，这时就需要译者艺术地创新。

③译者一也（Identification）。翻译是译文和原文矛盾的统一。统一有不同的层次：词汇和词组层次上统一；句子层面上统一；段落和全诗的层面上统一。

④译者怡也（Recreation）。所谓“怡”，就是翻译的诗歌应该怡性悦情，使人得到乐趣。一首诗艺术上的优劣，在一定程度上取决于启示义的有无；一首译诗的优劣，也在很大程度上取决于启示义译得如何。

⑤译者依也（Imitation）。前面说译者异也，但是异不能脱离原文的依据，这就是所谓的译者依也。也就是说，“异”指的是译文脱离原文的程度，“依”则是指译文接近原文的程度。

⑥译者易也（Rendition）。翻译是换易语言形式，无论如何使用和选择上述的五论，易是总论。

总之，译诗必须努力体现诗人的意图，再现原诗的美学特点。译者应尽可能多地了解两种语言的文化背景，尽可能多地照顾汉英语言的用词习惯和特点，生动地反映生活情境和思想感情，从而使译文达到意义、文化和美学上的完美统一，获得理想的艺术效果。

10.1.3 诗歌翻译的语言特点

（1）英文诗歌的特点

① 语言的音韵美和节奏感。

押韵是诗体与其他文体的最大区别之一。押韵是语言中相同音素的重复和组合所造成的共鸣和呼应。英文诗常用的韵有：头韵（Alliteration），即词首音素的连续重复，与汉语的“双声”相似（如 Elegy Written in a Country Churchyard 中的 The plowman homeward plods his weary way 一句，plowman 与 plods, weary 与 way 都形成头韵）；腹韵（Assonance），即词中重读元音的重复（如 sweet 与 sleep, cradle 与 grave）；尾韵（Rhyme），即词尾相同音素的重复。诗歌除了音韵美外，其有规律的轻重抑扬变化连同韵式的变化，一同构成了诗的节奏美。英文诗歌的行与行之间的押韵格式称之为韵法（Rhyming scheme）。常见有两行转韵（AABB）、隔行转韵（ABCB）、隔行交互押韵（ABAB）和交错押韵（ABBA）。

英语格律诗分为诗节（Stanza），诗节又分为诗行，每一诗行又分为几个音步（Foot）。音步是由一个重读音节和一个或数个非重读音节有规律地排列构成，常见的有抑扬格五音步（Iambic Pentameter）、扬抑格四音步（Trochaic Tetrameter）、抑扬格七音步（Iambic Heptameter）以及扬抑抑格两音步（Dactyl Diameter）、抑抑扬格三音步（Anapest Trimester）等。无韵诗（Blank Verse）虽然不讲究押韵，但传统的无韵诗仍十分讲究节奏，一般是以抑扬格五音步为一行，如莎士比亚的诗剧。至于当代诗人写的一些无韵自由诗（Free Verse）则完全不受韵式和音步的限制，完全听凭思想的自然流露和语言自然节奏的流动。

② 破格与变异。

诗人是语言运用最自由的人。格律对于那些优秀的诗人来说，好像并不构成多大限制，而是他实现意美、音美、形美的好助手。诗人享有语言运用方面的一些特权（Poetic License），即为了适应节奏格律的需要，诗人可以使用一些特殊的缩略形式（例如 tis=it is, o' er=over），以减少音节数；还可以灵活调整词序、主谓倒置、动宾倒置及对修饰词与被修饰词进行换位。这些语言特权所带来的结果就是更具表现力的破格（Break）。

如果说破格还是有限的自由的话，那么变异（Deviation）就是无拘无束的自由。变异是对语言常规的有意偏离，是诗人寻新求异的一种手法，是对语言的创造性的使用。变异在诗歌创作中早已有之，在现代和当代更是被发挥到极致。变异可以发生在诗歌语言的各个层面上，如语音、拼写、词汇、语法、诗式等。诗在语音上的变异主要表现在单词的某些音节的省略、重音甚至整个发音的改变。

③ 词句的重复与修辞格的广泛运用。

诗歌中常重复一些词句或诗行，用以抒发真挚深沉的情感，或是用以渲染某种气氛（如回环往复的缠绵），或是用以增强诗的歌唱性。诗歌中又大量运用修辞格，尤其是各式各样的明喻（Simile）、暗喻（Metaphor）、比拟（Metaphor Personification）用得最多。

④ 丰富的意象（Imagery）与象征（Symbol）。

所谓意象，是指那些可以引起人的感官反应的具体形象和画面，分为视觉、听觉、嗅觉、触觉、味觉、动觉、通联等。这些意象不仅能唤起人们的某种体验，更常常具有鲜明或隐晦的象征意义，是许多优秀诗篇所具有的共性。

（2）汉语诗歌的特点

汉语诗歌分为古代诗歌（Ancient Poetry）和现代诗歌（Modern Poetry）。古代诗歌按音律可分为：古体诗（A form of pre-Tang Poetry）、近体诗（Modern style Poetry）、词（Ci）、曲（Qu）；按照内容可分为：怀古诗（Nostalgic Poetry）、咏物诗（Object-Chanting

Poetry)、山水田园诗(Pastoral Poetry)、战争诗(Poetry of War)、行旅诗(Poetry of Travelling)、闺怨诗(Poetry of Boudoir Repining)、送别诗(Farewell Poetry)。现代诗歌根据作品的表达方式可分为:叙事诗(Narrative Poems)、抒情诗(Lyrics)。按照语言的音韵格律和结构形式可分为:格律诗(Metrical Poetry)、自由诗(Free Verse)和散文诗(Prose Poetry)。

诗歌的表现手法很多,而且各种方法都离不开想象,丰富的想象既是诗歌的一大特点,也是诗歌最重要的一种表现手法。我国最早流行而至今仍常使用的传统表现手法有"赋、比、兴"。在诗歌中,还有一种重要的表现手法是象征。象征,简单说就是"以象征义",但在现代诗歌中,象征则又表现为心灵的直接意象。用现代的观点来说,诗歌塑造形象的手法,主要有比拟(Metaphor Personification)、夸张(Hyperbole)、借代(Metonymy)。

赋(Fu),是直接陈述事物的表现手法。宋代学者朱熹在《诗集传》的注释中说:"赋者,敷陈其事而直言之也。"例如,《诗经》中的《葛覃》《芣苢》等篇。

比(Bi),是用比喻的方法描绘事物,表达思想感情。刘勰在《文心雕龙·比兴》中说:"且何谓为比也?盖写物以附意,扬言以切事者也。"朱熹说:"比者,以彼物比此物也。"例如,《诗经》中的《螽斯》《硕鼠》等篇。

兴(Xing),是托物起兴,即借某一事物开头来引起正题要描述的事物和表现思想感情的写法。唐代孔颖达在《毛诗正义》中说:"兴者,起也。取譬引类,起发己心,诗文诸举草木鸟兽以见意者,皆兴辞也。"朱熹更明确地指出:"兴者,先言他物以引起所咏之辞也。"例如《诗经》中的《关雎》《桃夭》等篇。

比拟(Metaphor Personification)。刘勰在《文心雕龙》一书中说比拟就是"或喻于声,或方于貌,或拟于心,或譬于事。"比拟中常用的手法就是"拟人化":以物拟人,或以人拟物。例如,徐志摩的《再别康桥》:"轻轻的我走了,正如我轻轻的来;我轻轻的招手,作别西天的云彩。那河畔的金柳,是夕阳中的新娘;波光里的艳影,在我的心头荡漾。"诗人把"云彩"、"金柳"都当作人来看待。再如,在白居易的《长恨歌》的结尾,杨玉环回忆了她和唐玄宗昔日在昭阳殿里的誓约:"在天愿作比翼鸟,在地愿为连理枝。天长地久有时尽,此恨绵绵无绝期。"此处把相爱的二人比为比翼鸟和连理枝,就是运用了比人为物的拟物手法。

夸张(Hyperbole),就是把所要描绘的事物放大,以引起读者的重视和联想。李白《赠汪伦》中的"桃花潭水深千尺,不及汪伦送我情";《望庐山瀑布》中的"飞流直下三千尺,疑是银河落九天",其中说到"深千尺""三千尺",虽然并非事实真相,但他所塑造的形象,却生动地显示了事物的特征,表达了诗人的激情,读者不但能够接受,而且能信服,很惊喜。然而这种夸张,必须是艺术的、美的,不能过于荒诞,或太实、太俗。

借代(Metonymy),就是借此事物代替彼事物。它与比拟有相似之处,但又有所不同,不同之处在于:比拟一般是比的和被比的事物都是具体的、可见的;而借代却是一方具体,一方较为抽象，在具体与抽象之间架起桥梁，使诗歌的形象更为鲜明、突出，以引发读者的联想。也就是说塑造诗歌形象，不仅可以运用视角所摄取的素材去描绘画面，还可以运用听觉、触觉等感官所获得的素材，从多方面去体现形象，做到有声有色、生动新颖。例如，白居易《琵琶行》中的音乐描写："大珠小珠落玉盘"。

10.1.4 课后练习

(1) 请将下面的诗歌翻译成汉语。

No nightingale did ever chant
More welcome notes to weary bands
Of revelers in some shady haunt,
Among Arabian sands;
A voice so thrilling ne' er was heard
In spring-time from the Cuckoo-bird,
Breaking the silences of the seas
Among the farthest Hebrides!

(2) 请将下面的诗歌翻译成英语。

上邪！
我欲与君相知，长命无绝衰。
山无陵，江水为竭。
冬雷震震，夏雨雪。
天地合，乃敢与君绝。

(3) 译文比较分析。

以下每段原文均有两个译本，请仔细阅读，并根据本章所学的内容分析两个译本的特点，找出其各自的优劣之处。

① 原文

The days are in the yellow leaf,
The flowers and fruits of love are gone,
The worm, the canker, and the grief,
Are mine alone.

译文 1：

年华黄叶秋，花实空悠悠。多情徒自苦，残泪带愁流。

译文 2：

我的岁月似深秋的黄叶，爱情的香花甜果已凋残；只有蛀虫、病毒和灾孽，是我的财产。

② 原文

枯藤老树昏鸦，小桥流水人家，古道西风瘦马，夕阳西下，断肠人在天涯。

译文 1：

Withered vines, olden trees, evening crows
Tiny bridge, flowing brook, hamlet homes
Ancient road, wind from cast bony horse
Sun is setting,
Broken man, far from home, roams and roams.

译文 2：

At dusk old trees wreathed with withered vine fly crows
Neath tiny bridge besides a cot a clear stream flows
On ancient road in western breeze a lean horse goes
Westward declines the sun
Fan far from home is the heartbroken one.

③ 原文

Kitty and I drove away from Delhi along the straights, flat Agra road. It was hot, with all the stale accumulated heat of summer concentrated in that autumn day. Behind us the dust rolled upward in thick red clouds. Kitty kept her hand casually on the horn while we wound our way through the morning traffic ...

译文 1：

我和凯蒂沿着笔直平坦的亚格拉公路驱车离开德里。天很热，整个夏天郁积起来的全部暑热都集中到了秋天的这个日子里。车后卷着浓厚的红尘。我们在上午拥挤的街道上穿行时，凯蒂随便而频繁地按着喇叭。

译文 2：

我和凯蒂开着车，离开德里，沿着笔直而平坦的亚格拉公路行驶。天气十分炎热，好像要把整个夏天积聚起来的暑热都集中投放到这个本该秋凉的日子里。车子开过，卷起滚滚红尘。上午的这个时间，街道上到处是人流和车流，我们穿行其中，凯蒂一刻不离地把手放在喇叭上，频繁地按动。

10.2　译技讲解

10.2.1 英文诗歌的翻译策略

英文诗歌的翻译要遵循“信、达、雅”的原则，注重诗歌“音、形、神”兼备。

“译事三难，信达雅也”，翻译家严复先生用三个字就提炼出英汉翻译之精髓。信，即译文必须要忠实原诗的本意，不能偷换概念，不能随意发挥；达，指译文的语句要通顺，翻译并不是一字不漏地将原诗生搬硬套过来，而要讲究译诗的流畅自然；雅，美好优雅，指译文要能够传达出原诗的意境与神韵。

例 . I strove with none, for none was worth my strife; Nature I loved, and next to Nature, Art; I warm' d both hands before the fire of Life; It sinks; and I am ready to depart.

译文：我和谁都不争，和谁争我都不屑；我爱大自然，其次就是艺术；我双手烤着生命之火取暖；火萎了，我也准备走了。

分析：译文将原诗中的“我、自然、艺术、火”等关键词原原本本地翻译过来，内容和思想皆忠于原诗，体现了“信”的原则。译诗用词简洁、语句通顺、自然流畅，符合现代汉语的语法习惯，体现了“达”的原则。最后一句“火萎了，我也准备走了”含蓄优雅地表达出这样一种意境：一位老人在回首过去、总结人生、展望未来。将原诗中的意象、意境及情感巧妙再现，体现了“雅”的原则。

同时诗歌作为文学中最讲究形式的一种艺术体裁，有着自身较为复杂的艺术特色。这也要求译者重视对诗歌音韵、形式及神韵的准确把握。英文诗歌与汉语诗词一样，讲究音韵和节奏。英诗中有轻、重音和首、尾韵，可以展现出诗歌的音乐美感。同时，在翻译时要采用和原文相近似的文体结构。在把握了诗歌的音韵美、形式美的基础上，继续追求诗歌的神韵美。

10.2.2 中国古典诗歌的翻译策略

由于汉英两种语言在表达方式、用法习惯等方面存在很大差异，更因为使用此两种语言的人在文化传统、思维模式、观念信仰、价值取向等方面有许多分歧，在汉诗英译过程中，有时候原诗中一个绝妙的用词很难在英语中找到与之完全对应的词项。因此，在翻译古典诗歌时，首先译者要细心揣摩，切身体会诗人融入原诗中的真情实感，从整体上把握诗歌的立意，再对每句诗甚至每个字仔细斟酌、品味，从字里行间去把握其语义及语用内涵，然后还要在用英语进行相应的译诗语篇重构时，根据自己对原诗的深入理解，反复推敲，选择最恰当准确、最达意传神的词来再现原诗的意象、意境与意蕴，并尽可能保全其音韵、节奏等诗歌美学价值。只有这样才能求得诗意表达的准确性，突出中国古典诗歌蕴含的情感性，并增强诗词描述的生动性，才能译出神形兼备的作品。

诗歌大致分为内容、情绪、诗形三部分，因此理想的译诗应保证：第一，它应当自己也是诗；第二，它应传原诗的情绪；第三，它应传原诗的内容；第四，它应取原诗的形式。

例 . 王维的《鸟鸣涧》：“人闲桂花落，夜静春山空。月出惊山鸟，时鸣春涧中。”

译文 1：

Bird-Chipping Hollow

The light beams of the moon on the earth softly rain, the night is quiet, the spring mount empty, the moon' s up-rise the birds doth frighten to cry now and then in the springtide hollow.

译文2：

The Dale of Singing Birds

I hear osmanthus blooms fall unenjoyed; When night comes, hills dissolve in the void. The rising moon arouses birds to sing; Their fitful twitters fill the dale with spring.

译文3：

Bird-Singing Stream

Man at leisure. Cassia flowers fall. Quiet night. Spring mountain is empty. Moon rises. Startles--a mountain bird. It sings at times in the spring stream.

三首诗均出自名家之手，不同的译本不仅反映出译家对原诗的不同理解，而且体现了英汉两种语言截然相反的语言本色。汉语的主观概括，以少胜多，词约义丰的特点，造成汉诗诗意模糊，难于精确理解。而英语客观明晰，以多胜少，词丰义微的特点又使英诗诗意具有明朗的色彩。这样，它们就带来了汉诗英译时表达上的障碍和难度。

从用词多寡和语体的选择来看，从译文1到译文3，用词愈来愈少，以译文3为最。语体上，译文3简洁朴素，最为忠于原诗。

从词的单复数形式的选择来看，译文1与译文2比较一致，两者对“鸟”字的译法均为复数。而译文3却独自选择单数形式，这样使得它的译文较好地译出了原诗创造的静谧的意境。

从词组义的选择三个译本中“时鸣”一词的译文来看，译文1选用的是to cry now and then，其中cry是与前行诗中的frighten相照应，但与整首诗的原意有出入。译文2在选词上更生动，具体准确，但音节数目略多，又用了复数，它的译法为their fitful twitters，同时为了押韵的缘故，诗中前一行多用了to sing一词，语义略显重复。译文3虽然在“鸣”字上选词略逊一筹，但与整首诗的原意和情趣一致。它的音节数目和抑扬顿挫在三个译本之中最能接近原诗的平仄协调的韵律和用词朴素的风格。

鉴于英汉诗歌节奏、音韵、句式、修辞以及语域等方面的异同，翻译时必须遵循汉语诗歌的规范。诗歌翻译从总体来说是一个归化的过程，同时，也是调制原汁原味的过程；它既是一种有章可循的科学实践，也是一种重新创造的艺术；除准确理解原文对译者颇具挑战性之外，运用语言的功底、写作诗歌的才思、调度音韵的能力以及驾驭翻译理论的水平等都是对译者的考验，也是译作优劣高下的决定因素。

在翻译方式上可采用直译、意译、归化、异化等几种方式。

①得道多助，失道寡助。(《孟子·公孙丑下》)

A just cause enjoys abundant support, while an unjust one finds little support.

译者对此句选用直译的翻译策略，将“得道”译为a just cause，“失道”译为an unjust one，“多助”译成abundant support，“寡助”译成little support。整个译文流畅，且形式优美。

②召远在修近，闭祸在除怨。(《管子·版法》)

To win distant friends, one needs, first of all, to have good relations with his neighbors. To avoid adversity, one needs to ease animosity.

2007 年温家宝总理到日本进行国事访问，被人们广泛称之为“融冰之旅”。译者摆脱了原诗词的结构并增加了自己合理的想象，将其意译，亦精彩巧妙地将温总理的期盼传递给世界。该译文中使用了多个动词不定式，如行云流水，在结构形式亦独具匠心。

③人或加讪，心无疵兮。(刘禹锡《子刘子自传》)

My conscience stays untainted in spite of rumors and slanders from the outside.

译者别出心裁地将“加讪”以 rumors and slanders from the outside 精美绝伦地将温家宝总理不受外界流言蜚语干扰的内心体现得淋漓尽致，且 rumors and slanders 连用非常符合英语语言国家人们的语言习惯。

④路漫漫其修远兮，吾将上下而求索。(屈原《离骚》)

I see my way ahead is long, oh. Yet it is high and low, I will search for my way unbendingly.

运用异化翻译策略将该句中“路漫漫”译为 my way is long，“上下”译成 high and low。译文可谓是逐句逐词，相互对应进行翻译，几乎是原封不动地保留原文的语言和文化，其目的是让学习中国文化的外国友人更地道地掌握中国语言文化。

10.2.3 诗歌中叠字的翻译

中国人特别重视均衡美，这一审美心理在语言中的反映是汉语很讲求音节的均衡对称。纵观中国古典文学作品，从《诗经》到唐诗、宋词、元曲，楹字艺术随处可见。然而，由于中英两种语言的遣词造句习惯不同，我们在将汉语诗词中的叠字译成英文时，会遇到较大的困难。那么如何选择正确的表达方式来破解这些叠字翻译难题呢?

①若叠字具有“每”的意思时，英语可译成 each, every 等词，若不强调“每一个”，可用复数形式来译。例如：白居易《长相思》中的“吴山点点愁”，译为 The southern hills reflect my woe. 译文中用 hill 来形容远山很小、很多。

②运用拟声词和颜色词。例如：杜甫《兵车行》中的“车挤麟，马萧萧”，译为：Chariots rumble, and hordes grumble. 译文中将汉语的拟声词译成对等的英语拟声词。

③运用动词。例如：白居易《长相思》中的“思悠悠，恨悠悠，恨到何时方始休”。译为：My thought stretches endlessly; my grief wretches endlessly. Oh, when will my beloved come back to me? “悠悠”指无穷无尽的样子，译文中是名词做动词用，与上一行的动词形成对仗，勾画出一位闺中少妇倚楼眺望，思念久别未归的丈夫的情景。

④语用对等翻译。具体地说，就是在词汇、语法、语义等语言学的不同层次上，不拘泥于原文的形式，只求保存原作的内容，用译文中最切近而又最自然的对等语将这个内容表达出来，以求等效。例如：苏轼《江城子》中的“十年生死两茫茫”，译为：Ten years parted one living, one dead. 通过英语中的押韵体现重复。

10.2.4 诗歌中动词的翻译

（1）直译法

在不影响理解的情况下，可采用动词原义进行直译，尽可能真实准确地再现原文特色，这也是翻译应该遵循的基本原则。

例 . 贺知章《咏柳》："碧玉妆成一树高，万条垂下绿丝绦。"

译文：The slender beauty' s dressed in emerald all about；

A thousand branches droop like fringes made of jade.

分析："妆"译为 dress，"垂"译作 droop，形容高高的柳树像碧玉装扮而成，万千柳枝都垂下绿色的丝条。这句译诗抓住了垂柳的特征，翠玉般的枝条在风中摇曳生姿，通过柳树之美来赞美春的活力。

（2）变换动词改译法

动词的使用具有一定的民族文化背景和特定的语言表达习惯，为求语句通顺、语义明确，翻译时可不按动词所指称的概念翻译，而是依据它们在特定语境中的模糊语义，变换动词译出其语用含义即可。

例 1. 王维《竹里馆》："深林人不知，明月来相照。"

译文：In the deep woods where I' m unknown;

Only the bright moon peeps at me.

分析："月光照射"如果直译应为 the moon shines to me，而译者这里巧妙地把"照"译为 peep at，即为"偷看、窥视"之意，赋予了月亮拟人化的色彩。这句译诗人景合一，以自然平淡的笔调描绘出月夜幽林的意境。诗人虽僻居深林却悠然自得，虽无人知晓也并不孤单，空中的明月已然成为他的知心朋友。

例 2. 杜甫《春夜喜雨》："随风潜入夜，润物细无声。"

译文：With wind it steals in night;

Mute, it wets everything.

分析：一个"潜"字是整首诗的点睛之笔，其意为"暗暗地，悄悄地"，这场春雨来得悄无声息，却滋润了大地万物。译者将其译为 steal 可谓异曲同工，颇具情趣地抒发了作者的喜悦之情。

（3）增添动词意译法

有时原诗并没有出现动词，但为了使译文能更好地传达诗人的思想或达到一定的艺术效果，在个别情况下可酌情增加一些动词，使译文更具感染力。

例 1. 王维《使至塞上》："大漠孤烟直，长河落日圆。"

译文：In boundless desert lonely smokes rise straight；

Over endless river the sun sinks round.

分析：这句诗中的“直”和“圆”本身都是形容词，而在译诗中翻译为 rise straight 和 sink round。这就是在原文的基础上增加了动词而使译文衔接更加自然、流畅。在荒无人烟的沙漠上，没有一丝风，一缕青烟袅袅升起，远处一轮圆圆的落日使整个画面既壮美又温暖，描绘出一幅荒凉中略有生气的大漠风光图。

例 2. 白居易《钱塘湖春行》：“几处早莺争暖树，谁家新燕啄春泥。”

译文：Disputing for sunny trees, early orioles thrill;

Pecking vernal mud in, young swallows come and go.

分析：译诗在原来 disputing 和 pecking 的基础上增加了 thrill 和 come and go，更加形象地写出莺儿们鸣叫争着飞向向阳的树梢栖息，燕子则忙来忙去衔着泥巴筑巢，译文通过增添动词再现了初春的蓬勃生机。

（4）省略动词法

有时诗歌中的某些动词没有实际意义，只是诗人为了凑足音节或促成叙事人和读者直接对话，使其出现在诗句中。这种情况下省略动词也不会影响诗句的意义，而且更符合英语的语言习惯。

例 1. 孟浩然《春晓》：“夜来风雨声，花落知多少。”

译文：After one night of wind and showers;

How many are the fallen flowers！

分析：译诗省略了“知”，却不影响这句诗的押韵和意境，一夜的暴风雨后，有多少花儿落下呢！体现诗人对春光流逝的淡淡哀怨和无限遐想。

（5）词类转换法

词类转换法是一种常用的翻译技巧，古诗英译时常常要将原文里的动词转换成其他词类，如形容词、副词、分词等。有时也会将原诗中的其他词类转换为动词。

例 1. 杜牧《寄扬州韩绰判官》：“青山隐隐水迢迢，秋尽江南草未凋。”

译文：The dreaming green hills stretch as far as the blue streams;

At autumn’s end grass seems still green on southern shore.

分析：首先将“隐隐”和“迢迢”这样的形容词转换为动词 stretch，这对叠字的翻译描绘出山清水秀的江南美景。而后将“未凋”译为 still green，即将动词转换为形容词，暗示虽已过深秋，草木仍有绿意。全诗情趣盎然，可见诗人对江南青山绿水及故人的思念。

例 2. 黄巢《题菊花》：“飒飒西风满院栽，蕊寒香冷蝶难来。”

译文：In soughing western wind you blossom far and nigh;

Your fragrance is too cold to invite butterfly.

分析：译诗巧妙地将副词“难”转译为 too...to invite，所谓“难”也就是天气太冷而不能邀请蝴蝶。秋末冬初，寒风萧瑟，满院菊花虽散发着幽冷的清香却难以吸引蝴蝶。作者既赞赏菊花迎风而开的顽强生命力，也为它们所处的环境而惋惜和不平。

10.2.5 课后练习

请用合适的翻译策略，完成下面诗歌的翻译。

无声即沉默。沉默有各式各样——

腹中空泛，思想一片苍白，故而无言可发，这是沉默；热情已如柴薪尽燃，故而冷漠处世，无喜无悲，无忧无愤，对人世的一切都失去兴趣和欲望，这也是沉默。

有过爱，有过恨，有过迷茫，有过颖悟，有过一呼百应的呐喊，有过得不到的呼唤，然而却守口如瓶，只是平静地冷眼察看世界，这是沉默；饱经忧患，阅尽人生百态，胸有千山万重的履痕，有江河湖海的涛声，然而却深思不语，这也是沉默。

10.3 译例评析与举隅

10.3.1 译例评析

译例 1. 来自苏格兰农民诗人罗伯特•彭斯（Robert Burns）的《我的爱像朵红红的玫瑰》

O my Luve’s like a red,red rose

That’s newly spring in June:

O my Luve’s like the melodie

That’s sweetly played in tune.

...

And fare thee weel,my only Luve!

And fare thee awhile!

And I will come again,my Luve,

Tho’ it were ten thousand mile.

译文：

呵，我的爱像朵红红的玫瑰，

六月里迎风初开；

呵，我的爱像支甜甜的曲子，

奏得和谐又合拍。

……

再见吧，我唯一的爱人，

我和你小别片刻。

我要回来的，亲爱的，

即使是万里相隔。

译例分析：

罗伯特•彭斯自幼受民歌熏陶，他的诗富有乡土气息和民歌风味，流畅自然，语言通俗易懂，音乐性强，读起来朗朗上口。译诗所选的首尾两节是直译过来的，句法未变，字面意义也未作任何改变，正是奉行了“译者依也”的原则。而不变是相对的，第一句根据 sprung 表现的情态增加了“迎风”；第三句给 melodie 加上了“甜甜的”修饰。这些“异”都是译者的“艺”，增添了原诗深层意蕴所有而表层意蕴所无的内容，因而更深层次地传达了原诗的意境，达到了“恰”的效果。第二节中将 my Luve 译为意义相同的两个称呼“我的爱人”和“亲爱的”，展现了诗人深沉的情感和依依不舍的心情。而“小别”和“相隔”两词用得更是精当优美，与此节一、三句相呼应，进一步表现出诗人真挚深切的感情。此“易”使原诗和译诗达到了统一。如果以音、形、意三美的标准来衡量，译诗也是相当成功的：第一，它完全保留了原诗的意义和意境；第二，基本保留了跟原诗相当的形式，每节同为四行，句子长短也较整齐；第三，节奏自然，偶句押韵，读来颇有原诗的神韵和风采。

译例 2.《望庐山瀑布》

日照香炉生紫烟，遥望瀑布挂前川。

飞流直下三千尺，疑是银河落九天。

译文：

CATARACT ON MOUNT LU

The sunlit Censer perk exhales a wreath of cloud;

Like an upended stream the cataract sounds loud.

Its torrent dashes down three thousand feet from high;

As if the Silver River fell from azure sky.

译例分析：

李白的七言绝句颇富浪漫主义情怀，豪迈奔放，率性而为。许渊冲先生的译作再现了诗作的意美、音美和形美。原诗的第一句中一个“生”字把静止的香炉峰写得富有了灵性。许先生同样用 exhales 一词也将香炉峰人格化了；并用 a wreath of cloud 形容“紫烟”，其中名词 wreath 有缭绕以及色彩绚丽的生动意向。第二句中一个“挂”字，化动为静，呼应上文。而许先生使用动词 upended 来形容远望中的瀑布像倒挂的飞流，译出了诗词的弦外之音和意境之美。第三句中的“飞”字和“直下”描绘出瀑布飞散而降的气势。许先生译文中以 dashes down 作谓语，既合乎主语倒挂的飞流飞下的走向，又传达出瀑布凌空而落的气势。最后一句，许先生用动词 fell，但为虚拟语气，把现实瀑布和想象中的银河自然地联系起来。四行诗的韵脚比较多，许先生按原诗的节奏，择用 AABB 尾韵。为了压好韵脚，在诗句的语序方面做了必要的调整。总之，译文保留了原作的形美和音美，译品接近原诗的自然节奏。

10.3.2 译例举隅

I hear America singing

I hear America singing, the varied carols I hear,

Those of mechanics, each one singing his as it should be blithe and strong,

The carpenter singing his as he measures his plank or beam,

The mason singing his as he makes ready for work, or leaves off work,

The boatman singing what belongs to him in his boat, the deck hand singing on the steamboat deck,

The shoemaker singing as he sits on his bench, the hatter singing as he stands,

The woodcutter' s song, the ploughboy' s on his way in the morning, or at noon intermission or at sundown,

The delicious singing of the mother, or of the young wife at work, or of the girl sewing or washing,

Each singing what belongs to him or her and to none else,

The day what belongs to the day-at night the party of young fellows, robust, friendly,

Singing with open mouths their strong melodious songs.

译文：

我听见美国在歌唱

我听见美国在歌唱，歌谣各式各样。

机修工们在歌唱，每个人都在唱着快乐雄壮的歌。

木匠们在歌唱，一边测量木板和横梁。

泥瓦匠们在歌唱，准备妥当去工作，或者收工要回家。

船夫在歌唱，就唱这木船上属于他的一切，还有船员在蒸汽船的甲板上唱。

鞋匠们在长凳上坐着唱，帽匠们站着唱。

伐木工和耕童也一路唱，无论是早上，午间休息还是日落时分。

母亲们唱着动听的歌曲，少妇们一边工作一边唱，姑娘们缝纫洗衣时也要唱。

每个人都在唱着只属于他们自己的歌。

白天有白天的歌，晚间则是年轻人的聚会，充满友情和活力。

他们放声高歌，歌声优美而嘹亮。

10.3.3 课后练习

（1）请将下面一首诗翻译成汉语，注意用词和表达。

The Soul selects her own society
Thenshuts the Door
To her divine Majority
Present no more

Unmoved she notes the chariots
Pausing
At her low Gate
Unmovedan Emperor be kneeling
Upon her Mat

I' ve known her — from an ample nation
Choose One
Then — close the valves of her attention
Like Stone

（2）请将下面一首古诗翻译成英语，注意用词和表达。

《黄鹤楼送孟浩然之广陵》

故人西辞黄鹤楼，烟花三月下扬州。

孤帆远影碧空尽，唯见长江天际流。

★ 跨文化小贴士 ★

中西方社交礼仪的差异

跨文化交际中，由于东方人和西方人有着不同的文化背景和风俗习惯，在社会交往活动中遵循各自不同的社交礼仪，礼仪是人与人之间进行感情交流，建立友谊发展的纽带。社交礼仪作为一种文化，是人们在生活中处理人际关系，是用来与人表达友谊情感的符号。然而就是因为文化不同引起的障碍而导致信息误解。

（1）对待赞美

中国人和西方人在对待赞美的态度上大不相同。别人赞美的时候，尽管内心十分喜悦，但表面上总是表现得不敢苟同，对别人的赞美予以礼貌的否定，以示谦虚："还不行！""马马虎虎吧！""哪能与你相比啊！""过奖了！"等。

而西方人对待赞美的态度可谓是“喜形于色”，总是用“Thank you”来应对别人的赞美。

（2）谦虚和自我肯定

中国人一直视谦虚为美德。不论是对于自己的能力还是成绩，总是喜欢自谦。如果不这样可能会被指责为“不谦虚”“狂妄自大”。比如，中国学者在作演讲前，通常会说：“我学问不深，准备也不充分，请各位多指教”；在宴会上，好客的主人面对满桌子的菜却说：“没有什么菜，请随便吃”；当上司委以重任，通常会谦虚地说：“我恐怕难以胜任”。

而外国人特别是西方人没有自谦的习惯。他们认为，一个人要得到别人的承认，首先必须自我肯定。所以，他们对于自己的能力和成绩总是实事求是地加以评价。宴请的时候，主人会详尽地向客人介绍所点菜的特色，并希望客人喜欢；而被上司委以重任的时候，他们会感谢上司，并表示自己肯定能干好。

（3）礼尚往来

西方人大多不是很重视礼尚往来，尽管他们也常常在节日、生日和拜访时向亲朋好友赠送礼物。他们一般不看重礼品的价值（因而喜欢赠送一些小礼物），认为向朋友赠送礼物不是为了满足朋友的某种需求，而只是为了表达感情。而中国人大多比较看重礼品的价值，礼品的价值一定程度上代表了送礼人的情意。

另外，在送礼的方式上，东西方也存在明显的差异。西方人在收到礼物的时候，一般要当着送礼人的面打开礼物包装，并对礼物表示赞赏。如果不当面打开礼物包装，送礼人会以为对方不喜欢他（她）送的礼物。 而我们大多不会当着送礼人的面打开礼物包装，除非送礼人要求对方这么做。这么做的目的是为了表示自己看重的是相互间的情谊，而不是物质利益，如果当着送礼人的面打开礼物包装，就有重利轻义的嫌疑。

参考文献

[1]Halliday M A K.An Introduction to Functional Grammar [M].London:Edward Arnold，1994.

[2] 陈刚 . 旅游翻译与涉外旅游 [M]. 北京：中国对外翻译出版公司，2004.

[3] 陈宏薇 . 新编汉英翻译教程 [M]. 上海：上海外语教育出版社，2004.

[4] 程尽能 . 跨文化应用翻译教程 [M]. 北京：北京语言大学出版社，2015.

[5] 丁大刚 . 旅游英语的语言特点与翻译 [M]. 上海 : 上海交通大学出版社，2008.

[6] 方梦之，毛忠明 . 英汉—汉英应用翻译教程 [M]. 上海 : 上海外语教育出版社，2006.

[7] 冯庆华 . 文体翻译论 [M]. 上海：上海外语教育出版社，2002.

[8] 冯庆华 . 英汉翻译基础教程 [M]. 北京：高等教育出版社，2008.

[9] 冯亚娜 . 广告英语翻译中的跨文化因素及翻译策略 [J]. 牡丹江大学学报，2013，04:104-106.

[10] 黄欢，商务英语翻译中的文化差异及应对策略 [J]. 中国校外教育（理论），2013（5）:118-120.

[11] 姜荷梅 . 21 世纪大学实用英语教程 [M]. 上海 : 复旦大学出版社，2006.

[12] 金惠康 . 跨文化交际翻译 [M]. 北京：中国对外翻译出版公司，2003.

[13] 纪俊超 . 旅游英语翻译实务 [M]. 合肥：中国科学技术大学出版社，2014.

[14] 康志洪 . 科技翻译 [M]. 北京 : 外语教学与研究出版社，2012.

[15] 刘川 . 文稿与播音——新闻英语的文体特色 [J] . 山东外语教学 , 2002,（3）: 44-46.

[16] 李丹云 . 跨文化交际中广告英语的翻译 [J]. 琼州学院学报，2011,（3）:108，85.

[17] 刘建刚，闫建华 . 论告示的语用等效翻译 [J]. 上海翻译，2005（4）: 32-35.

[18] 刘君式，商务英语广告的语言特点及翻译技巧 [J]. 长沙铁道学院学报（社会科学版），2014，（4）:44-45.

[19] 龙江 . 英语漫谈中国文化：汉英对照 [M]. 大连：大连理工大学出版社，2010.

[20] 李克兴，张新红 . 法律文本与法律翻译 [M]. 北京 : 中国对外翻译出版公司，2006.

[21] 廖丽蒙 . 从语境结构探讨商务英语翻译技巧 [J]. 才智 2014（9）: 255-256.

[22] 刘士聪 . 英汉 • 汉英美文翻译与鉴赏［M］. 南京：译林出版社，2010.

[23] 梁婷 . 英文广告实用手册 [M]. 成都：西南财经大学出版社，2003.

[24] 李雯 . 跨文化视阈中的英汉翻译研究 [M]. 长沙：湖南师范大学出版社，2018.

[25] 马庆林，孟超，周朝伟 . 英汉法律文本翻译——理论与实践 [M]. 北京 : 中国人民

大学出版社，2012.
[26] 彭萍 . 实用旅游英语翻译：英汉双向 [M]. 北京：对外经济贸易大学出版社，2010.
[27] 屈文生，石伟 . 法律英语阅读与翻译教程 [M]. 上海 : 上海人民出版社，2012.
[28] 宋建龙 . 试论商务英语翻译以直译为主的翻译原则 [J]. 山东青年政治学院学报，2011，(2)：140-142.
[29] 宋雷 . 法律英语高级教程 [M]. 北京 : 中国民主法制出版社，2001.
[30] 石磊 . 跨文化视角下的广告英语翻译 [M]. 沈阳：辽海出版社 , 2019.
[31] 司铜生、商务英语信函的语言特点及翻译技巧 [J]. 消费电子，2012,(13):177-178.
[32] 孙致礼 . 新编英汉翻译教程 [M]. 上海：上海外语教育出版社，2003.
[33] 汪佳奇 . 新闻英语听力大突破 [M] . 南昌：江西文化音像出版社，2001.
[34] 吴健，张韵菲 . 汉英科技翻译教程 [M]. 南京：南京大学出版社，2014.
[35] 王丽莉 . 浅谈商务英语的语言特征及翻译技巧 [J]. 太原城市职业技术学院学报，2014(5):192-193.
[36] 魏绪涛，彭兵转 . 依托翻译技巧课强化大学生商务英语口语应用能力 [J]. 宁波职业技术学院学报，2011(6)：61-64.
[37] 王中心 . 汉英翻译中句法建构差异的处理［ J ］. 淮海工学院学报（ 人文社会科学版)，2012，10(9)：92-94.
[38] 许钧 . 翻译概论 [M]. 北京：外语教学与研究出版社，2009.
[39] 许明武 . 新闻英语与翻译 [M] . 北京 : 中国对外翻译出版公司，2003.
[40] 许渊冲 . 文学与翻译 [M]. 北京：北京大学出版社，2016.
[41] 严俊仁 . 新汉英科技翻译 [M]. 北京：国防工业出版社，2010.
[42] 余萍萍 . 从句子结构处理看张培基散文英译［ J ］. 语言文学研究，2017，24：17-18.
[43] 杨贤玉，乔传代，杨荣广 . 旅游英汉比较与翻译 [M]. 武汉：武汉大学出版社，2014.
[44] 赵会军 . 金融英语翻译中的社交语境功能 [J]. 中国科技翻译，2006(3)：26-28.
[45] 章和升 . 英汉翻译技巧 [M]. 北京：当代世界出版社，1997.
[46] 赵静 . 广告英语 [M]. 北京：外语教学与研究出版社，1993.
[47] 张莉，功能翻译理论视角下的商务英语翻译研究 [D]. 河北大学，2015(3)：48-50.
[48] 曾丽苏 . 试论被动语态的功能及其使用的语境 [J] . 外语教学，1994 (2)：57-64.
[49] 张培基 . 英汉翻译教程［ M ］. 上海：上海外语教育出版社，2009.
[50] 张培基 . 英译中国现代散文选（一）［ M ］. 上海：上海外语教育出版社，2007.
[51] 邹申 . 冲击波英语教程 [M]. 大连：大连理工大学出版社，2012.
[52] 张艳，黄蕾 . 从翻译风格论视角析葛浩文的散文翻译［ J ］. 韶关学院学报，2014，35（ 5)：135-139.

附录　练习参考答案

1.1.5

（1）翻译中的跨文化障碍主要有：语言障碍、思维差异、历史差异、宗教差异、文学典故差异。

（2）许多人认为，植物与动物的习性相似，于是梦寐以求地去探索能够返老还童的灵丹妙药，就像数百年前庞塞·德莱昂寻找青春之泉一样，结果只能是竹篮打水一场空。

1.2.6

（1）跨文化翻译的原则有：约定俗成原则、“和而不同”原则、空位补偿原则、文化顺应原则、文化再现原则。

（2）“和而不同”原则首先要遵守忠实，传达源语的文本意义及文化意义，其次在实践翻译中，如果存在文化空缺及概念空缺时，则需要译者进行恰当的创造。在遵循原文内容的前提下，尽可能地还原源语的体裁、比喻、押韵的行文手法等。

1.3.5

（1）软环境、社保卡、问题家具、地沟油、清洁能源、文化冲击、银幕。

（2）归化翻译是尽量减少译文中的异国情调，向译入语读者提供一种自然流畅的译文，即施莱尔马赫所说的“尽量不干扰读者，请作者向读者靠近”。异化策略的目的是促使译文摒弃译入语常规表达方式，保留原文中的异国情调，即施莱尔马赫所说“译者尽量不惊动原作者，让读者向他靠近”。

2.1.4

（1）本论文概述了纤维在水泥混凝土复合材料中应用的历史和现状，具体应用的纤维种类及纤维在水泥混凝土复合材料中所起的作用。

（2）总的来说，海洋生物是冷血动物，也就是说，它们的体温与周围环境基本上是一致的。

（3）水管对通过的水流的阻力取决于下列三个因素：管道长度、管道直径、管道内壁的特性（粗糙或光滑）。

（4）能量守恒和能量转换定律不仅是工程实践的主要基础，而且是物理、天文以及化学等方面推理的主要基础。

（5）任何物质，不论固体、液体或气体，都是由原子组成的。

2.2.4

（1）成本较高不完全是由于部件的形状，也可能是由于使用了比较昂贵的金属。

（2）加入合金元素主要是为了改善力学性能，如拉伸强度、硬度、刚度以及可机械加工性，有时也是为了改善流动性及其他铸造性能。

（3）许多职业病显然是可以预防的。

（4）人们曾相信科学和技术的方法是获得真理和知识的唯一有效途径。然而，这种信念正在改变。

（5）工业化发展似乎伴随着环境的恶化。

2.3.3

石油埋藏于地层深处。因此，仅研究地层表面，无法确定有无石油，必须勘探地下的岩石结构。如果确定了某一区域的岩石蕴藏着石油，就此安装钻机。它的主要部分是机架，用以撑起一节一节的钢管，让其下到井孔。一边钻井，一边下钢管，以防周围土层塌陷。一旦出油，就紧固管盖，让油从各个阀门喷出。

3.1.4

（1）由于下大雨可能带来污水外溢，加上2011年喜剧演员大卫•威廉姆斯在140英里慈善游泳活动中的遭遇——因受到污染的河水导致身体不适，有人担心这个项目是否会引起一些健康问题。

（2）沿着泰晤士河堤岸的圣殿阶梯往下便是泰晤士河（泳池）。河水先经泳池外围一圈芦苇地过滤后，再通过泳池旁盖板下的过滤设备进行二次净化，才被注入长82英尺（约25米）、宽32英尺（约9.8米）的主直游区。

（3）该项目幕后的建筑师团队——伦敦章鱼工作室的建筑师克里斯•罗默－李表示，他希望通过众筹的方式筹集前期30万英镑的咨询费和其他费用，并且希望每一位市民都能为这个社区项目献出一份力。

（4）现年49岁的《实习医生格蕾》男星帕特里克•德姆西与化妆师妻子吉利安•芬克宣布，他们将结束15年的婚姻生活。两人在《人物》杂志的一份独家声明中证实了这一消息。

（5）这项研究同时发现，苹果手机的销量和人口密度有关，人口越是密集的地区，苹果手机的销量就更高。

3.2.4

受中国经济增速放缓影响，中国企业应收账款大幅增加，这是购货方无力支付现款而销货方为了提高销售降低销售条件的结果。销货方将应收账款转让给银行的过程即被称作保理融资，企业可以不必等待客户付款而提前拿到资金，银行则以低于实际金额的价格卖入应收账款以赚取差价。

3.3.3

（1）据英国《星期日邮报》报道，威廉王子的女友凯特·米德尔顿日前收到英国王室共度圣诞节的特别邀请。

（2）这项由丹麦全国公共卫生研究所的研究人员展开的调查为期六个月。

（3）据美国住房与城市开发部介绍，在无家可归的成人当中，近五分之一的人是退伍军人。

（4）This Chinese lunar new year,which starts on February 18,is believed to be an especially auspicious "golden pig year" which only comes around every 60 years.

（5）One campaign for "civilized behavior" kicks off Sunday in the Wangfujing shopping area, located just east of Tian' anmen Square. This will be the first "Queuing Day" which will take place on the 11th of each month.

4.1.4

①西安被选为主办 2011 年世界园艺博览会，从 4 月 28 日到 10 月 28 日。

②昆明是美丽的地方，四季如春，百花争艳。

③"锦绣中华"堪称是花的世界、绿的世界，更是一览中国的历史之窗、旅游之窗。

④在美国所有的标志当中，"自由女神"最为持久，也最具感召力。

⑤旧金山是世界上种族最多元化的城市之一。

4.2.4

（1）达沃斯是欧洲海拔最高的阿尔卑斯山区旅游胜地。小镇依偎在群山的怀抱之中，自然风光优美纯净，拥有欧洲其他山区度假胜地无可比拟的独特魅力，其景色多姿多彩，集度假、运动、会议、保健、学术和文化圣地于一处！

（2）

① 您与西北同行，生意最佳水平。

② 威尼斯是城市中的莎士比亚——举世称赞，无与伦比，令人佩服。

③ 亚特兰大有适宜的气候、迷人的田园风光，在主要城市中它的绿化是最好的。

④ As the Big Ben is ringing the hour, a long queue of visitors from all over the world moves slowly forward into the Houses of Parliament.

⑤ In February and March, when the North is still cold, orchids of Qing-cheng compete to outshine one another in beauty.

4.3.3

（1）东方明珠电视塔高 468 米。它面向外滩，横跨黄浦江。当从外滩眺望，塔和南浦、杨浦大桥形成了一幅生动的画面，被称为“双龙戏珠”。顶部的球体直径 45 米，距离地面 263 米。球体上的观景台可以看到城市的全景。旋转餐厅位于浦东新区 267 米高度。舞厅、钢琴酒吧和设在 271 米的 20 间 KTV 包房也向公众开放。太空舱建在 350 米处，内有观景台、会议室和咖啡厅。该塔集广播与观光、餐饮、购物、娱乐和住宿于一体。它已经成为这座城市的象征和上海的主要旅游景点。

（2）Located in an alley in the middle of Melbourne’s CBD, Section 8 bar uses packing crates as seats. The toilets are made out of shipping containers and the bar is just enclosed with fence. Section 8 bar attracts rich businessmen, Japanese tourists, struggling artists and even homeless people. It is deliberately designed to be unpretentious. As a result, it attracts people from all walks of life that want to mingle with someone different from themselves.

5.1.4

①劳动合同依法订立即具有法律约束力，当事人必须履行劳动合同规定的义务。

②买卖合同的货物所有权转移在将来的某个时间发生或在以后须附有某种条件才可以完成的，称为出售协定。

③加入、退出和恢复中国国籍的申请，由中华人民共和国公安部审批。

④投保人变更受益人时须经被保险人同意。

⑤在不会进行调查或对执法构成不合理延迟或阻碍的前提下，被拘留者可与一名法律顾问通讯和商议。

5.2.4

（1）

① 法院的诉讼可分为两类：民事诉讼和刑事诉讼。

② 严禁将私人收藏的文物进行倒卖牟利。

③ The respondent shall continue to pay for the child’s education unless and until the child has reached the age of 18.

④ This Convention is subject to ratification, acceptance or approval by the signatory States.

⑤ The development of international trade on the basis of equality and mutual benefit is an important element in promoting friendly relations among States.

（2）It shall be prohibited for anyone to disturb public order by any means. If the circumstances of the public disturbance are so serious that work, production, business, education or scientific research cannot be conducted and the state and society suffer serious losses, the ringleaders shall be sentenced to fixed-term imprisonment of not more than five years, criminal detention, public surveillance or deprivation of political rights.

5.3.3

（1）美国的法院组织因其国家结构形式——联邦制——而显得复杂。与英国或法国等国的单一的、统一的法院体系不同，美国事实上有51个法院体系——联邦法院体系和50个州的法院体系。美国国会和各州立法机构可自由地组织各自的法院体系，以满足自身需要。不但联邦法院的架构不同于各州的法院架构，各州的法院架构也多有差异。初审法院在甲州称作“地区法院”，在乙州可能作为“高等法院”，在丙州有可能是“最高法院”。大多数州仅有一个最高法院；俄克拉荷马州和得克萨斯州有两个终审法院，分别管辖民事上诉案件和刑事上诉案件。这种多样性使我们很难概括出一个“典型”的州法院体系。每个州都可以自由地决定何为法律禁止的行为，且可自由地对法定的罪名确定合理的处罚。因此，对于相同的犯罪行为，两个州可能有着完全不同的界定和两种全然不同的刑罚。

（2）The concept of correction comes from the Positive School of Criminology and there was no such a concept like correction in the time of the Classical School of Criminology, as we know that what the retributivism emphasizes is the punishment and the deterrence is what the utilitarianism pointed to. Under that circumstance, criminal punishment is nothing but a mere means of sanction or a vehicle of deterrence. The Positive School of Criminology, Sociological School of Criminology in particular, is well known of Von Liszt's thoughts of education transformation, in which the idea of correcting the criminals is covered. Liszt once said that "To correct those correctable criminals, and make sure those uncorrectable give up committing crimes." Although Liszt didn't give full exposition of the theory as how to correct the criminals, it couldn't make us feel improper to regard him as the founding father of the concept of correction. As compared to the concepts of retributive punishment and deterring punishment, the concept of correction gives more positive sense to criminal punishment. A criminal is not simply an object of punishment, but an object of correction. Although not every criminal can be corrected to be a law abiding citizen at last, the chance of rehabilitation to be a good people for a criminal is highly possible. Thus, the concept of correction can not only make the criminal punishment a vehicle to combat the evil but also a way to gain virtue.

6.1.4

① 在这种情况下，世界各国又恢复浮动汇率就不足为奇了。各国中央银行也就无须维持本币的汇价了。

②若实验室检验合格，且你们给我们的报价具有竞争力，我们一定会定期大量订货的。

③中国研究人员在开发利用新材料制造在低温下使用的镍氢电池方面已有了突破。

④中国自从20世纪70年代末经济改革以来，已经取得了令人瞩目的经济增长和重大的结构转变。

⑤会计系统提供的金融信息对于帮助管理层决策人员制订计划和控制该经济实体的活

动而言是不可或缺的。

6.2.3

前缀“macro”来源于一个希腊语词汇。因此,宏观经济学研究的是大规模的经济增长。宏观经济增长现象源于家庭、公司和政府部门所做出的无数个微观经济选择的综合影响。

健康经济体系的第一个关键指标是该经济体系是否能为每个想要工作的人提供一份工作，一个地区经济的运行状况是根据失业率（即没有工作而又积极寻找工作的劳动力百分比）来衡量的，即便在最佳的经济时期，失业率也不会降为零，在一个充满变化的、健康的经济环境中，总会有一定数量的劳动者没有工作，这些劳动者可能正准备要加入劳动力大军，或者辞掉了以前的工作去寻找更好的工作，于是这些人就会在短时间内没有工作。这种现象十分正常。关于如何定义正常的或是自然的失业水平,存在一些争议。20多年前,人们认为4%的失业率是一个适度的指标。就当今的经济结构而言，许多经济学家认为，失业率在6% ~ 6.5%的劳动力市场是健康的。

通货膨胀是指所有商品和服务的平均价格水平持续增长。因此，物价稳定（即不存在通货膨胀）是经济健康的第二个主要指标。真正的物价稳定是指物价平均水平没有上涨。但是，许多经济学家和决策者发现，适度的物价上比率——每年3%或更低——也是可以接受的。

经济增长是经济健康的第三个主要指标。经济增长才能为新的劳动者提供工作，并使人们的生活水平不断提高。衡量一个国家的经济总量时，最常用的指标是国民生产总值（GNP)，为了使这个指标更有实际意义，必须根据通货膨胀的影响对GNP做出调整。经济学家用术语“名义的”来指调整之前的GNP数据,用“实际的”来表示调整后的GNP数据。

6.3.3

① V—788KE让您唱出心中的歌。让我们尽情品味Hi-Fi(高保真）卡拉OK的美妙声音!

欢聚一堂，纵情歌唱，享受生活乐趣!

拥有V—788KE，体会卡拉情趣，无不尽善尽美。悦耳的Hi-Fi立体音令您欢欣，易于使用的卡拉OK功能，可以拓宽音域和增强声音的表现力。只需放入卡拉OK录像带，拿起麦克风，您就会成为梦寐以求的卡拉OK歌星。您可以随时感受到激动人心的乐趣。

V—788KE更是一款性能卓越的录像机。所以，当您纵情高歌之后，可以充分放松，享受您喜爱的影片和录像节目。

②蔬果残留清除剂德立邦一立鲜

产品特点

富含用高科技手段从椰果中提取的椰油两性醋酸特效成分,能快速溶解农药中的乳油,使农药和蔬果迅速剥离。富含IMAZALIL特效杀菌消毒成分，快速杀灭致病菌。杀菌率99.9%，持久保持蔬果新鲜美味。本品所含活性成分经世界卫生组织、欧盟和美国环保署批准，符合联合国粮农组织标准，含有可食用标准成分。本品为低泡型。将瓜果在放入本品的水中浸泡5分钟后，用清水冲洗即可食用。

注意事项：本品为非饮用品，请避免儿童触及。不慎误食时，需多饮水。

7.1.4

（1）

① 让我们做得更好。

② 滴滴香浓，意犹未尽！

③ 感受新世界。

④ 你值得拥有！

⑤ 没有不可能。

（2）

① 名牌推荐

②“雪莲”牌羊绒衫

北京生产的“雪莲”牌羊绒衫，系选用优质的山羊绒做原料制成。本品具有色泽鲜艳、手感柔滑、穿着舒适、轻、软、暖等特点。由于该产品品质优良，做工精细，花型、款式新颖，尺码齐全，受到国外消费者的热烈欢迎。

7.2.4

（1）

① 新一代的选择。（百事可乐）

② 众望所归，翘首以待。（现代汽车）

③ 车到山前必有路，有路必有丰田车。（丰田汽车）

④ 不同凡“想”。（苹果电脑）

⑤ 别克汽车，通往美好生活的秘诀。（别克汽车）

（2）China Skies—CAAC inflight magazine

The first inflight magazine in China!

Circulated in all major airlines, on domestic and international flights in China, over 40 million passengers in 1994, 60,000 seats, 200,000 copies, every 2 months audited circulation.

The sole targeted media in China! To reach businessmen and decision makers at national level. Best cost, effective media for the coverage of all the airlines in China.

Make your advertising campaigns take off in China with CAAC inflight magazine China Skies!

7.3.3

（1）

① 在被美丽的园景围绕的露台上放松一下，在闪闪发光的度假风格的游泳池里泡一泡，抑或是在户外休息室或厨房享受美食，这里的餐具都是不锈钢用具，还有冰箱和嵌入式烤架。这个房屋有你希望和期待的一切事物。

② 沐浴在菲律宾群岛的阳光里

美丽的白色沙滩上，沐浴在金色的阳光里，恣情嬉戏，尽情享受……美妙的风景，激动人心的奇观……世界一流的设施，高效的服务。

不仅这些，最令人神往的是，你可以享受到菲律宾群岛带给你的独有的温暖、热情与舒适。

（2）

① Being deluxe cruiser, “the Great Wall” has indoor and open air observation towers, swimming pool, bar, solarium as well as Chinese and Western restaurant and spacious deck. All the cabins are superb, comfortable and air-conditioned.

② TO RENT OR FOR SALE

Furnished Edinburgh Court, 426 Argyle St., 2nd floor, 1630 sq. Ft. 4 bedrooms with dining and living room, private garage. Sale at $13,0000. Rent $1,400. Tel.38954 office time or 823784.

8.1.4

她遭难之后，被带到林荫道去，算是有了家。学校里谨严的校规把她闷得半死。在这儿，祈祷、吃饭、上课、散步，都有一定的时候，不能错了规矩，这日子叫她怎么过得惯？她留恋从前在苏霍画室里自由自在的穷日子，说不尽的愁闷。所有的人——连她自己在内——都以为她想念父亲，所以那么悲伤。她住在阁楼上一间小屋里，女佣们常常听见她一面哭一面走来走去。其实她哭泣的原因不是悲哀，倒是气恨。她本来没有多少虚情假意，如今和别人不合群，所以只能想法子掩饰。她从小不和女人来往。她的父亲虽然是个无赖，却有才华。利蓓加觉得他的谈吐比起现在女人堆里听到的说长道短，不知有趣多少。

（译文节选自《名利场》，杨必译，人民文学出版社，2002 年）

8.2.4

那一夜我一直没想睡觉；可是我一躺上床，就睡着了。我在思想上又回到了童年的情景中去：我梦见我躺在盖茨海德的红屋子里，夜一片漆黑。我心里有着各种奇奇怪怪的恐惧。很久以前吓得我昏过去的那道光，在这个梦幻中回忆起来，似乎移动着要爬过墙，而且颤抖着停在昏暗的天花板中央。我抬起头来看：屋顶化成云块，高高的，朦朦胧胧的：那光亮似乎像即将破雾而出的月儿照在雾气上的那一种。我看着它过来——带着最奇怪的期待心情看着。仿佛它的圆盘上写着注定我命运的话似的。它冲了出来，月亮从没像这样从云里出来过；一只手首先穿过黑黑的云层，把它们推开；接着在碧空中照耀着的不是一个月亮，而是一个白色的人形，辉煌的额头俯向大地。这个人体目不转睛地凝视着我，对我的心灵说话；声调远不可测，却又如此之近，就在我的心里低语："我的女儿，逃避诱惑吧！""母亲，我会逃避的。"（《简·爱》片段，夏洛蒂·勃朗特作，祝庆英译）

8.3.3

（1）我在当铺里，也成了大家熟悉的人物。那位坐在柜台后面管事的绅士，对我非常注意：我记得，他一面和我办着交易，一面常常叫我打着喳喳儿在他的耳边上背拉丁文名词或者形容词的变格格式，或者背拉丁文动词的变化样式。每次我替米考伯太太跑一趟，米考伯太太就小小地请我一次，一般是吃一顿晚饭；我记得很清楚，这种饭，吃起来总是令人感到有特别的滋味。

后来米考伯先生到底到了山穷水尽的时候了。有一天早晨他被捕了，关到南镇上的皇家法席监狱里去了。他从寓所往外走的时候，对我说，太阳对于他算是已经落了。我当时真正觉得，他的心碎了，我的心也碎了。不过我后来听说，不到中午的时候，就有人看见他在狱里，活泼高兴地玩九柱戏。（译文节选自《大卫·考坡菲》，上海译文出版社，1989 年）

（2）那个年轻姑娘已经替麦克斯韦尔当了一年速记员。她的美丽是一般速记员所没有的。她并不采用那种华丽诱人的庞巴杜式的发型，也不戴什么项链、手镯、鸡心吊坠之类的东西。她根本没有准备接受人家邀请去吃饭的神气。她的灰色衣服虽然很朴素，但穿在身上非但合适，而且文雅。她那俊俏的黑头巾帽上插了一支金绿色的鹦鹉羽毛。今天上午，她身上有一种温柔而羞怯的光辉。她的眼睛梦也似的晶莹，她的脸颊桃花般的妖艳，脸上还带着幸福的神色和追怀的情调。

9.1.4

（1）首先，它常年都有——即使不是在树上，至少是在水果店里。有的时候，只用几块巧克力和一点蜜饯生姜充当餐后的甜点，两块李子干加一片大黄便被冠以蔬果什锦美名时，这时仍带酸味的柑橘便前来慷慨救驾；其他时候，水果丰盈，樱桃、草莓、木莓、醋栗在餐桌上相互争艳时，此时比往日更加甜美的柑橘依然能坚守自己的岗位。对于人们的日常生活，面包和黄油、牛肉和羊肉、鸡蛋和咸肉，都未必像柑橘那样不可或缺。

（2）Real friendship between two persons originates perhaps from the time of life when they were children playing innocently together. Real friendship is easily formed in primary or middle school days when, being socially inexperienced and free from the burden of life, you give little thought to personal gains or losses, and make friends entirely as a result of similar tastes and interests or congenial disposition. It is sort of "friendship for friendship's sake" and is relatively pure in nature. Friendship among people in their 20's, however, is more or less coloured by personal motives. And friendship among those aged over 30 becomes correspondingly still less pure as it gets even more coloured. Though this is not necessarily due to "degeneration of public morality", I do have good reasons to call it the tragedy of life. People at middle age, with the heavy burden of life and much experience in the ways of the world , have more scruples about this and that, and cannot choose but become more calculating in social dealings till they start scheming against each other. They always keep a wary eye, as it were, on each other in their association. Such association is of course fragile, especially in this modern age of prevailing sharp conflicts.

9.2.4

（1）在人的心理能力中，有一种是很多孩子和艺术家自然就有的。不论是谁，一旦有了这种能力，直到他生命的最后一天也不一定会丢失。这就是从某一事物，或任一事物，每一事物，都能感受快乐的能力。不是为了某一目的，只是因为它就是这样。这好比一个人喜爱一样东西，不论它有什么特征他都喜爱。一个心理健全的孩子会把他的手掌平放在夏天的草皮上，抚摸它，在他感觉到具有弹性又很坚实的地球表面时，他心里便产生一种快乐的冲动。他不是在想，要是在上面做游戏或放羊什么的该有多好哇。那岂不是就像求婚者一心只想着女友的钱财一样吗？而孩子则完全是因为喜爱。是事物内在的特质真正让他有一种欣喜若狂的感觉。不论是什么事物，也不论它们有没有用途，它们就在那里。每一样东西都像一张脸孔，都有其独特的使人激动的面容和感觉；上过油漆的铁器使人感觉冷峻，而上过油漆的木器则让人感觉温和而亲切，当土块在手里松动而散发出阳光和热荨麻的微干的气味时，简直让人陶醉;每一个普通的东西都有它自己的“性格”，而这“性格”都有其不同的怡人的特征。

（2）Marriage or no marriage, which is more desirable? That sounds like the chicken-and-egg question, which, though often discussed, remains a perpetual puzzle. Generally speaking，one who has no family dependants is not supposed to rent a house, one who has no petticoat influence in the government should refrain from becoming an official, an unmarried male writer is in no position to write about“my wife”. All these seem to hint at the advantages of marriage. But, to get married, you need to have five prerequisites, namely, money, leisure, employment, good looks and potentness, of which all are not always available. What is more, after your marriage, your offspring will come to this world of themselves. And in a world with overpopulation, economic crisis, educational bankruptcy and deteriorating public morals, they may, just as Charles Lamb says, through their own acts of indiscretion, be sent to the gallows. With such a terrible misfortune befalling your family, how could you still have wedded bliss to speak of ?

9.3.3

（1）大自然，就色彩和形状而论，包含所有图画的元素，就像键盘包含所有音乐的音符一样。

艺术家的天职就是对这些元素进行选择，将它们科学地组织起来，结果可能是一幅美丽的图画——就像音乐家用声音谱成和音，从混乱无序的声音中创作出动人和谐的乐曲一样。

如果对画家说他可以照大自然本来的样子作画，就等于对演奏家说他可以一屁股坐在钢琴的键盘上……

当傍晚的迷雾以其柔纱般的诗意笼罩着河边，破旧的建筑消失在朦胧的天空，高高的烟囱变成一座座孤立的钟楼，大大小小的仓库恍如夜间的宫殿，整个城市悬在了空中，宛若仙境展现在我们眼前，那时候，路上的人们匆匆赶路回家：劳动者和文化人，智者和浪子，因为他们熟视无睹，他们也就不能理解，而只在此时才开始欢唱的大自然便把自己美妙的歌唱给艺术家——她的儿子和她的主人：说他是儿子是因为他爱她，说他是主人是因为他理解她。

（2）I did not visit all the local attractions in Fuzhou. Everywhere we could find historical relics as well as villages and towns inhabited by relatives of overseas Chinese and returned overseas Chinese. Fujianese expatriates are found all over the world. They have mostly started from scratch by the sweat of their brow. When I met some of them on my visits to Asian, African, European and American countries, they all expressed warm feeling towards me while shaking my hand. As I ate Fuzhou food and sipped jasmine tea in their homes or shops, I felt that being a Fujianese, I could make myself at home wherever I travelled in the world. My ancestral home is so endearing. Whenever I meet somebody hailing from Fuzhou or a friend who has recently been there, I always inquire of them about the present conditions in Fujian. They all tell me that compared with two decades ago, Fujian has made so much progress that it is now almost beyond recognition. Recently I have learned that people there have gone in for scientific farming and afforestation so that green and luxuriant vegetation has appeared on all mountains and fields. People have been advising me to pay another visit to my old home. Yes, I am more than eager to do so. And so are my numerous fellow townsmen in all corners of the world. I hope that together with all the people in my home town as well as all overseas Chinese from Fujian, I can do my bit to make a still better place of my ancestral home, both materially and culturally.

10.1.5

还从未有过夜莺百转，
唱出过如此迷人的歌，
在沙漠中的绿荫间，
抚慰过疲惫的旅客，
还从未有过杜鹃迎春，
声声啼得如此震动灵魂，
在遥远的赫伯利底群岛，
打破过大海的寂寥。

Oh heaven high!
I will love him forever till die.
Till mountains crumble,
Rivers run dry.
In winter thunder rumbles,
In summer snow fall far and high.
And the earth mingle with the skies,
Not till then will my love die.

（3）

① 译文 1 如果不对照原诗，译诗读来朗朗上口，是很符合中国传统审美的诗。但是对照原诗来看，还诗的风格和拜伦的风格则相去甚远，不能算是个成功的翻译。译文 2 流畅自然，第一句以明喻替代原诗的暗喻，第二句根据语意添加“香、甜”两字，第四句则用一个暗喻译原诗的直陈句；译诗与原诗句式长短相当，形式相似，用韵也与原诗一致，同为 ABAB 式。原诗中的一切形象，如黄叶、香花、甜果、蛀虫、病毒、灾孽，一件不漏，可谓较好地保留了原诗的音、形、意三美，读来确有拜伦的韵味和风格。所以我们可以说，译文 2 比译文 1 好。

② 原诗作者马致远根据汉语重意合的特点，运用了几个偏正短语的形式，不同的意象叠加勾勒出了一幅凄凉的思乡图。即在深秋时节，景物凄清，游子满目苍凉，想到日暮途远而倍加思乡的情怀，如:苦藤、昏鸦、瘦马，读起来凄惨的心情油然而生。在译文 1 中，译者保留了原诗的语言形式，也是几个名词性短语的累加，采用了直译的方法翻译了全文，遗憾的是译者没有考虑到原语诗歌意境的构成特点。译文 2 舍弃了原诗的形式，用意译的手法再现了原诗的意思，译者通篇用的都是沉闷的低调词，如 wreathed, withered vine, tiny bridge, lean horse，读起来感到有一种浓浓的凄凉之情。特别是诗歌前三行的末尾都是以”s”结尾，蕴含了一股浓浓绵长的思乡之情，很有音乐效果。全诗意、音、形，三美俱全，达到了形神兼备的效果。译者根据英语国家审美的逻辑，灵活地再现了原诗的意境，使译语的读者享受了和源语读者一样的美感。所以我们可以说，译文 2 比译文 1 好。

③译文 1 直接根据原文的内容进行直译，没有加入过多的修饰词，句子很简单，读起来索然无味；而译文 2 加入了很多适当的修饰语，使得整篇文章显得更加饱满、流畅，让人有身临其境之感，更具有散文的美感。所以，译文 2 比译文 1 好。

10.2.5

Silence is soundlessness; silence exists in different forms.

An empty head or a blank mind leads to speechlessness—that is silence. Enthusiasm fades like dying embers and thus leads to cynicism and indifference to life, which arouses neither happiness nor sadness, neither worries nor anger, and which costs people their interest in and desire for anything—that is silence.

Despite all the experiences of love and hate, of disorientation and reorientation, of order-giving that was answered by hundreds and call-issuing that was not answered by a single soul, there is not a word uttered, but only a calm eye that watches on this world—that is also silence. Worries and sufferings, tastes of changes and vicissitudes of the world, footprints left in mountains and valleys and noises of rivers and oceans cherished in the heart are all but hidden unrevealed that is still silence.

10.3.3

（1）选定精神伴侣，
然后谢客关门；
既作神圣抉择，
必当匿影藏形。

车辇沓至纷来，
姑娘不闻不问；
皇帝跪于席垫，
万难打动芳心。

茫茫人海无限，
唯独选中一人；
从此心如磐石，
封闭情感闸门。

（2）SEEING MENG HAO-RAN OFF AT YELLOW CRANE TOWER

At Yellow Crane Tower in the west
My old friend says farewell;
In the mist and flowers of spring
He goes down to Yangzhou;
Lonely sail, distant shadow,
Vanish in blue emptiness;
All I see is the great river
Flowing into the far horizon.